Judith Jelena Paus

DAS Makramee Musterbuch

Kreative Knoten und Muster
Schritt für Schritt erklärt

stiebner

Inhaltsverzeichnis

Bevor du loslegst **6**
Materialien und Werkzeuge 6

Was ist der sogenannte »Puffer«? **8**
Wie berechne ich die Fadenlänge? **9**
Was tun mit Garnresten? **9**

Knotenschule **11**
Ankerknoten 12
Umgekehrter Ankerknoten 12
Wellenknoten 13
Diagonale Rippenknoten 14
Links-geneigter Rippenknoten *15*
Rechts-geneigter Rippenknoten *15*
Kreuzknoten 16
Wickelknoten 17
Versetzte Kreuzknoten 18
Vertikale Ankerknoten 18
Vertikaler Ankerknoten Links *19*
Vertikaler Ankerknoten Rechts *19*

Muster **21**

Muster 1: Schachbrett 22
Muster 2: Tree Hole 26
Muster 3: Fischgräten 29
Muster 4: Zewa-Halter 31
Muster 5: Wellen 34
Muster 6: Blatt 37
Muster 7: Blüten 40
Muster 8: Leiter 43
Muster 9: Muschel 46
Muster 10: Braid 49
Muster 11: Florentiner 52
Muster 12: Wittelsbacher 56
Muster 13: Josephine 60
Muster 14: Raffia 62
Muster 15: Pfeil 65
Muster 16: Eukalyptus 68
Muster 17: Blattranken 72
Muster 18: Zweifarbiges Mosaik 75

Muster 19: Peak ... 78
Muster 20: Große Fischer ... 82
Muster 21: Kleine Fischer ... 84
Muster 22: Kleine Rauten ... 86
Muster 23: Saphir ... 91
Muster 24: Knospen ... 93
Muster 25: Dreieck ... 96
Muster 26: Leinen ... 100
Muster 27: Doppelte Stufen ... 102
Muster 28: Stufen ... 104
Muster 29: Amethyst ... 107
Muster 30: Pfau ... 110
Muster 31: Tanne ... 114
Muster 32: Zopf ... 118
Muster 33: Koralle ... 120
Muster 34: Zwiebel ... 124
Muster 35: Kreuzdiamant ... 126
Muster 36: Kleine Kreuzrauten ... 128
Muster 37: Kreuzdreieck ... 130
Muster 38: Kreuz-Ethno ... 132
Muster 39: Karogeflecht ... 134
Muster 40: V-Geflecht ... 138

Projekte ... 141

Für dein Zuhause

Glasuntersetzer ... 143
Windlicht ... 145
Blumenampel ... 147
Spiegel ... 151
Schweberegal ... 155
Große Vase ... 157
Kleiner Wandbehang ... 161
Wandorganizer ... 165
Großer Wandbehang ... 169

Accessoires

Lesezeichen ... 175
Schlüsselanhänger Koralle ... 177
Blumen Schlüsselanhänger ... 179
Gürtel ... 181
Handytasche ... 183
Jeansjacke ... 187

Danksagung ... 191

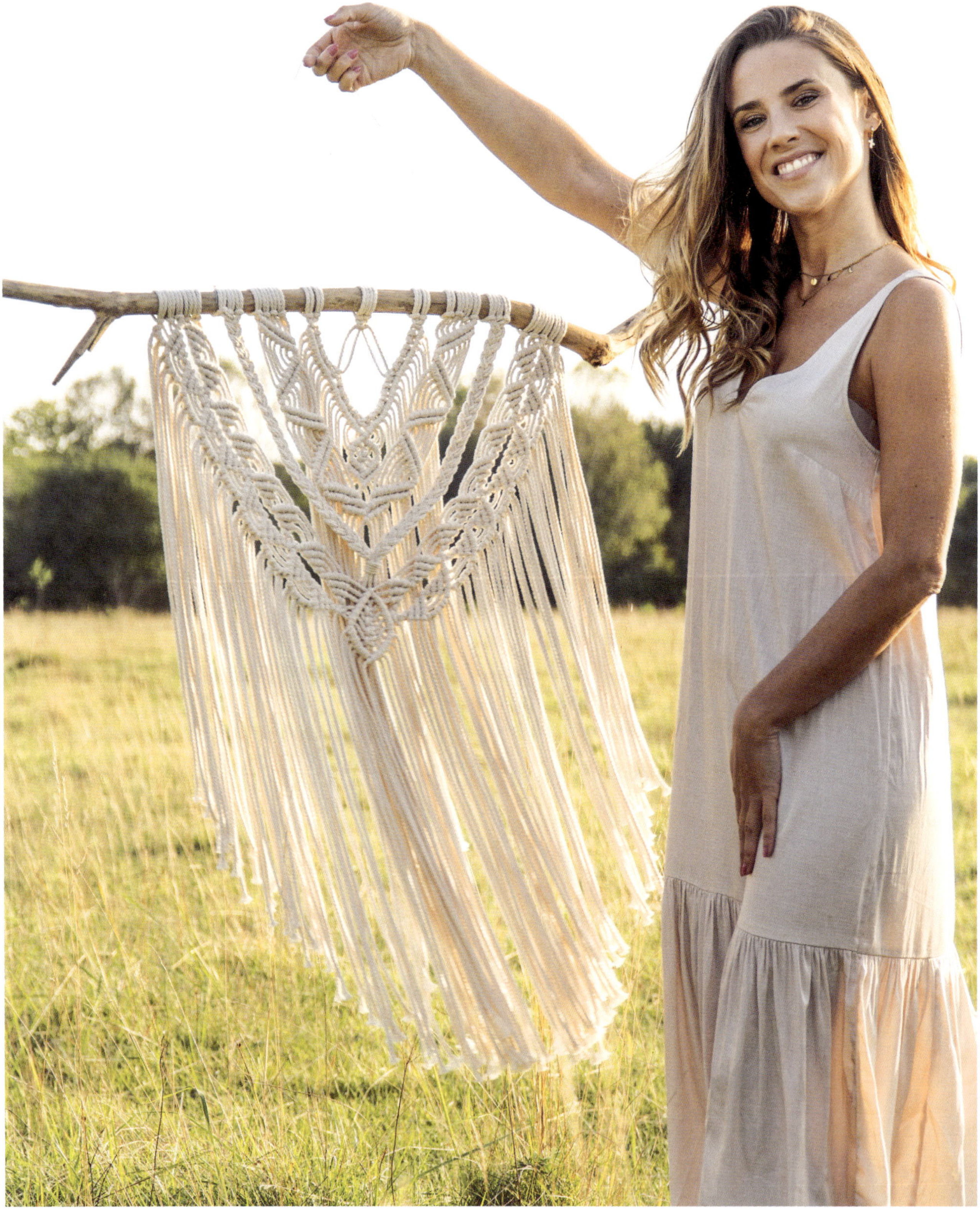

Einleitung

Liebe Leser:innen,

die aus dem Orient stammende Knüpftechnik »Makramee« begleitet mich seit 2019 und ist seitdem aus meinem Leben nicht mehr wegzudenken. Ich bin jedes Mal aufs Neue begeistert, welche wunderschönen Muster sich aus einer Aneinanderreihung von einfachen Knoten kreieren lassen. Vor allem liebe ich es, eigene Designs zu entwerfen und umzusetzen. Egal ob im Interieur- oder Modebereich.

Manchmal fehlen aber schlichtweg die Ideen, oder es wird Unmengen an Zeit verschwendet, um herauszufinden, wie die gewünschten Muster realisiert werden können. Deshalb wollte ich mit diesem Buch ein Nachschlagewerk schaffen, mithilfe dessen es jedem möglich ist, die eigenen Kreationen problemlos umzusetzen.

Im ersten Teil des Buches findest du eine Knotenschule. In dieser werden alle Grundknoten, die in diesem Buch verwendet wurden, ausführlich erklärt. Im zweiten Teil habe ich 40 Musterideen für dich erarbeitet, die sich in jedes gewünschte Design einbauen lassen. Im dritten Teil findest du 15 fertige Projekte. Diese kannst du einfach nachknüpfen oder als Inspiration für deine eigenen Designs betrachten.

Lass uns gemeinsam in die Welt der Knoten eintauchen und kostbare Einzelstücke schaffen!

Deine Judith Jelena

Mehr von Judith findest du auf:
Instagram: @judithjelena
Youtube: Judith Jelena DIY

Bevor du loslegst

Du möchtest dir jetzt am liebsten Garn schnappen und gleich loslegen? Warte noch kurz und lies dir meine Tipps zu Material und Werkzeug auf den nächsten Seiten durch. Ich verrate dir dort außerdem, was es mit dem Garnpuffer auf sich hat, der in allen meinen Anleitungen vorkommt, wie du die Fadenlänge für eigene Projekte berechnen kannst und was du mit Garnresten alles anstellen kannst.

Materialien und Werkzeuge

Damit du für deine künftigen Makramee-Projekte perfekt gewappnet bist, empfehle ich dir folgende Grundausstattung:

1. Makramee-Garn, geflochten, ø 4 mm in deiner Wunschfarbe von Pferdeseile
Du kannst auch gezwirntes Garn verwenden. Muster lassen sich allerdings mit geflochtenem Garn einfacher umsetzen und sind deutlicher sichtbar.

2. Holzstäbe, ø 12 mm
Diese eignen sich beispielsweise als Aufhängung für kleine Wandbehänge, Wandregale oder Blumenampeln.

3. Stoffschere
Zum Zuschneiden der Fäden empfehle ich, eine hochwertige Stoffschere zu verwenden. Du wirst den Unterschied merken und länger Freude an deinem Werkzeug haben.

4. Karabiner
Karabiner gibt es in den unterschiedlichsten Ausführungen, Qualitäten und Farben. Somit verleihst du deinem Schlüsselanhänger, Taschenträger oder Kameragurt das gewisse Etwas.

5. Holzperlen
Achte bei den Perlen darauf, dass sie ein extra großes Loch zum Auffädeln besitzen.

6. Tierhaarkamm
Ein Tierhaarkamm ist sehr robust und eignet sich daher ideal, um Fransen auszukämmen.

7. Spannmatte
Projekte, die im Liegen geknüpft werden, kannst du auf einer Spannmatte feststecken, somit verrutscht nichts.

8. Treibholz
»Nicht perfektes« Holz kann manchmal das »perfekte« Holz für deinen einzigartigen Wandbehang sein. Vielleicht findest du bei deinem nächsten Waldspaziergang deinen perfekten nicht perfekten Ast. Achte darauf, dass dieser keine unerwünschten Mitbewohner mit zu dir nach Hause bringt. Überschüssige Rinde kannst du ganz einfach mit Schleifpapier entfernen.

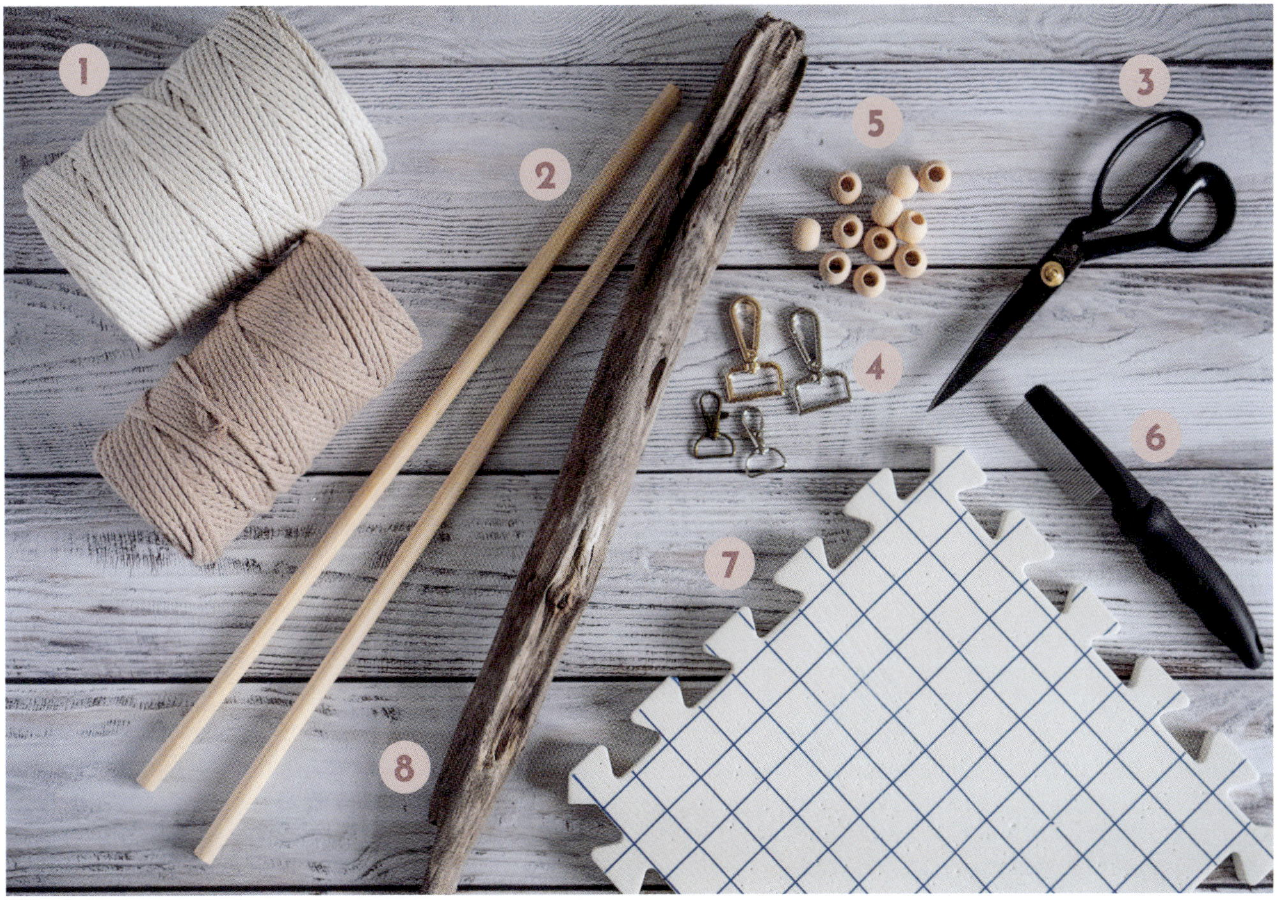

Was ist der sogenannte »Puffer«?

In jeder Musteranleitung ist ein sogenannter »Puffer« zusätzlich zur Fadenlänge berechnet. Aber was genau bedeutet dieser Puffer und wieso wird er dazugerechnet?

Der Puffer schützt dich davor, dass deine Fäden am Ende eines Musters zu kurz zum Knüpfen werden:

Jeder knüpft unterschiedlich locker oder fest, was einen enormen Unterschied ausmachen kann. In diesem Buch wurde beispielsweise jedes Muster von 3 verschiedenen Testerinnen ausprobiert und die Fadenlängen berechnet. Obwohl jede dasselbe Muster mit demselben Garn knüpfte, benötigte jede von ihnen unterschiedliche Längen.

4 mm-Garn ist nicht gleich 4 mm-Garn. Bei jedem Hersteller weichen die Garne voneinander ab, was bei größeren Mustern schnell zum Problem werden kann. Dies gilt ebenfalls für andere Garnstärken. In diesem Buch wurde alles mit den Garnen von »Pferdeseile« geknüpft. Wenn du einen anderen Hersteller verwendest, empfehle ich dir, die Fadenlängen zu berechnen, da dies gerade bei vielen Mustersatzwiederholungen einige Meter Unterschied bedeuten kann.

Die meisten Projekte starten mit dem Ankerknoten, welcher beispielsweise um einen Ast geknüpft wird. Je nach Durchmesser des Astes benötigst du mehr oder weniger Garn. Bei einem Holzstab mit einem Durchmesser von 12 mm verbrauchst du ca. 10 cm Garn, bei einem dicken Ast können es schnell 30 cm werden.

Wenn du die Fadenlänge ausrechnest, ergibt das Ergebnis exakt die Länge, die du benötigst, um das Muster zu knüpfen. Allerdings brauchst du ca. 10 cm längere Fäden, da es am Ende sonst unmöglich wäre, die Fäden weiter zu verknoten.

Bei den den meisten Projekten nicht möchtest du nicht, dass der Faden direkt unter deinem Muster endet, sondern dass noch ein Stückchen nach unten hängt.

→ Deshalb wurde auf alle Musteranleitungen pauschal 50–60 cm Puffer zusätzlich zur Fadenlänge addiert. Du kannst aber natürlich selbst entscheiden, ob du diesen für dein Muster anpassen möchtest.

Wie berechne ich die Fadenlänge?

Eine grobe Faustregel besagt, dass die Fäden 4-mal so lang wie das fertige Makramee sein sollen. Wenn aber viele Rippenknoten im Muster enthalten sind oder du mit sehr dickem Garn arbeitest, reicht das oft nicht aus. Im anderen Extrem bleibt zu viel Garn übrig. Deshalb zeige ich dir, wie du die Fadenlänge berechnen kannst.

Such dir ein Muster aus oder entwirf selbst eines. Bringe je nach Muster die angegebene Fadenanzahl an deinem Holzstab an. Wichtig ist, dass alle Fäden gleich lang sind.

Miss danach die Länge eines Fadens ab unter dem Ankerknoten bis zum Fadenende. Wir sagen in diesem Beispiel, dass der Faden 150 cm lang ist. Knüpfe einen Mustersatz. Miss anschließend direkt ab unter dem letzten Knoten bis ans Fadenende des kürzesten Strangs. Wir nehmen an, dass dieser Strang noch 100 cm misst. Bedeutet, du hast 50 cm verknotet. Da das aber nur der halbe Strang ist (er wird beim Ankerknoten in zwei Stränge geteilt), wird dieses Ergebnis x 2 genommen. Also: 50 cm x 2 = 100 cm. Es werden also 100 cm Garn für einen Mustersatz in diesem Muster benötigt. Wenn du den Mustersatz für dein Projekt beispielsweise 5-mal wiederholen möchtest, benötigst du 500 cm lange Stränge. Achtung: Du solltest unbedingt noch einen Puffer von 60 cm addieren, damit die Fäden am Ende ausreichen. Also müssen deine Stränge 560 cm lang sein.

Was tun mit Garnresten?

Bei den meisten Projekten bleiben Garnreste übrig. In jedem Muster werden manche Stränge häufiger verknotet als andere, weshalb bei den weniger Geknoteten längere Reste übrig bleiben. Diese Stränge musst du aber nicht wegwerfen. Alle Fäden, die länger als 30 cm sind, kannst du beispielsweise als Fransen für künftige Projekte aufbewahren.

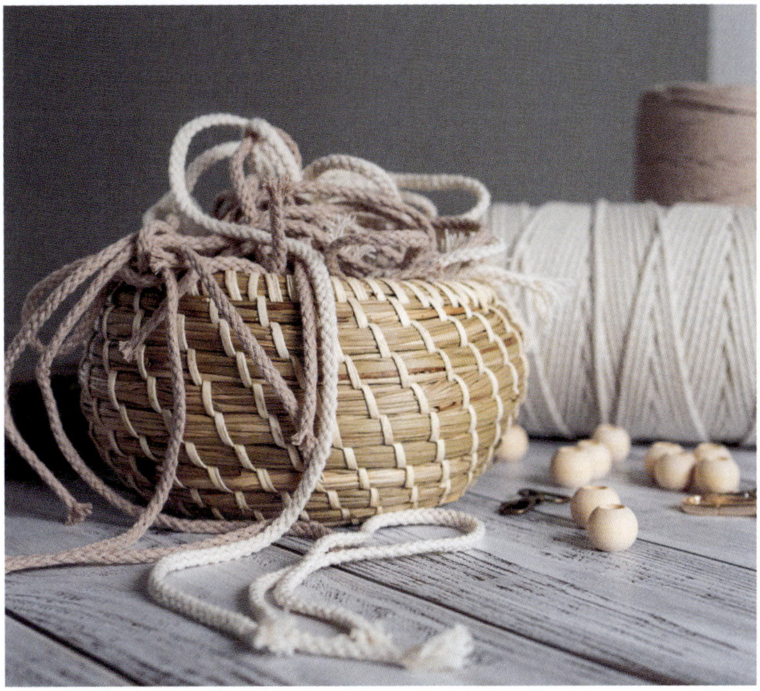

nkerknoten Umgekehrter Ankerknoten Wellenkno
noten Versetzte Kreuzknoten Vertikale Ankerknote
noten Diagonale Rippenknoten Kreuzknoten Wi
noten Ankerknoten Umgekehrter Ankerknoten W
Vickelknoten Versetzte Kreuzknoten Vertikale Ank
Vellenknoten Diagonale Rippenknoten Kreuzknote
nkerknoten Ankerknoten Umgekehrter Ankerkno
noten Wickelknoten Versetzte Kreuzknoten Verti
erknoten Wellenknoten Diagonale Rippenknoten
ertikale Ankerknoten Ankerknoten Umgekehrter
reuzknoten Wickelknoten Versetzte Kreuzknoten
nkerknoten Wellenknoten Diagonale Rippenknote
en Vertikale Ankerknoten Ankerknoten Umgekeh
noten Kreuzknoten Wickelknoten Versetzte Kreu
ekehrter Ankerknoten Wellenknoten Diagonale Ri
reuzknoten Vertikale Ankerknoten Ankerknoten
ippenknoten Kreuzknoten Wickelknoten Versetz
Jmgekehrter Ankerknoten Wellenknoten Diagonal
etzte Kreuzknoten Vertikale Ankerknoten Ankerk
onale Rippenknoten Kreuzknoten Wickelknoten

Knotenschule

Auf den folgenden Seiten findest du Schritt für Schritt die wichtigsten Makramee-Knoten erklärt. Auf diesen acht Knoten bauen alle Muster in diesem Buch auf. Ich empfehle dir, diese Knoten erst einmal einzeln zu üben. Du kannst aber natürlich auch gleich mit einem der einfacheren Muster loslegen und schaust dir dann beim Musterknüpfen an, wie die einzelnen Knoten gearbeitet werden.

Ankerknoten

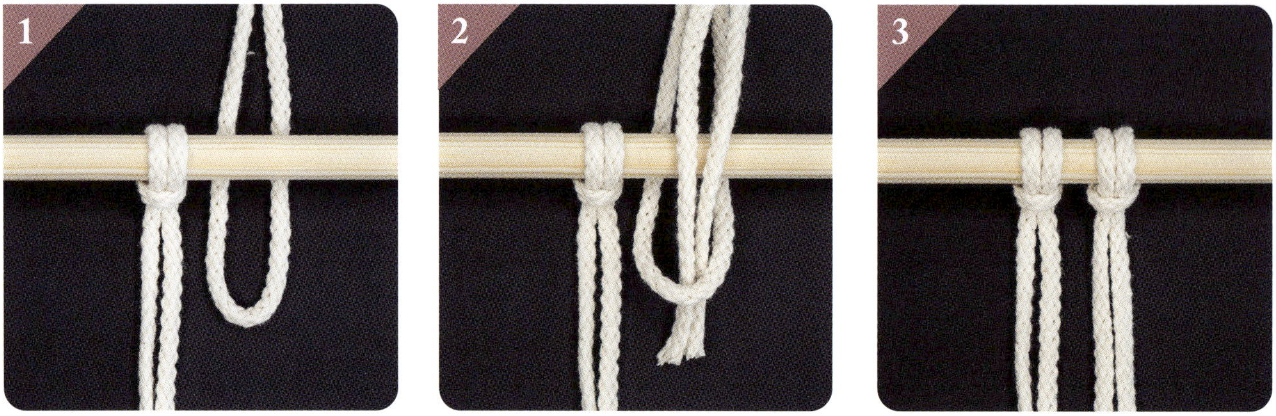

Mit dem Ankerknoten bringst du die Fäden am gewünschten Projekt an.

1. Lege die beiden Enden des Fadens aufeinander und führe die dabei entstandene Schlaufe von oben unter deinem Holzstab durch.
2. Führe die offenen Enden durch die Schlaufe.
3. Festziehen.

Umgekehrter Ankerknoten

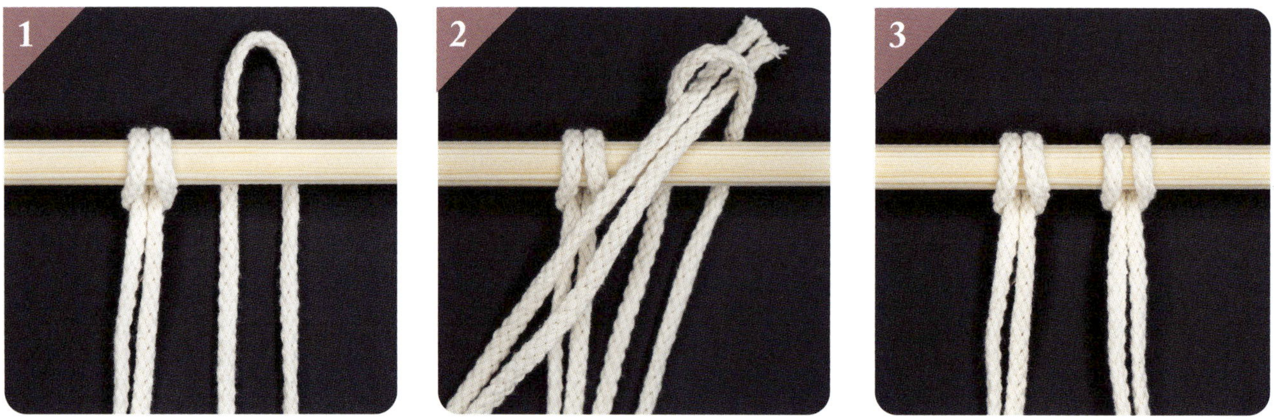

1. Lege die beiden Enden des Fadens aufeinander und führe die dabei entstandene Schlaufe von unten unter dem Holzstab durch.
2. Führe die offenen Enden durch die Schlaufe.
3. Festziehen.

Wellenknoten

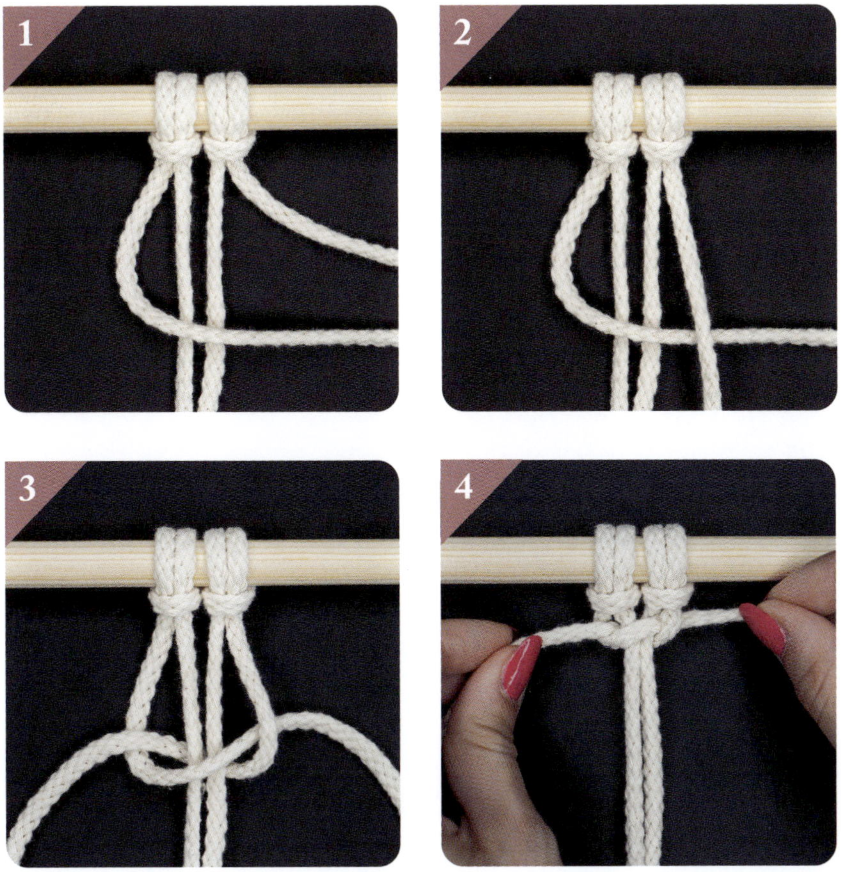

Der Wellenknoten ist ein halber Kreuzknoten. Gewöhnlich wird er mit 4 Strängen geknotet, wenn nicht anders angegeben. Die beiden äußeren Fäden dienen dabei als Arbeitsfäden, mit diesen wird geknotet. Die Trägerfäden bilden die beiden inneren Stränge. Um diese wird herum geknotet, selbst werden sie aber nicht verknotet.

1. Lege den linken Arbeitsfaden in einer L-Form über die beiden Trägerfäden, die sich in der Mitte befinden.
2. Lege den rechten über den linken Arbeitsfaden.
3. Führe den rechten Arbeitsfaden unter dem linken Arbeitsfaden und anschließend durch die beiden Trägerfäden durch. Komme bei der Lücke zwischen dem linken Arbeitsfaden und den beiden Trägerfäden wieder vorne raus.
4. Ziehe die beiden Arbeitsfäden links und rechts fest.

Diagonale Rippenknoten

Wie der Name bereits verrät, kannst du mit dem Rippenknoten schöne Muster knüpfen, welche an eine Rippe erinnern. Besonders gut eignet sich der Rippenknoten, um Muster zu betonen oder einzurahmen. Er besteht auf zwei halben Schlägen, weshalb er auch Doppelschlag genannt wird. Um den sogenannten Führungsfaden wird einer oder mehrere Stränge geknüpft. Man unterscheidet dabei zwischen links und rechts geknüpften Rippenknoten. Je nachdem, in welche Richtung um den Führungsfaden geknüpft wird. Um einen rechts geknüpften Rippenknoten handelt es sich, wenn die Rippe von links nach rechts geknüpft wird.

Den Rippenknoten gibt es in verschiedenen Varianten. Er kann diagonal, aber auch horizontal und vertikal geknüpft werden. Der Knoten selbst bleibt dabei immer gleich. Lediglich der Führungsfaden gibt an, in welche Richtung sich der Rippenknoten neigen soll.

1. Lege den Führungsfaden über die Arbeitsfäden und halte ihn straff in die Richtung, in welche die Rippe verlaufen soll. Es ist wichtig, den Führungsfaden während des gesamten Knotenvorgangs straff zu halten und nicht zu bewegen.
2. Der danebenliegende Arbeitsfaden wird über den Führungsfaden und anschließend unter dem Führungsfaden durch die eigene Schlaufe geführt.
3. Den ersten Schlag festziehen. Der erste Schlag entscheidet außerdem, wo der Rippenknoten beginnen soll. Soll sich die Rippe beispielsweise direkt an dem zuvor geknüpften Knoten befinden, wird der erste Schlag festgezogen, bis er direkt an dem letzten Knoten anschließt. Wenn du aber einen Zwischenraum wünschst, so ziehst du den ersten halben Schlag nur so weit fest, bis der gewünschte Abstand erreicht ist.
4. Der zweite halbe Schlag wird wie der erste geknotet. Siehe Schritt 2.
5. Der zweite halbe Schlag fixiert den ersten Rippenknoten, sodass sich die Knoten nicht mehr lösen können.
6. Knüpfe die restliche Reihe Rippenknoten wie in Schritt 1 bis 5 erklärt. Der Führungsfaden bleibt dabei immer der Führungsfaden.

Links-geneigter Rippenknoten

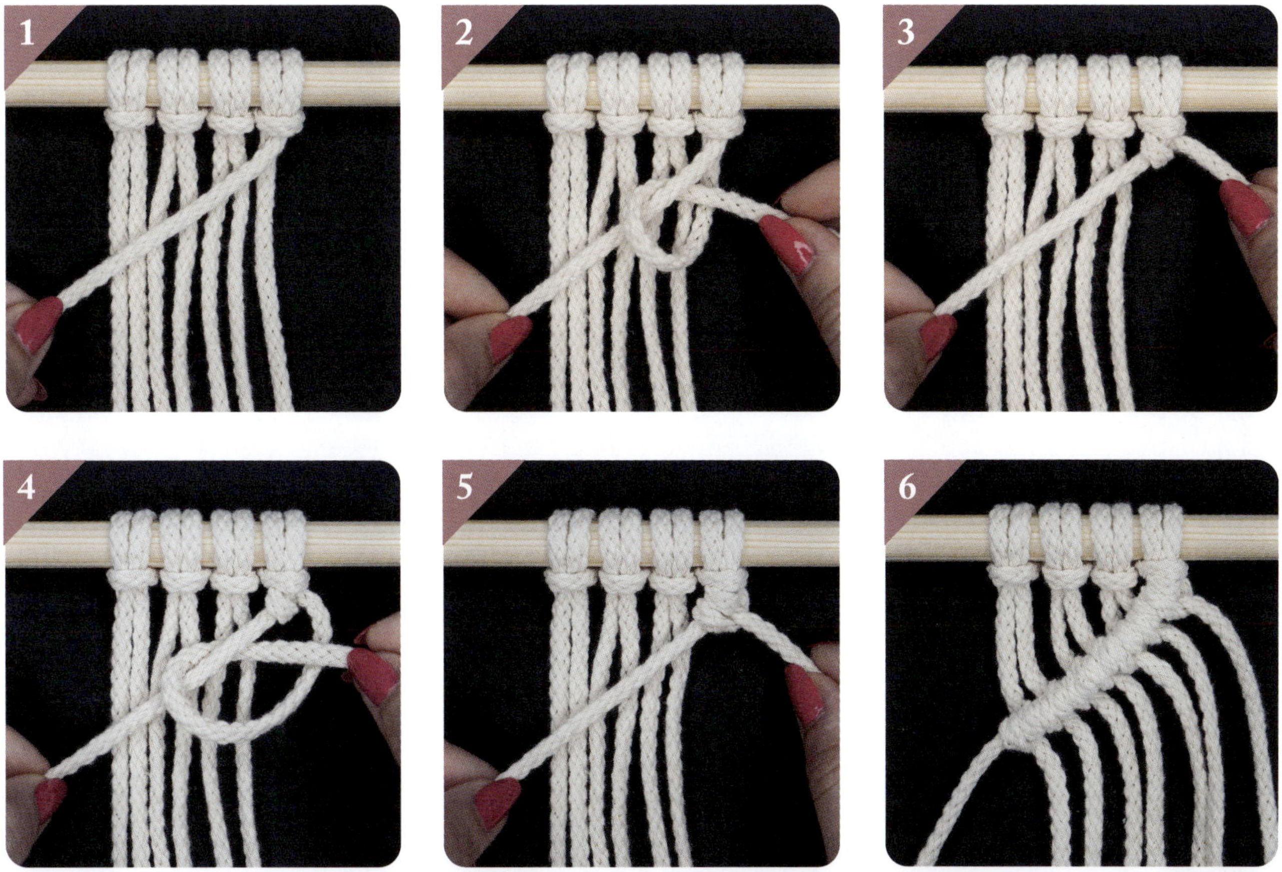

Rechts-geneigter Rippenknoten

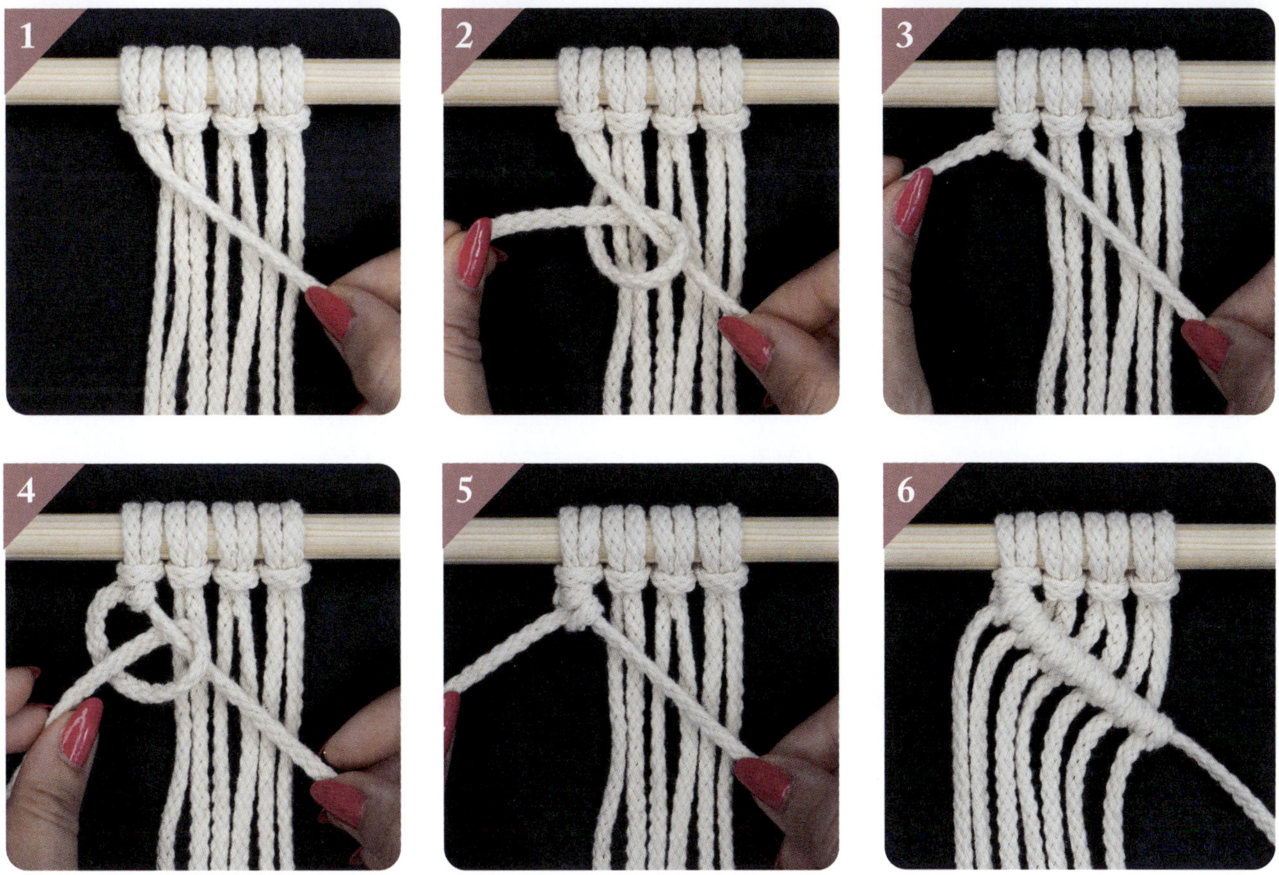

Kreuzknoten

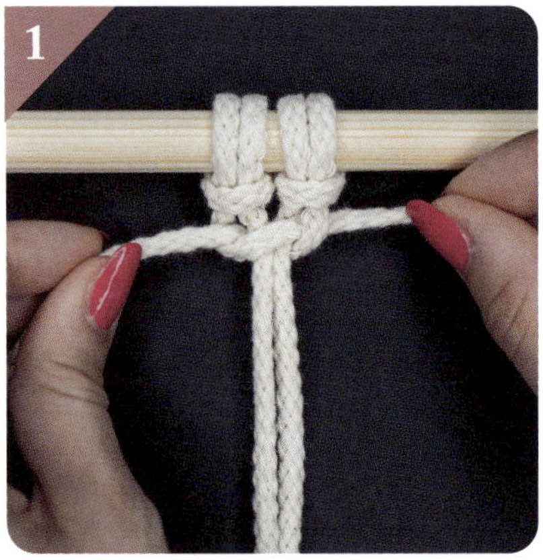

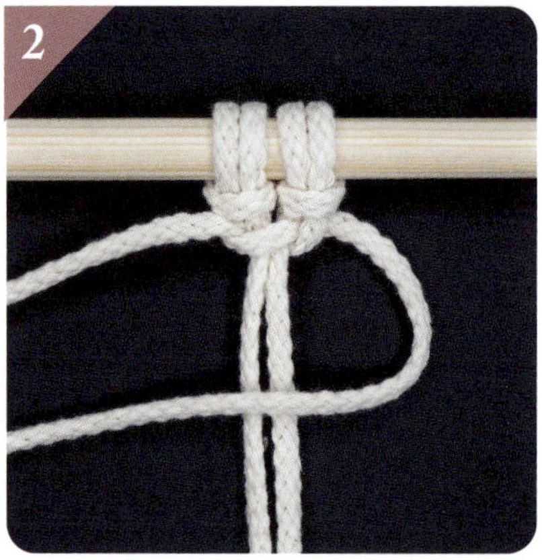

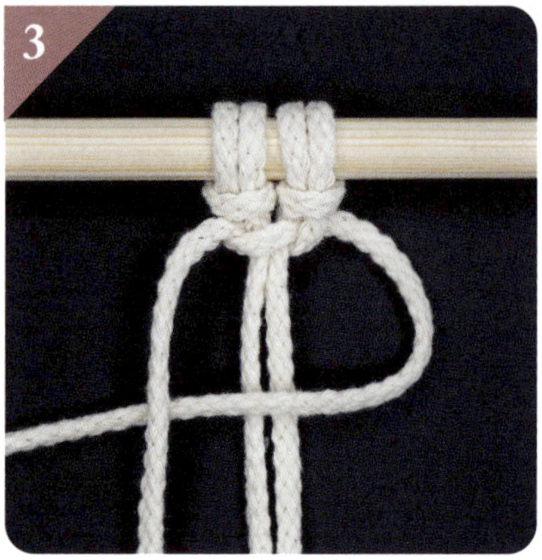

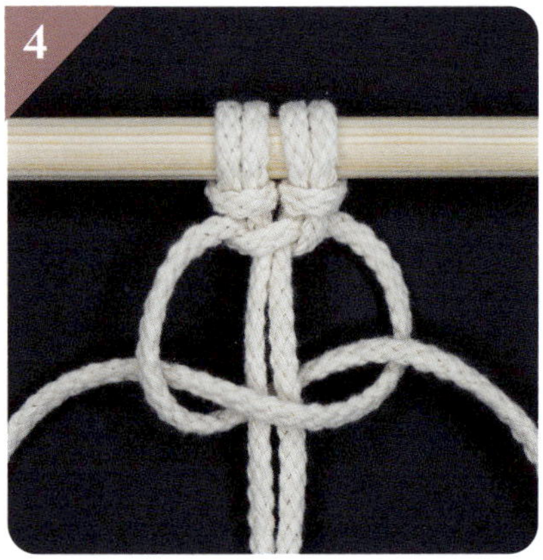

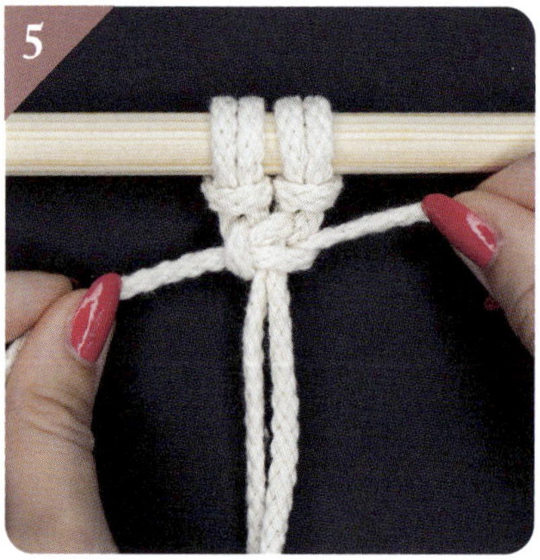

Der Kreuzknoten wird gewöhnlich mit 4 Strängen geknotet, wenn nicht anders angegeben. Die beiden äußeren Fäden fungieren dabei als Arbeitsfäden, mit diesen wird geknotet. Die Trägerfäden bilden die beiden inneren Stränge. Um diese wird herum geknotet, selbst werden sie aber nicht verknotet.

1. Schritt 1 bis 4 des Wellenknotens wird für den Anfang des Kreuzknotens geknotet.
2. Wiederhole die Schritte des Wellenknotens spiegelverkehrt. Dafür den rechten Arbeitsfaden in einer spiegelverkehrten L-Form über die beiden Trägerfäden in der Mitte legen.
3. Lege den linken über den rechten Arbeitsfaden.
4. Führe den linken Arbeitsfaden unter den rechten Arbeitsfaden und anschließend durch die beiden Trägerfäden durch. Komme bei der Lücke zwischen dem rechten Arbeitsfaden und den beiden Trägerfäden wieder vorne raus.
5. Ziehe die beiden Arbeitsfäden links und rechts fest.

Wickelknoten

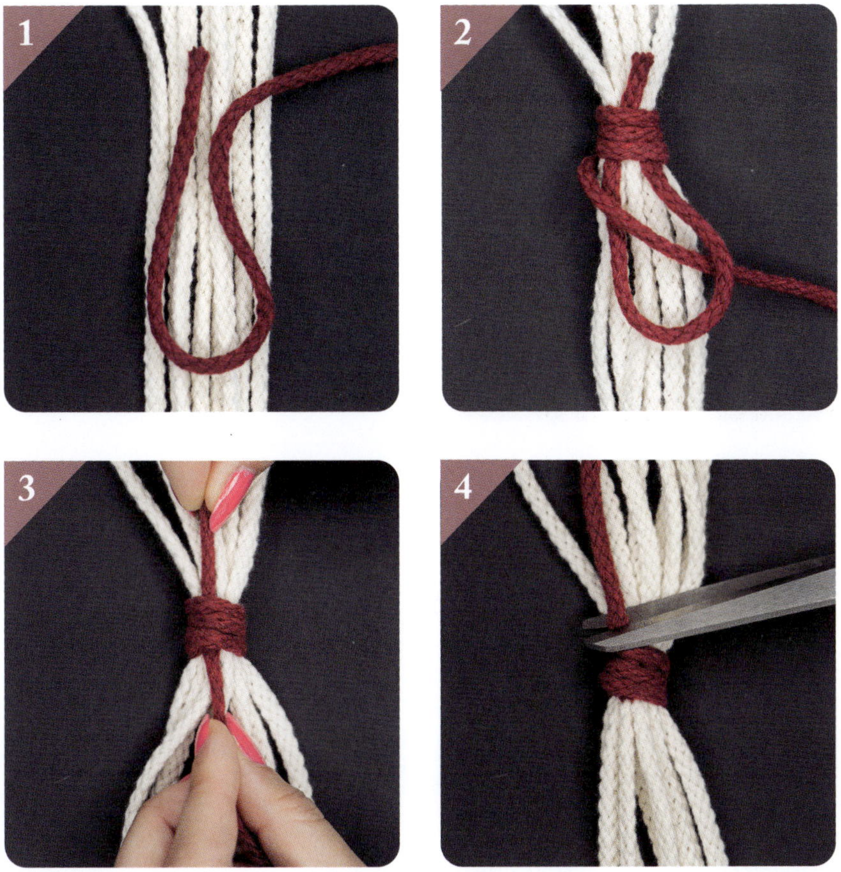

Mit dem Wickelknoten, welcher auch Abbindeknoten genannt wird, werden mehrere Stränge zusammengehalten.

1. Lege einen extra Faden (in diesem Beispiel rot dargestellt) über die Stränge, welche zusammengehalten werden sollen. Dafür eine Schlaufe formen, bei welcher das kurze Stück auf der linken Seite nach oben zeigt. Das lange Stück zeigt nach rechts.
2. Wickle das lange Stück straff um alle Stränge und die Schlaufe. Je nachdem, welche Länge der Wickelknoten haben soll, entscheidest du, wie viele Umwickelungen benötigt werden. Führe den Faden, mit dem eben gewickelt wurde, anschließend durch die Schlaufe.
3. Ziehe die Schlaufe fest. Das passiert, indem du an dem kurzen Faden links oben ziehst. Ziehe anschließend an beiden Enden, bis der Knoten fest ist und sich nichts mehr lösen kann.
4. Die beiden Endfäden können nun abgeschnitten werden.

Versetzte Kreuzknoten

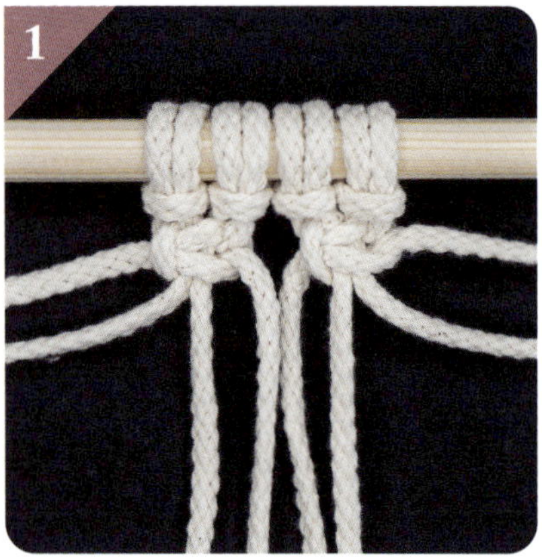

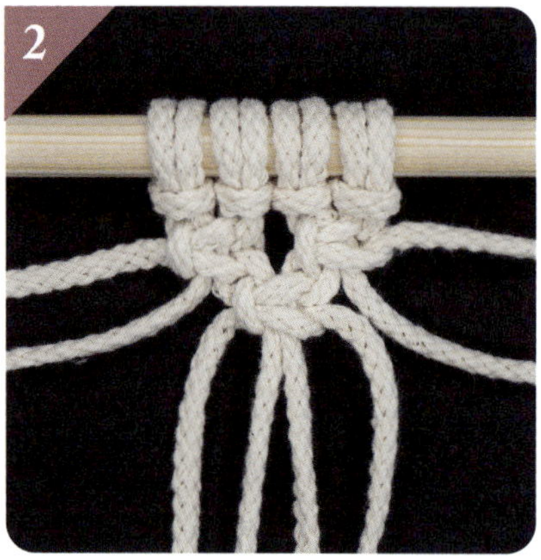

Versetzte Kreuzknoten werden aus den beiden darüber liegenden Kreuzknoten der vorherigen Reihe geknotet.

1. Nimm zwei Stränge des rechten und zwei Stränge des linken Kreuzknotens der vorherigen Reihe.
2. Knote einen Kreuzknoten.

Vertikale Ankerknoten

Die vertikalen Ankerknoten ahmen den normalen Ankerknoten nach. Allerdings werden diese nicht dazu verwendet, Stränge anzubringen, sondern um gewünschte Muster im Projekt zu bilden.

Wie auch beim Rippenknoten besteht er aus zwei halben Schlägen. Dabei wird ein Arbeitsfaden um den Trägerfaden geknüpft.

1. Lege den Arbeitsfaden über den Trägerfaden und führe anschließend den Arbeitsfaden unter dem Trägerfaden durch die eigene Schlaufe.
2. Zieh den ersten Schlag fest.
3. Lege den Arbeitsfaden unter den Trägerfaden und führe ihn anschließend über dem Trägerfaden durch die eigene Schlaufe.
4. Ziehe den zweiten Schlag fest.

Vertikaler Ankerknoten Links

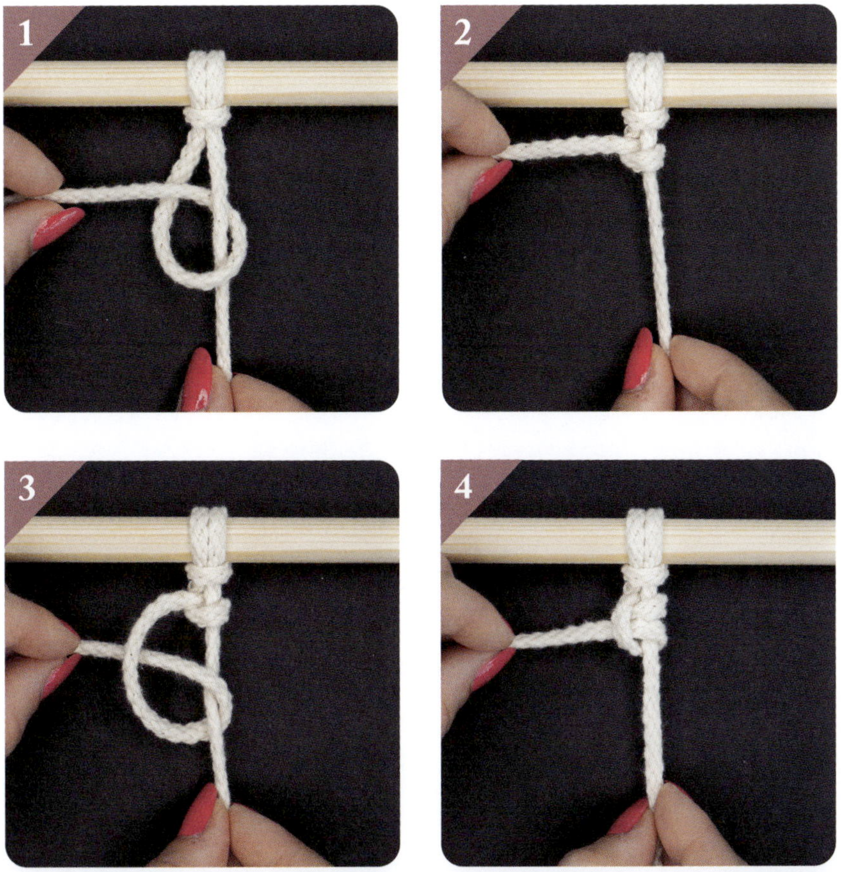

Vertikaler Ankerknoten Rechts

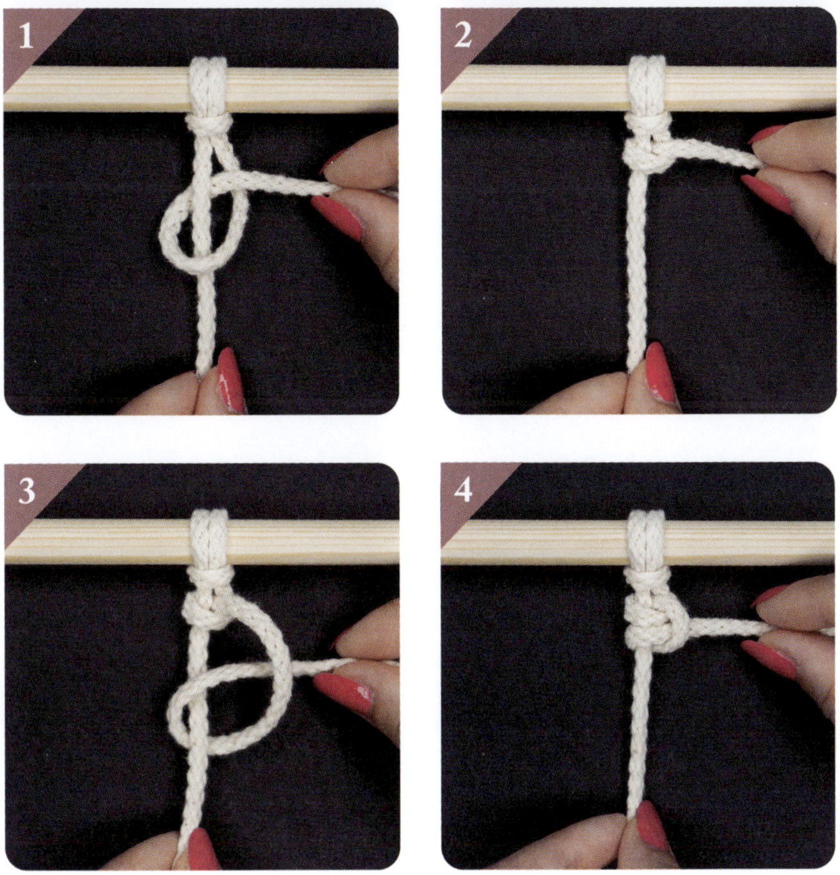

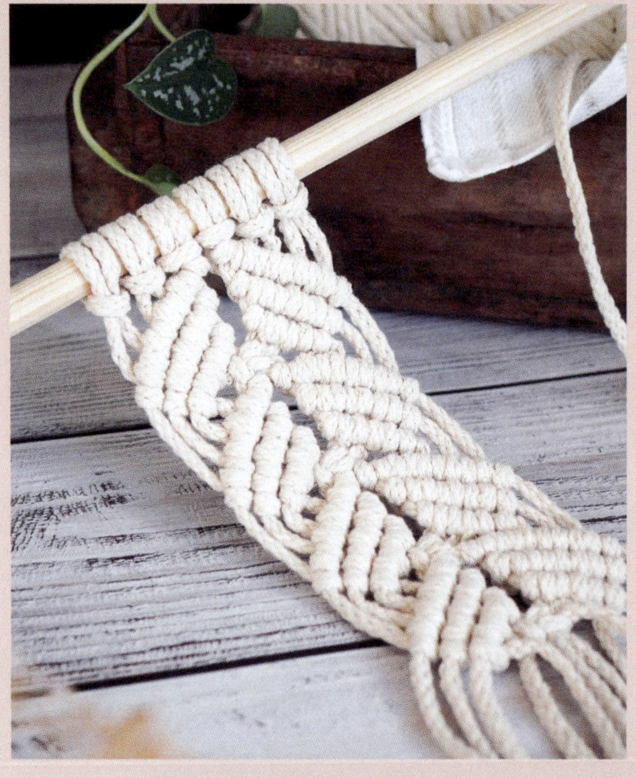

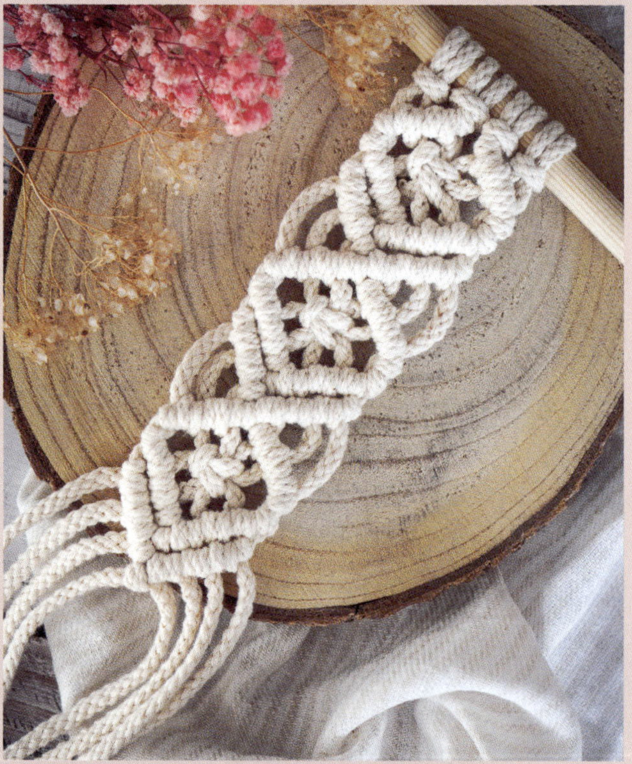

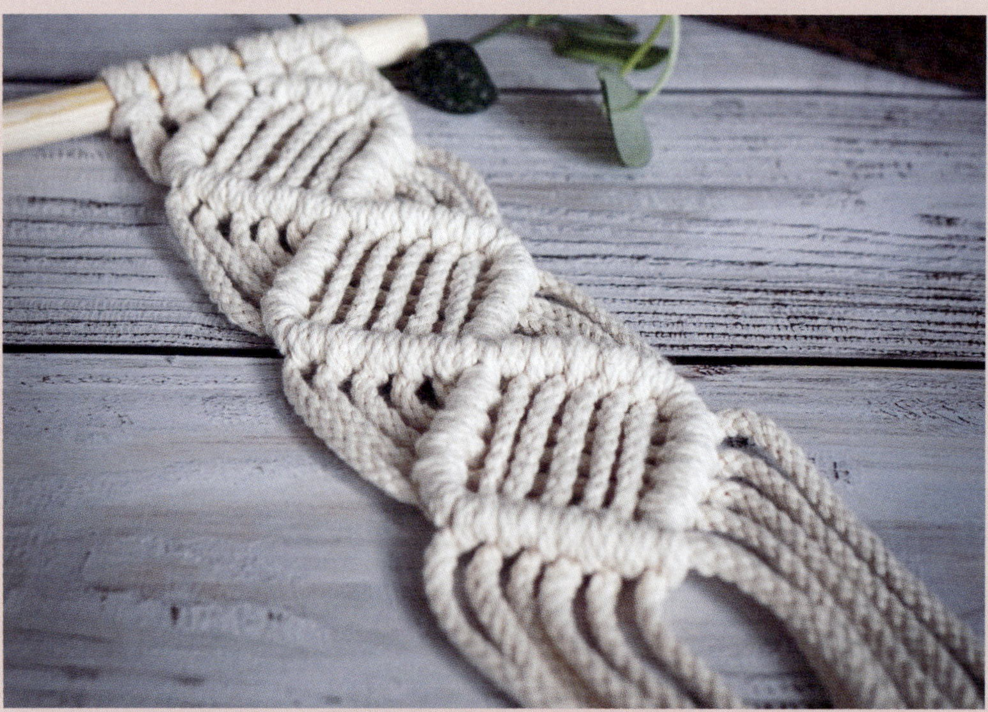

Muster

Auf den folgenden Seiten findest du Schritt für Schritt 40 besonders interessante Muster erklärt. Diese Muster bestehen alle aus den 8 Grundknoten in der Knotenschule. Du kannst die Muster als Hingucker für deine Wand knüpfen oder sie zu größeren Projekten kombinieren. Ich wünsche dir viel Spaß beim Ausprobieren.

Muster 1

Schachbrett

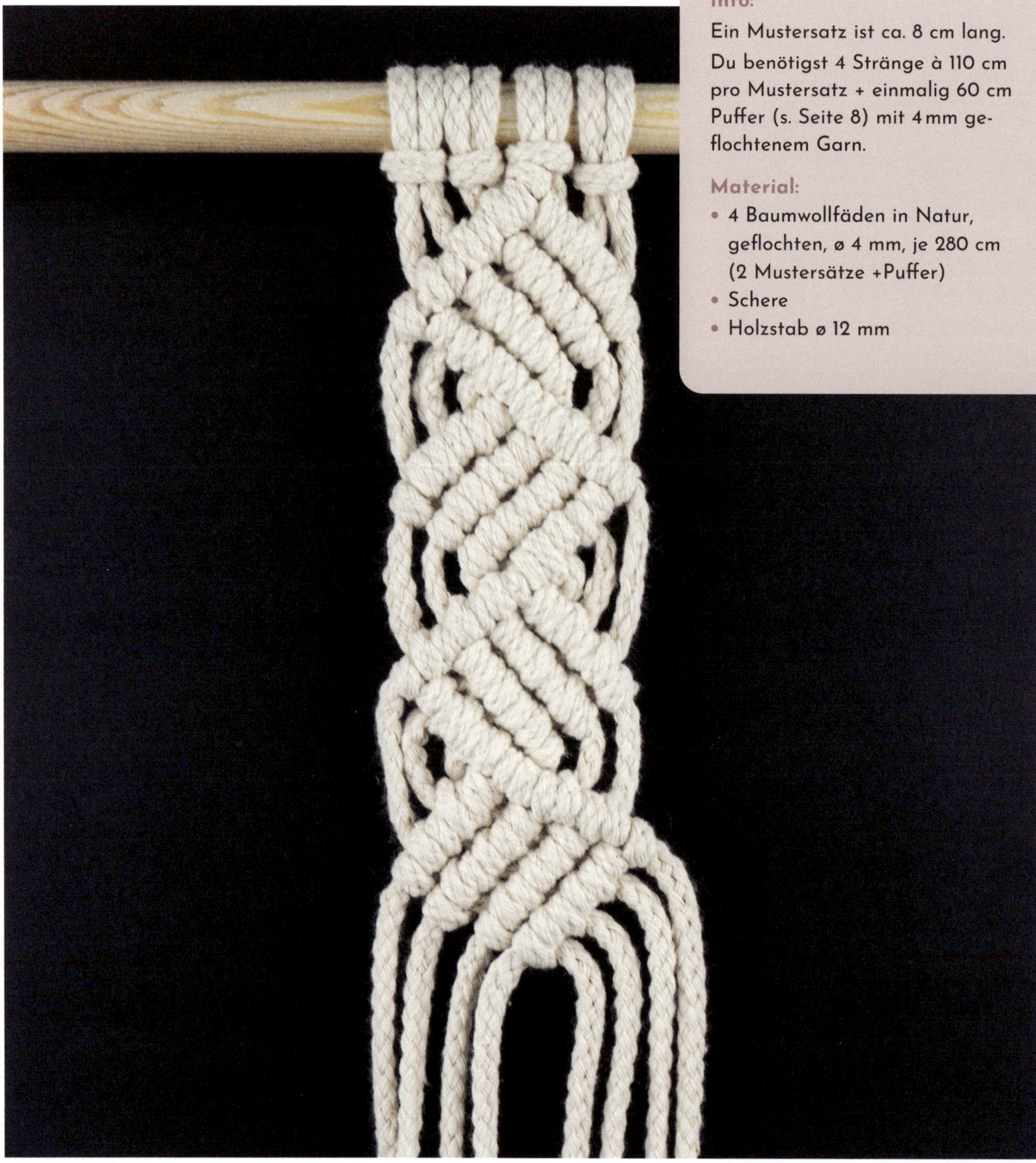

Info:

Ein Mustersatz ist ca. 8 cm lang. Du benötigst 4 Stränge à 110 cm pro Mustersatz + einmalig 60 cm Puffer (s. Seite 8) mit 4 mm geflochtenem Garn.

Material:

- 4 Baumwollfäden in Natur, geflochten, ø 4 mm, je 280 cm (2 Mustersätze +Puffer)
- Schere
- Holzstab ø 12 mm

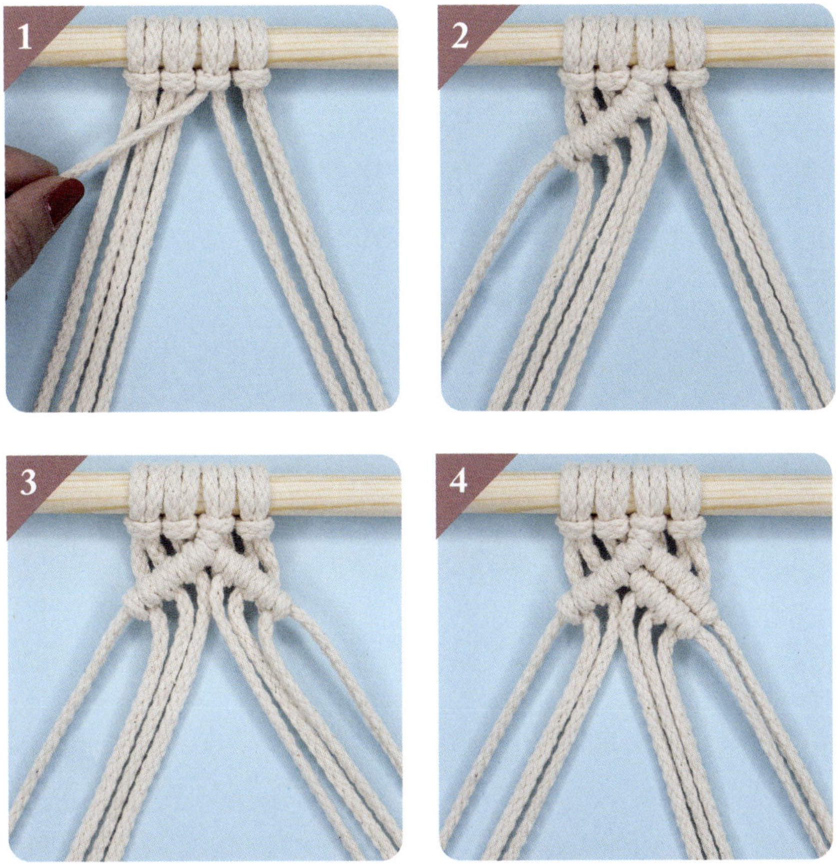

Anleitung:

Befestige die 4 Stränge mit dem Ankerknoten an deinem Holzstab.

1. Teile die Stränge so auf, dass sich auf der linken Seite 5 Stränge und auf der rechten 3 Stränge befinden. Lege den äußeren rechten Strang der linken Stränge in einem 45-Grad-Winkel über die linken Stränge. Dieser dient als Führungsfaden. Um diesen wird geknüpft.
2. Knote 4 Rippenknoten von rechts nach links.
3. Teile die Stränge in der Mitte auf, sodass sich auf jeder Seite 4 Stränge befinden. Lege den äußeren linken Strang der rechten Stränge in einem 45-Grad-Winkel über die rechten Stränge. Dieser dient als Führungsfaden. Um diesen wird geknüpft. Knote 3 Rippenknoten von links nach rechts.
4. Teile die Stränge so auf, dass sich auf der linken Seite 3 Stränge und auf der rechten 5 Stränge befinden. Lege den äußeren linken Strang der rechten Stränge in einem 45-Grad-Winkel über die rechten Stränge. Dieser dient als Führungsfaden. Um diesen wird geknüpft. Knote mit den nächsten 3 Strängen Rippenknoten von links nach rechts.

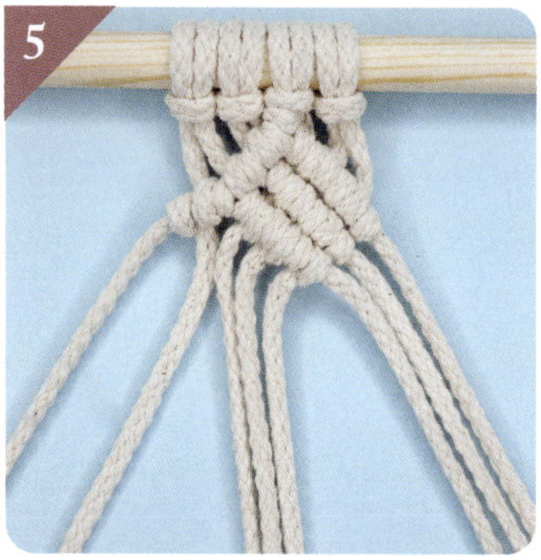
5

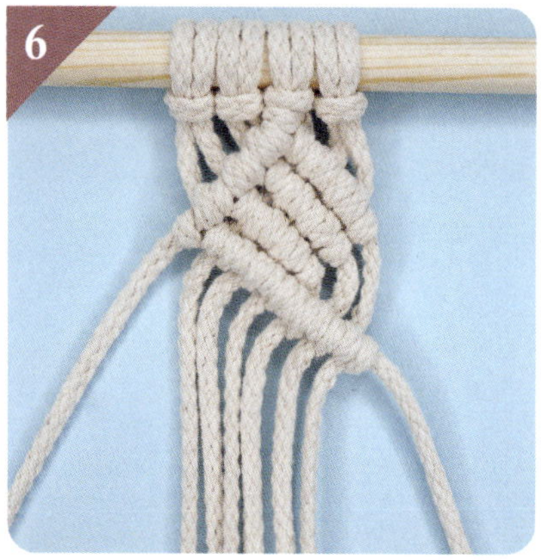
6

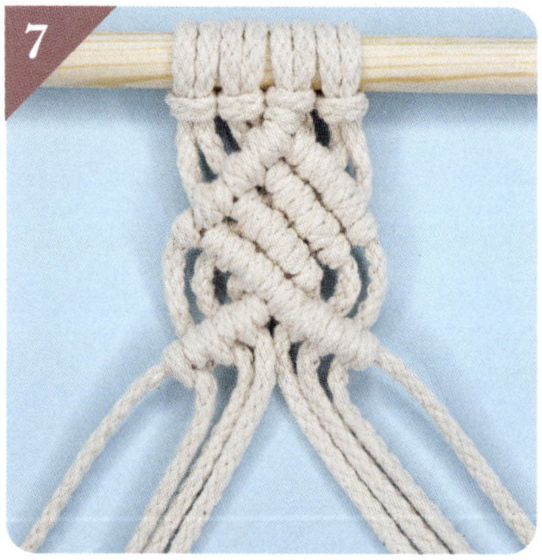
7

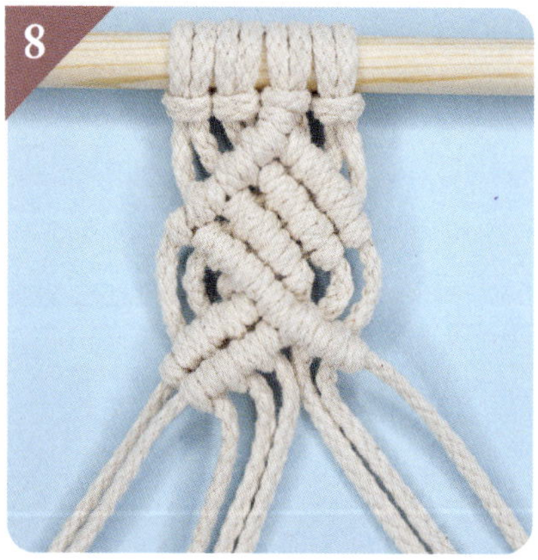
8

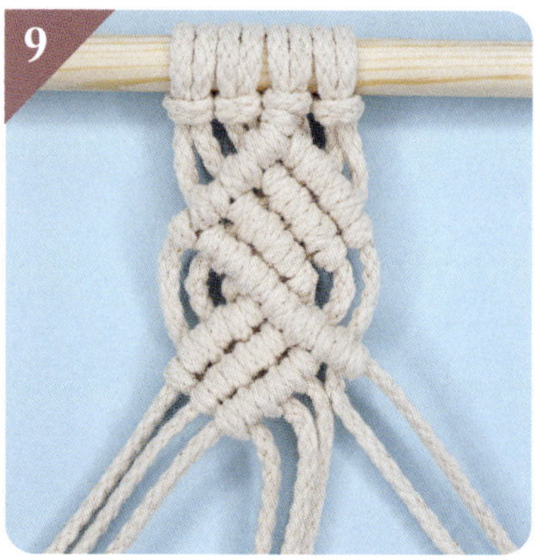
9

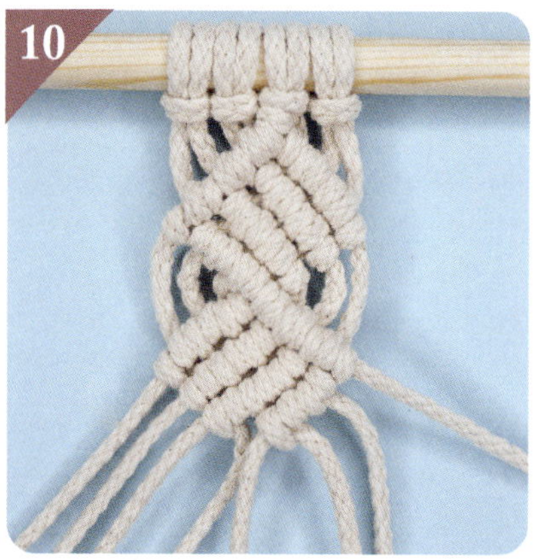
10

5. Teile die Stränge so auf, dass sich auf der linken Seite 2 Stränge und auf der rechten 6 Stränge befinden. Lege den linken Strang der rechten Stränge in einem 45-Grad-Winkel über die rechten Stränge. Dieser fungiert als Führungsfaden. Um diesen wird geknüpft. Knote mit den nächsten 3 Strängen Rippenknoten von links nach rechts.
6. Teile die Stränge so auf, dass sich auf der linken Seite 1 Strang und auf der rechten 7 Stränge befinden. Lege den äußeren linken Strang der rechten Stränge in einem 45-Grad-Winkel über die rechten Stränge. Dieser dient als Führungsfaden. Um diesen wird geknüpft. Knote 6 Rippenknoten von links nach rechts.
7. Teile die Stränge in der Mitte auf, sodass sich auf jeder Seite 4 Stränge befinden. Lege den äußeren rechten Strang der linken Stränge in einem 45-Grad-Winkel über die linken Stränge. Dieser dient als Führungsfaden. Um diesen wird geknüpft. Knote 3 Rippenknoten von rechts nach links.
8. Teile die Stränge so auf, dass sich auf der linken Seite 5 Stränge und auf der rechten 3 Stränge befinden. Lege den äußeren rechten Strang der linken Stränge in einem 45-Grad-Winkel über die linken Stränge. Dieser dient als Führungsfaden. Um diesen wird geknüpft. Knote mit den nächsten 3 Strängen Rippenknoten von rechts nach links.
9. Teile die Stränge so auf, dass sich auf der linken Seite 6 Stränge und auf der rechten 2 Stränge befinden. Lege den äußeren rechten Strang der linken Stränge in einem 45-Grad-Winkel über die linken Stränge. Dieser dient als Führungsfaden. Um diesen wird geknüpft. Knote mit den nächsten 3 Strängen Rippenknoten von rechts nach links.
10 Teile die Stränge so auf, dass sich auf der linken Seite 7 Stränge und auf der rechten 1 Strang befinden. Lege den äußeren rechten Strang der linken Stränge in einem 45-Grad-Winkel über die linken Stränge. Dieser fungiert als Führungsfaden. Um diesen wird geknüpft. Knote mit den nächsten 2 Strängen Rippenknoten von rechts nach links.

Knüpfe Schritt 1 bis 10 erneut, um das Muster zu wiederholen. Auf dem Vorschaubild wurde der Mustersatz 2-mal geknüpft. Wenn du das Muster abschließen möchtest, knote am Ende von Schritt 11 noch einen extra Rippenknoten.

Muster 2

Tree Hole

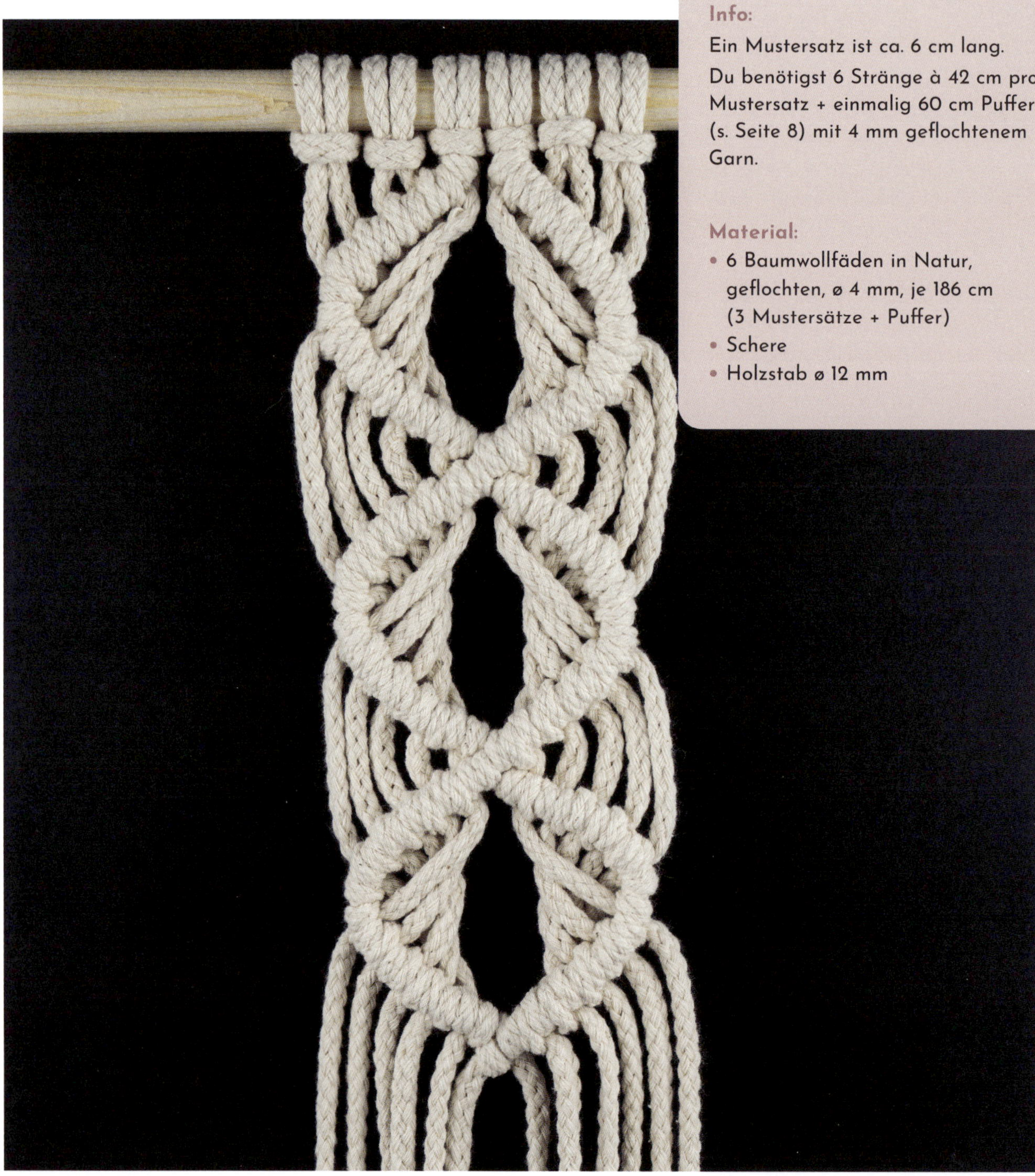

Info:

Ein Mustersatz ist ca. 6 cm lang.

Du benötigst 6 Stränge à 42 cm pro Mustersatz + einmalig 60 cm Puffer (s. Seite 8) mit 4 mm geflochtenem Garn.

Material:

- 6 Baumwollfäden in Natur, geflochten, ø 4 mm, je 186 cm (3 Mustersätze + Puffer)
- Schere
- Holzstab ø 12 mm

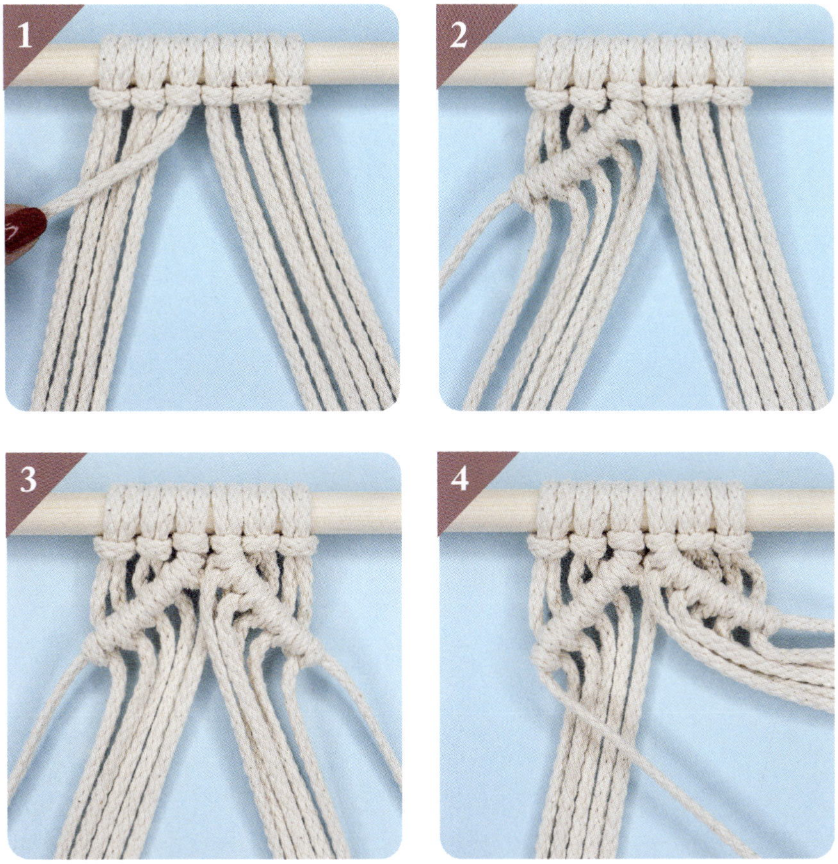

Anleitung:

Befestige die 6 Stränge mit dem Ankerknoten an deinem Holzstab.

1. Teile die Stränge in der Mitte auf, sodass sich auf jeder Seite 6 Stränge befinden. Lege den äußeren rechten Strang der linken Stränge in einem 45-Grad-Winkel über die linken Stränge. Dieser dient als Führungsfaden. Um diesen wird geknüpft.
2. Knote 5 Rippenknoten von rechts nach links.
3. Teile die Stränge in der Mitte auf, sodass sich auf jeder Seite 6 Stränge befinden. Lege den äußeren linken Strang der rechten Stränge in einem 45-Grad-Winkel über die rechten Stränge. Dieser dient als Führungsfaden. Um diesen wird geknüpft. Knote 5 Rippenknoten von links nach rechts.
4. Teile die Stränge in der Mitte auf, sodass sich auf jeder Seite 6 Stränge befinden. Lege die rechten Fäden vorerst zur Seite. Lege den äußeren linken Strang der linken Stränge in einem 45-Grad-Winkel über die linken Stränge. Dieser dient als Führungsfaden. Um diesen wird geknüpft.

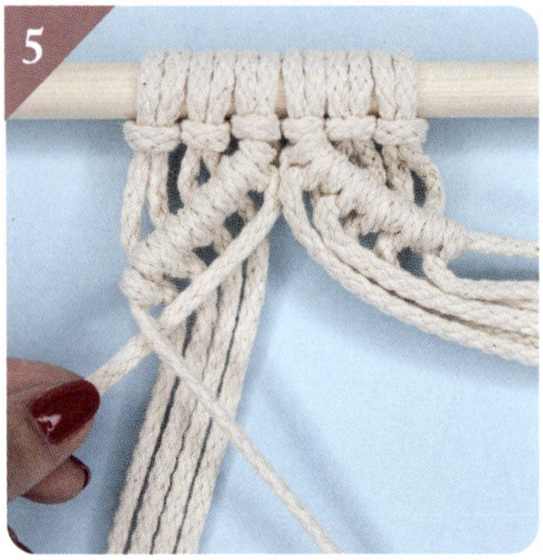

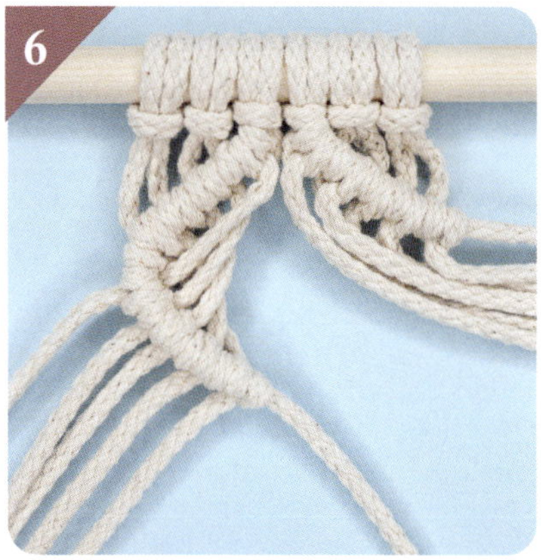

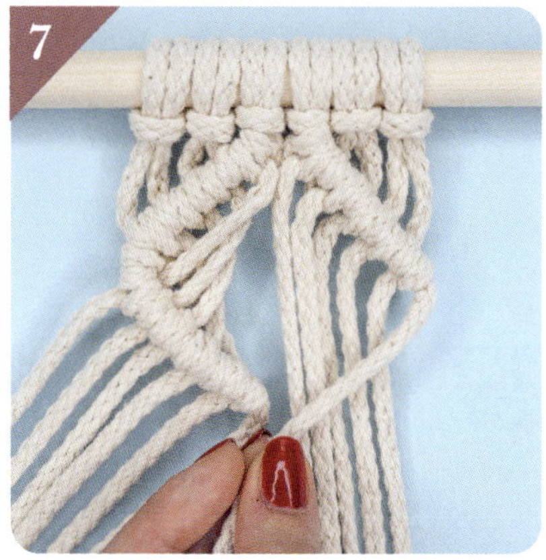

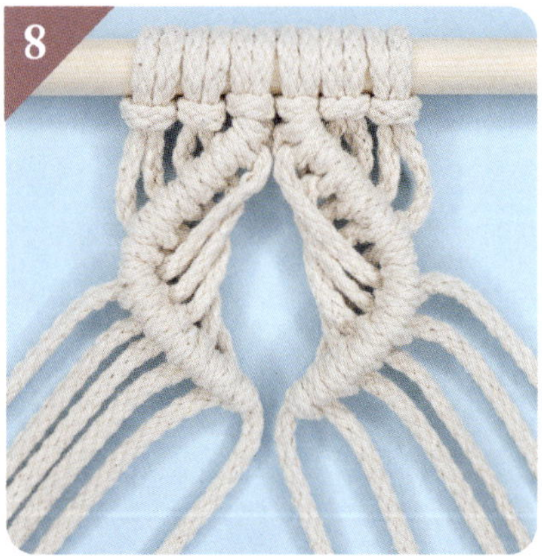

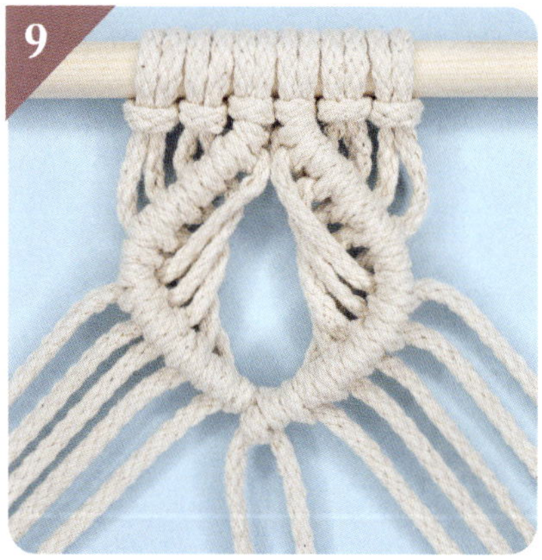

5. Nimm den äußeren rechten der linken Stränge zur Hand. Mit diesem wird der erste Rippenknoten geknüpft.
6. Knüpfe insgesamt 5 Rippenknoten von links nach rechts. Nimm dafür nicht wie gewohnt den Faden neben dem Führungsfaden, sondern arbeite dich von rechts nach links durch.
7. Teile die Stränge in der Mitte auf, sodass sich auf jeder Seite 6 Stränge befinden. Lege den äußeren rechten Strang der rechten Stränge in einem 45-Grad-Winkel über die rechten Stränge. Dieser dient als Führungsfaden. Um diesen wird geknüpft.
8. Knüpfe 5 Rippenknoten von rechts nach links. Nimm dafür nicht wie gewohnt den Faden neben dem Führungsfaden, sondern arbeite dich von links nach rechts durch.
9. Knüpfe, um das Auge zu schließen, mit den beiden mittleren Strängen einen weiteren Rippenknoten, dabei wird der rechte Faden über den linken gelegt. Der rechte Faden dient als Führungsfaden.

Knüpfe Schritt 1 bis 9 erneut, um das Muster zu wiederholen. Auf dem Vorschaubild wurde der Mustersatz 3-mal geknüpft.

Muster 3

Fischgräten

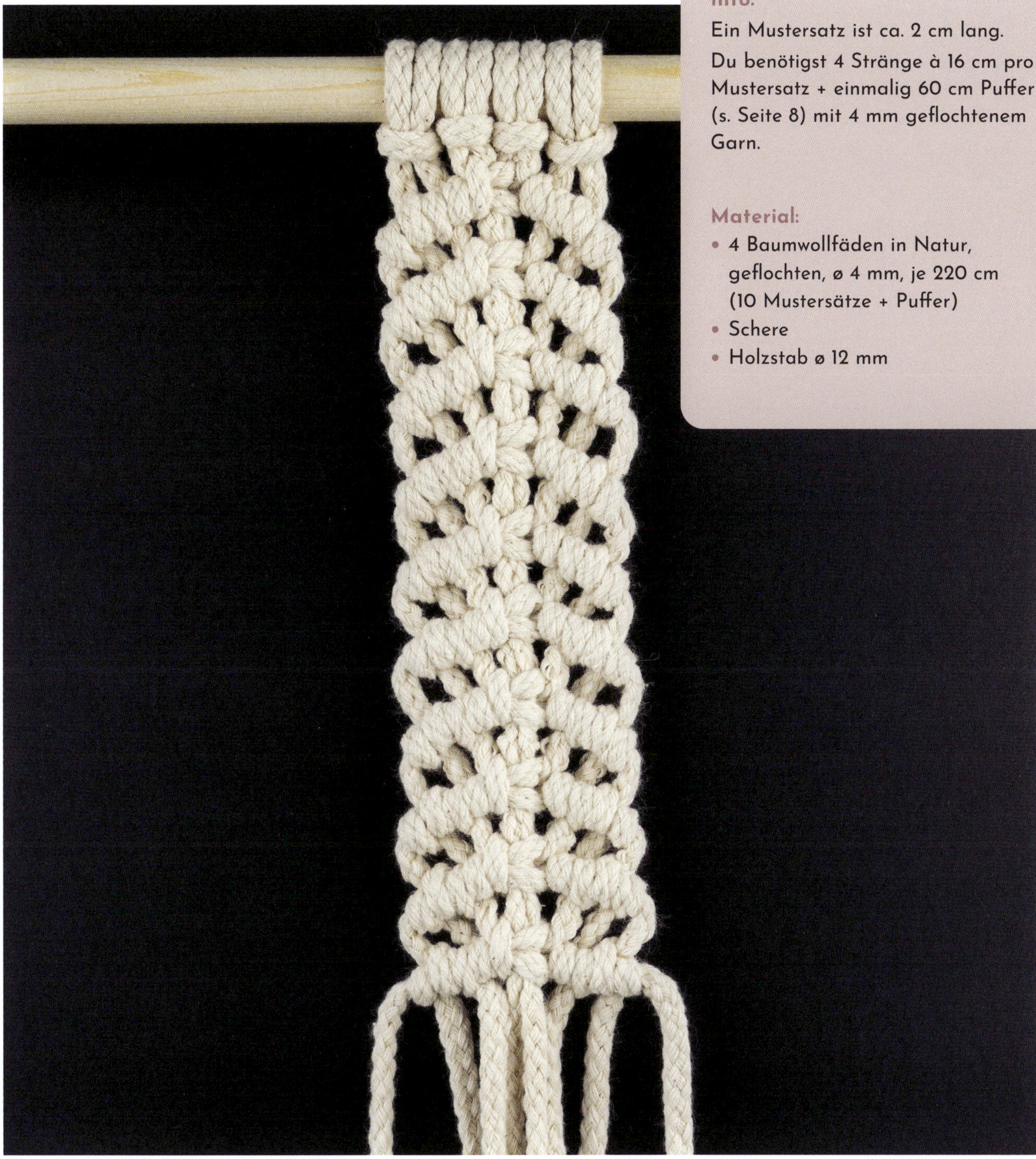

Info:

Ein Mustersatz ist ca. 2 cm lang.

Du benötigst 4 Stränge à 16 cm pro Mustersatz + einmalig 60 cm Puffer (s. Seite 8) mit 4 mm geflochtenem Garn.

Material:

- 4 Baumwollfäden in Natur, geflochten, ø 4 mm, je 220 cm (10 Mustersätze + Puffer)
- Schere
- Holzstab ø 12 mm

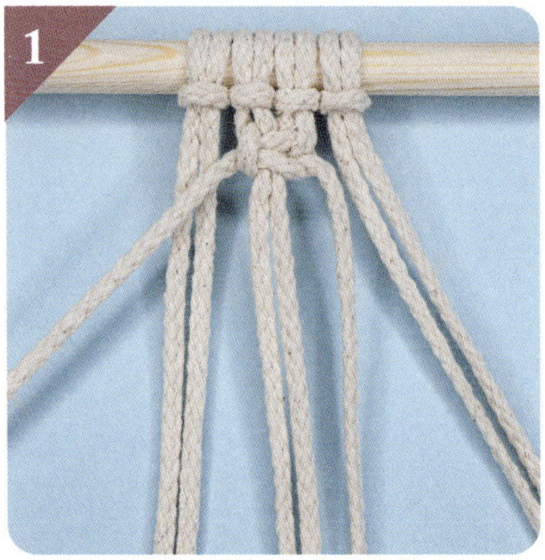

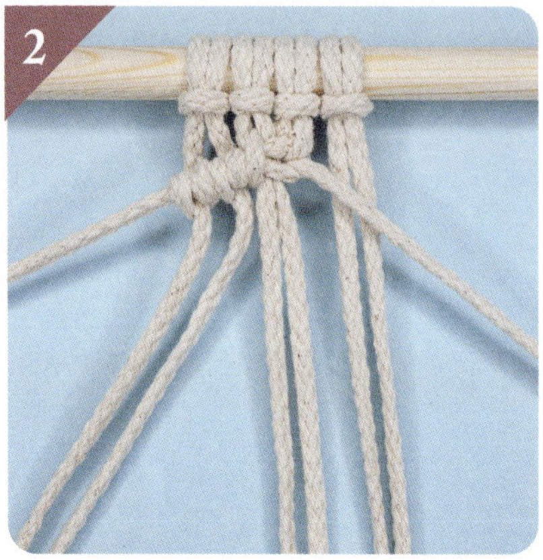

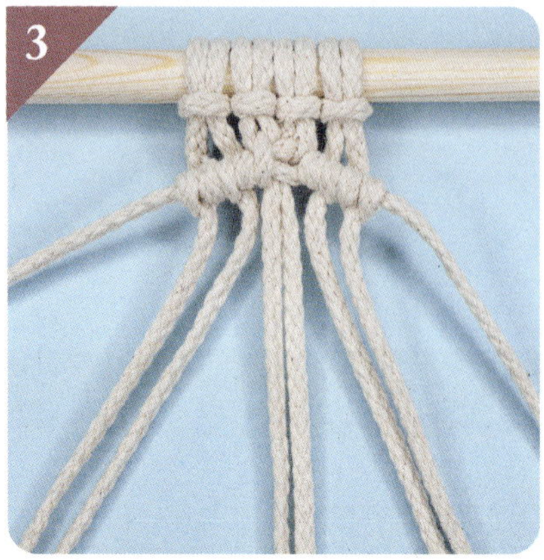

Anleitung:

Befestige die 4 Stränge mit dem Ankerknoten an deinem Holzstab.

1. Knote mit den mittleren 4 Strängen einen Kreuzknoten. Lege den linken Strang deines Kreuzknotens in einem 45-Grad-Winkel über die 2 linken Stränge. Dieser dient als Führungsfaden. Um diesen wird geknüpft.
2. Knote 2 Rippenknoten von rechts nach links. Lege den rechten Strang deines Kreuzknotens in einem 45-Grad-Winkel über die 2 rechten Stränge. Dieser dient als Führungsfaden. Um diesen wird geknüpft.
3. Knote 2 Rippenknoten von links nach rechts.

Knüpfe Schritt 1 bis 3 erneut, um das Muster zu wiederholen. Auf dem Vorschaubild wurde der Mustersatz 10-mal geknüpft.

Muster 4

Zewa-Halter

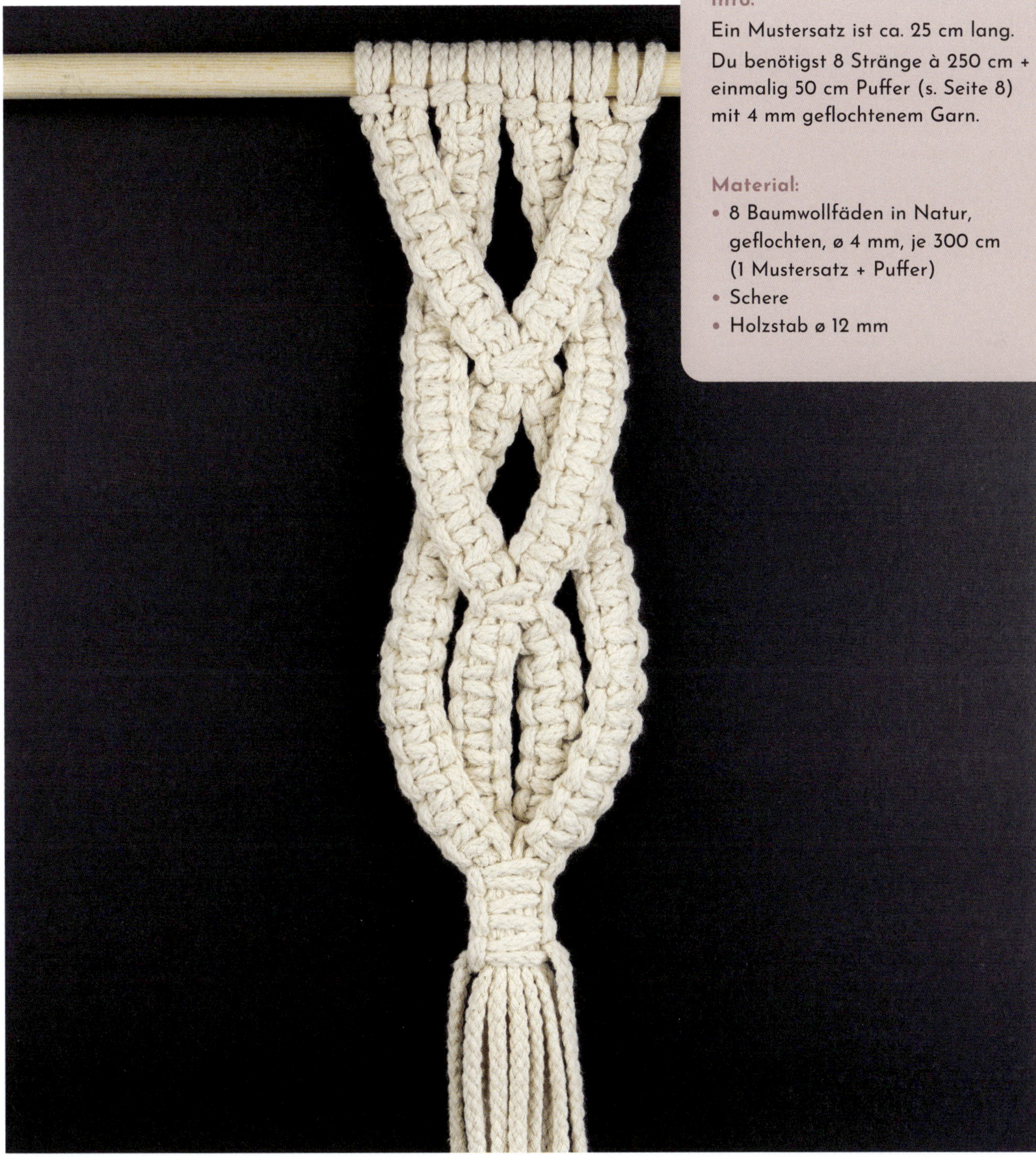

Info:
Ein Mustersatz ist ca. 25 cm lang.
Du benötigst 8 Stränge à 250 cm + einmalig 50 cm Puffer (s. Seite 8) mit 4 mm geflochtenem Garn.

Material:
- 8 Baumwollfäden in Natur, geflochten, ø 4 mm, je 300 cm (1 Mustersatz + Puffer)
- Schere
- Holzstab ø 12 mm

Anleitung:

Lege die 8 Baumwollfäden jeweils so zusammen, dass die Stränge, wenn sie zusammengelegt sind, auf einer Seite 50 cm und auf der anderen 240 cm lang sind. Befestige die 8 Stränge mit dem Ankerknoten an deinem Holzstab. Die Fäden wie folgt anordnen: 245 cm, 55 cm, 55 cm, 245 cm, 245 cm, 55 cm, 55 cm, 245 cm, 245 cm, 55 cm, 55 cm, 245 cm, 245 cm, 55 cm, 55 cm, 245 cm

1. Knote mit den linken 4 Strängen und den rechten 4 Strängen jeweils 6 Kreuzknoten untereinander.
2. Knote mit den Strängen 5 bis 8 und den Strängen 9 bis 12 jeweils 13 Kreuzknoten untereinander.
3. Führe die linke und rechte Kreuzknoten-Kette zur Mitte und verbinde die beiden mit einem Kreuzknoten. Dabei dienen die beiden äußeren Stränge als Arbeitsfäden und die 6 mittleren als Trägerfäden.
4. Teile die 8 mittleren Stränge in der Mitte auf und knote jeweils 2 Kreuzknoten-Ketten, bestehend aus 13 Kreuzknoten.
5. Führe die äußere linke und äußre rechte Kreuzknoten-Kette zur Mitte und verbinde die beiden mit einem Kreuzknoten. Dabei fungieren die beiden äußeren Stränge als Arbeitsfäden und die 6 mittleren als Trägerfäden.
6. Teile die 8 mittleren Stränge in der Mitte auf und knote jeweils 2 Kreuzknoten-Ketten, bestehend aus 6 Kreuzknoten.
7. Führe die äußere linke und äußere rechte Kreuzknoten-Kette zur Mitte und verbinde die beiden mit 3 Kreuzknoten. Dabei dienen die beiden äußeren Stränge als Arbeitsfäden und die 6 mittleren als Trägerfäden.

TIPP: Wenn du dieses Muster 2-mal nebeneinander mit einem Abstand von 20 cm an einen Holzstab knüpfst, kannst du einen Stab durchführen und eine Küchenrolle aufziehen. Der perfekte Zewa- oder auch Garnrollenhalter.

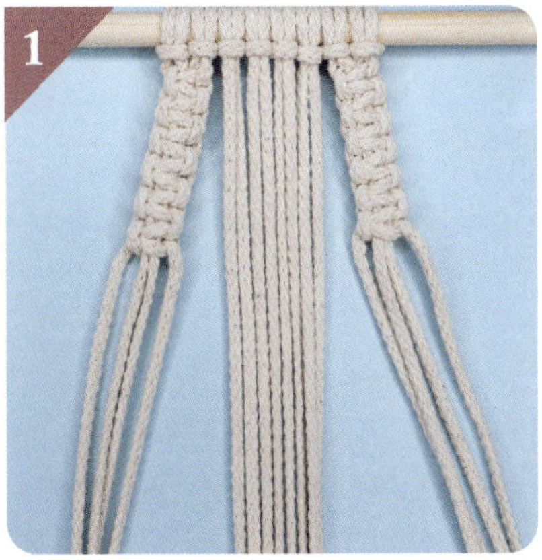
1

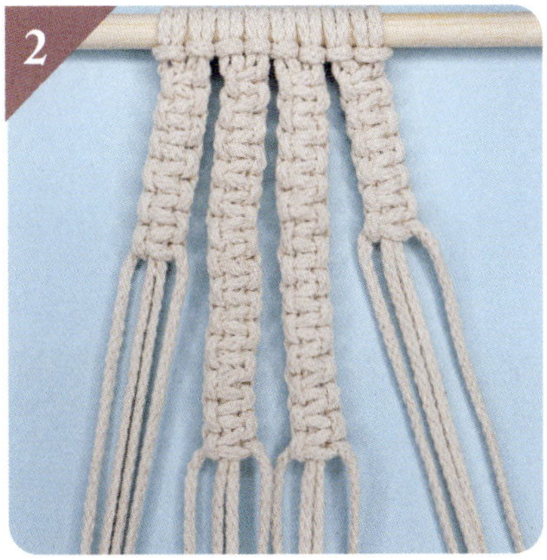
2

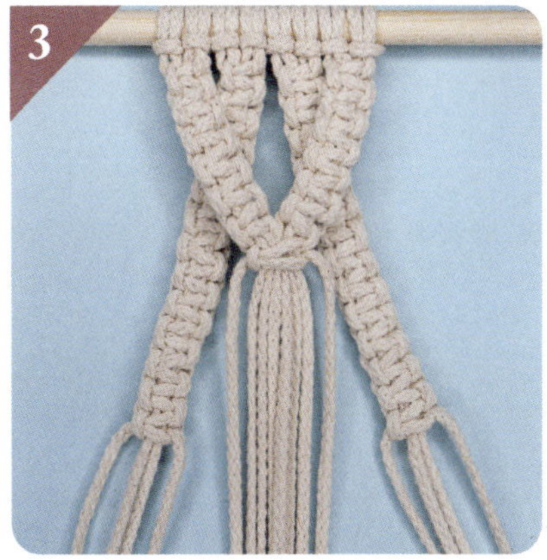
3

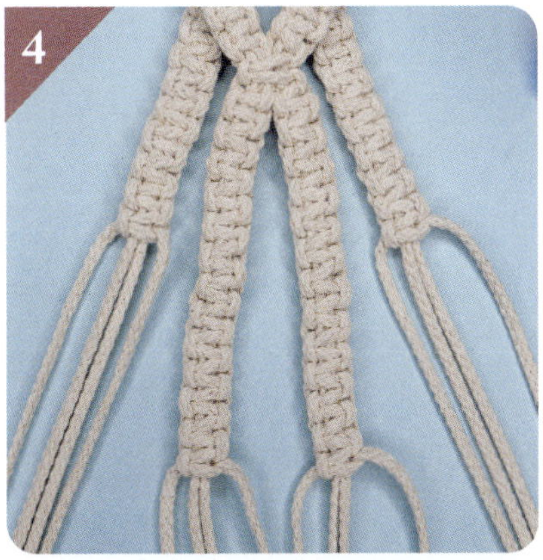
4

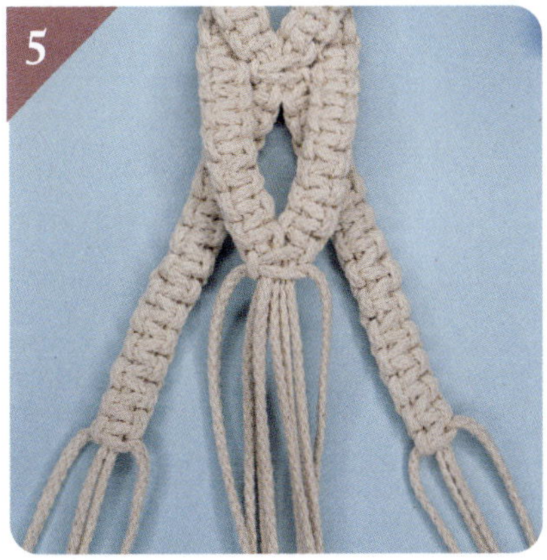
5

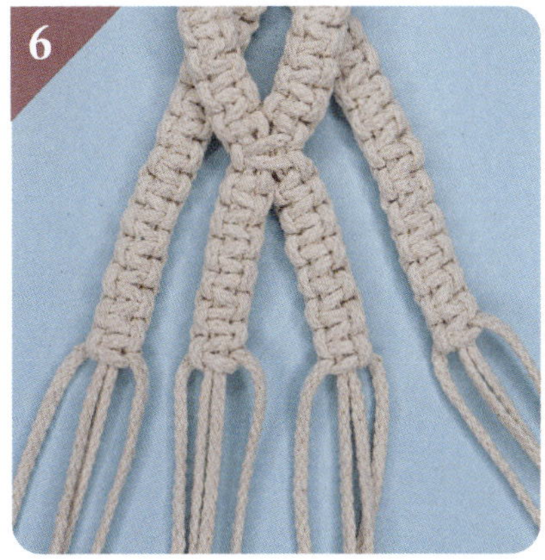
6

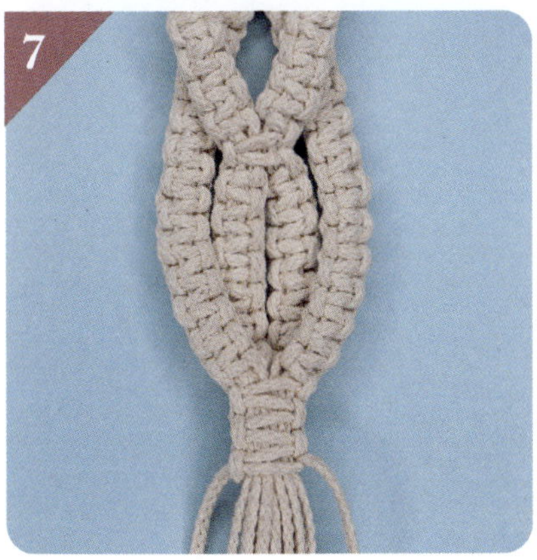
7

Muster 5

Wellen

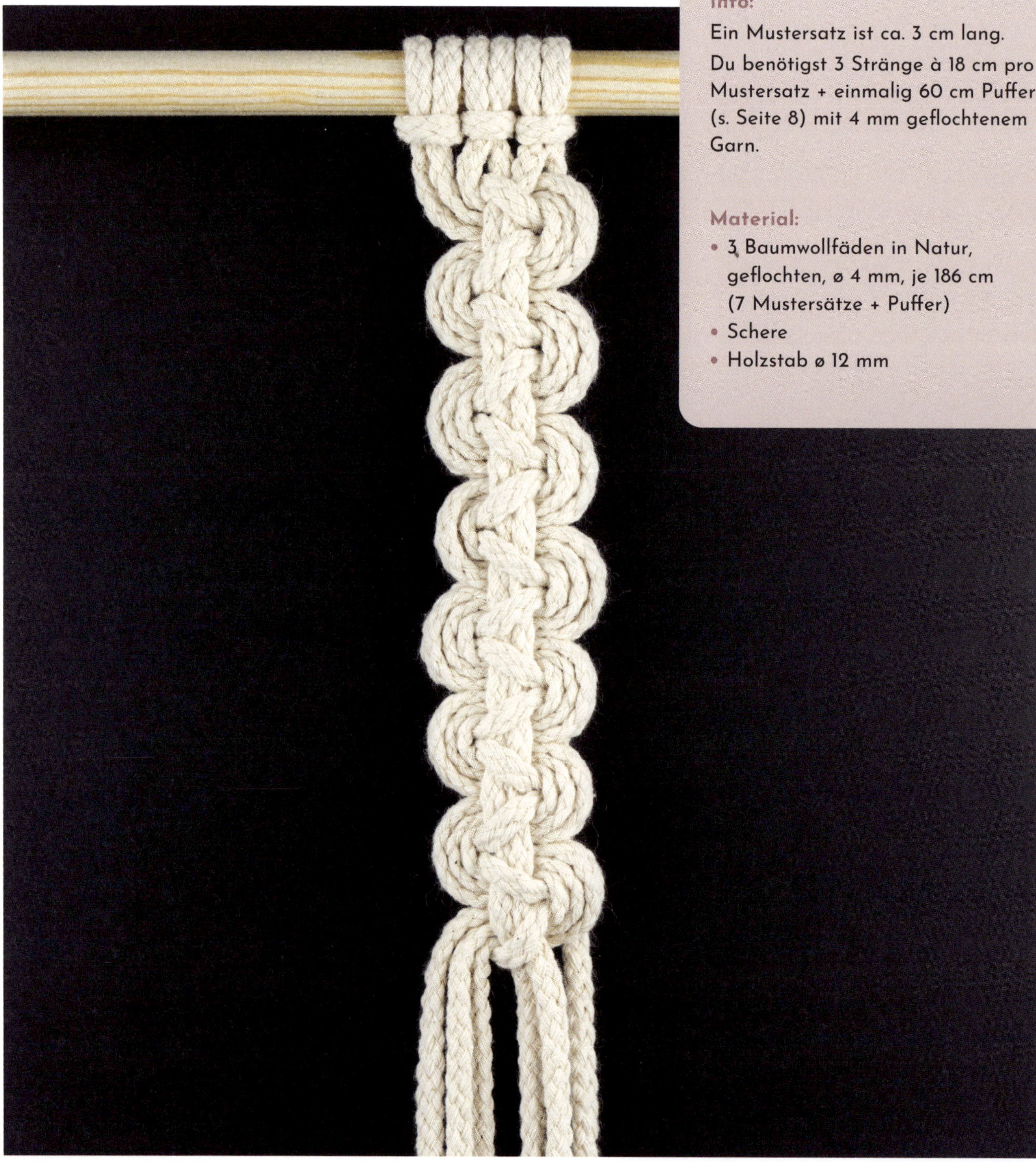

Info:

Ein Mustersatz ist ca. 3 cm lang.

Du benötigst 3 Stränge à 18 cm pro Mustersatz + einmalig 60 cm Puffer (s. Seite 8) mit 4 mm geflochtenem Garn.

Material:

- 3 Baumwollfäden in Natur, geflochten, ø 4 mm, je 186 cm (7 Mustersätze + Puffer)
- Schere
- Holzstab ø 12 mm

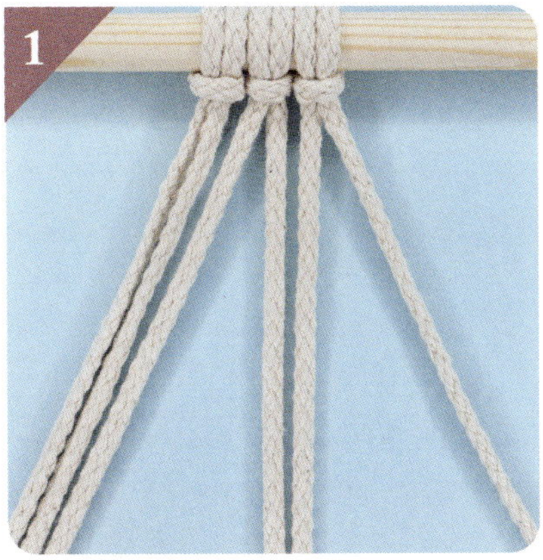

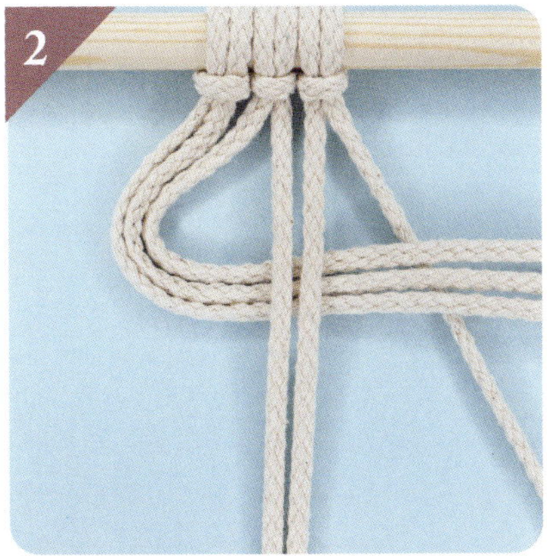

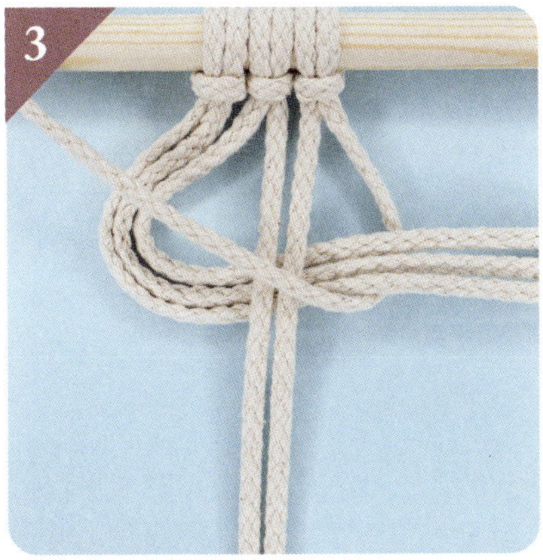

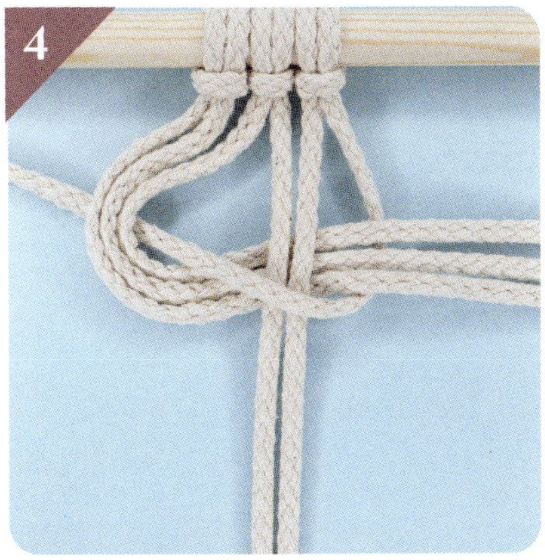

Anleitung:

Befestige die 3 Stränge mit dem Ankerknoten an deinem Holzstab.

1. Teile deine Stränge wie folgt auf: Links liegen 3 Stränge zusammen, in der Mitte liegen 2 Stränge zusammen und rechts liegt 1 Strang. Diese Gruppierung bleibt das restliche Muster über bestehen.
2. Führe die 3-er Stränge in einer Wellenform unter den 2-er Strängen durch und lege sie über den 1-er Strang.
3. Führe den 1-er Strang über die 2-er Stränge.
4. Führe den 1-er Strang unter den 3-er Strängen auf der linken Seite durch.

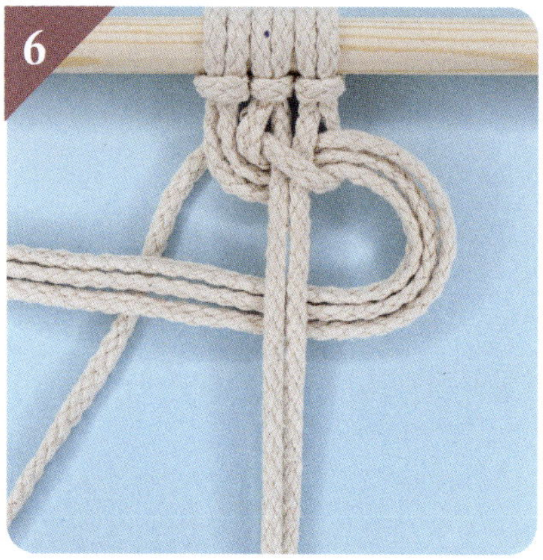

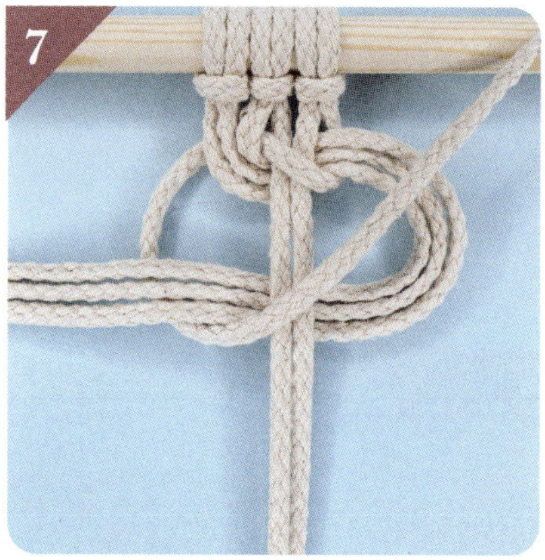

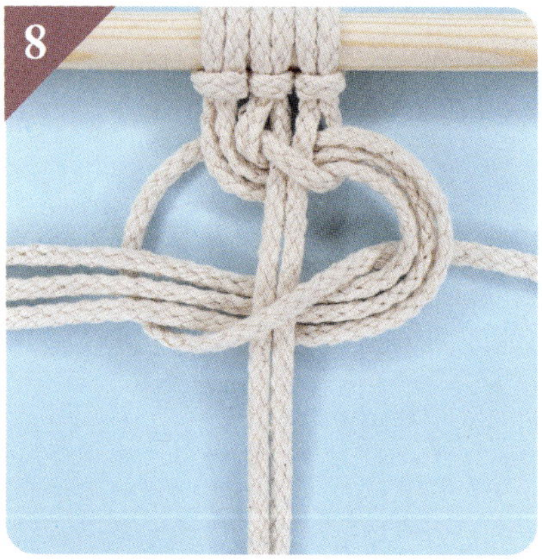

5. Ziehe die 1-er und 3-er Stränge links und rechts gleichmäßig fest, bis sich die Lücken schließen.
6. Führe die 3-er Stränge in einer Wellenform unter den 2-er Strängen durch und lege sie über den 1-er Strang.
7. Führe den 1-er Strang über die 2-er Stränge.
8. Führe den 1-er Strang unter den 3-er Strängen durch.
9. Ziehe die 1-er und 3-er Stränge links und rechts gleichmäßig fest, bis sich die Lücken schließen.

Knüpfe Schritt 1 bis 9 erneut, um das Muster zu wiederholen. Auf dem Vorschaubild wurde der Mustersatz 7-mal geknüpft.

Muster 6

Blatt

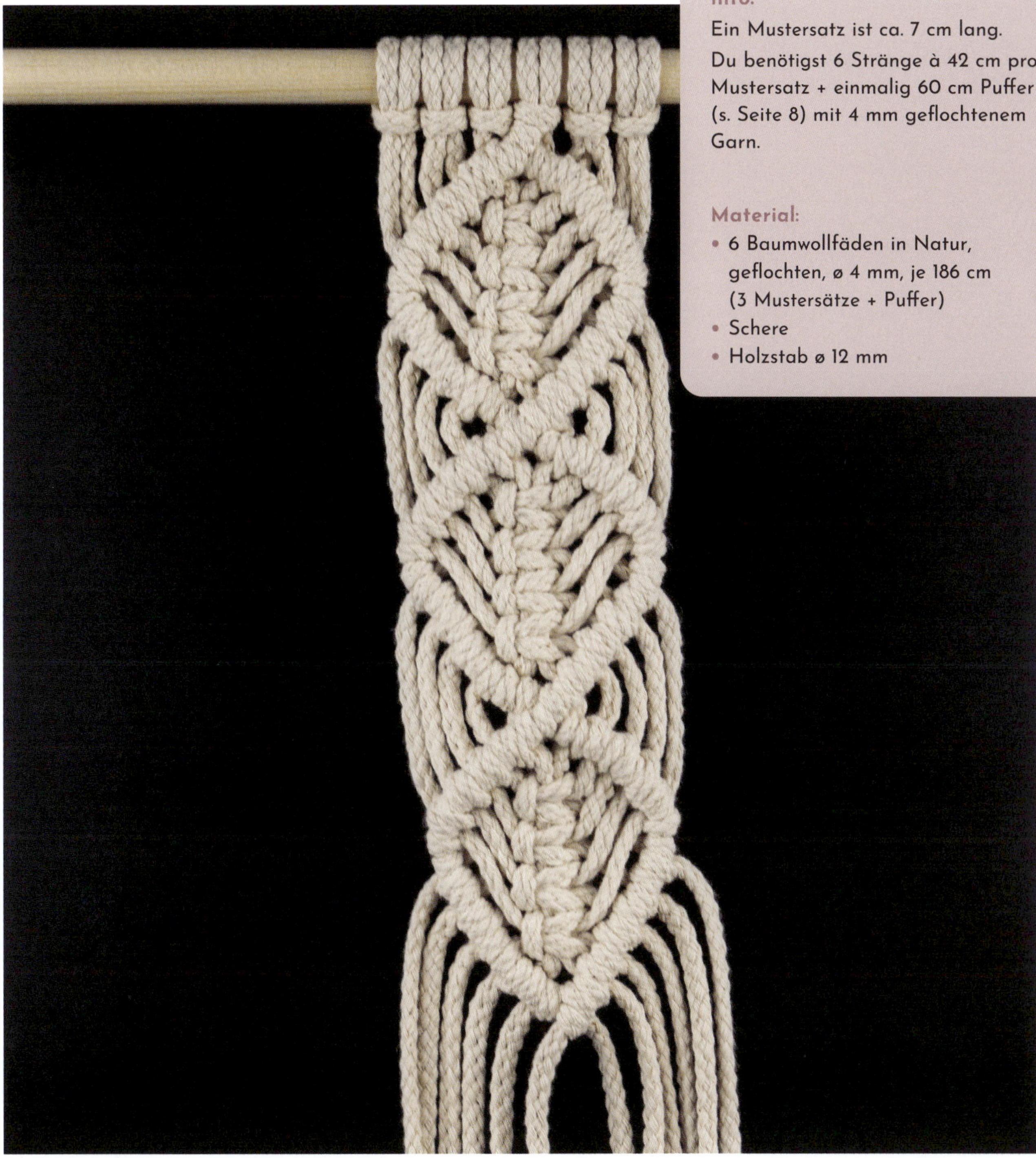

Info:

Ein Mustersatz ist ca. 7 cm lang.

Du benötigst 6 Stränge à 42 cm pro Mustersatz + einmalig 60 cm Puffer (s. Seite 8) mit 4 mm geflochtenem Garn.

Material:

- 6 Baumwollfäden in Natur, geflochten, ø 4 mm, je 186 cm (3 Mustersätze + Puffer)
- Schere
- Holzstab ø 12 mm

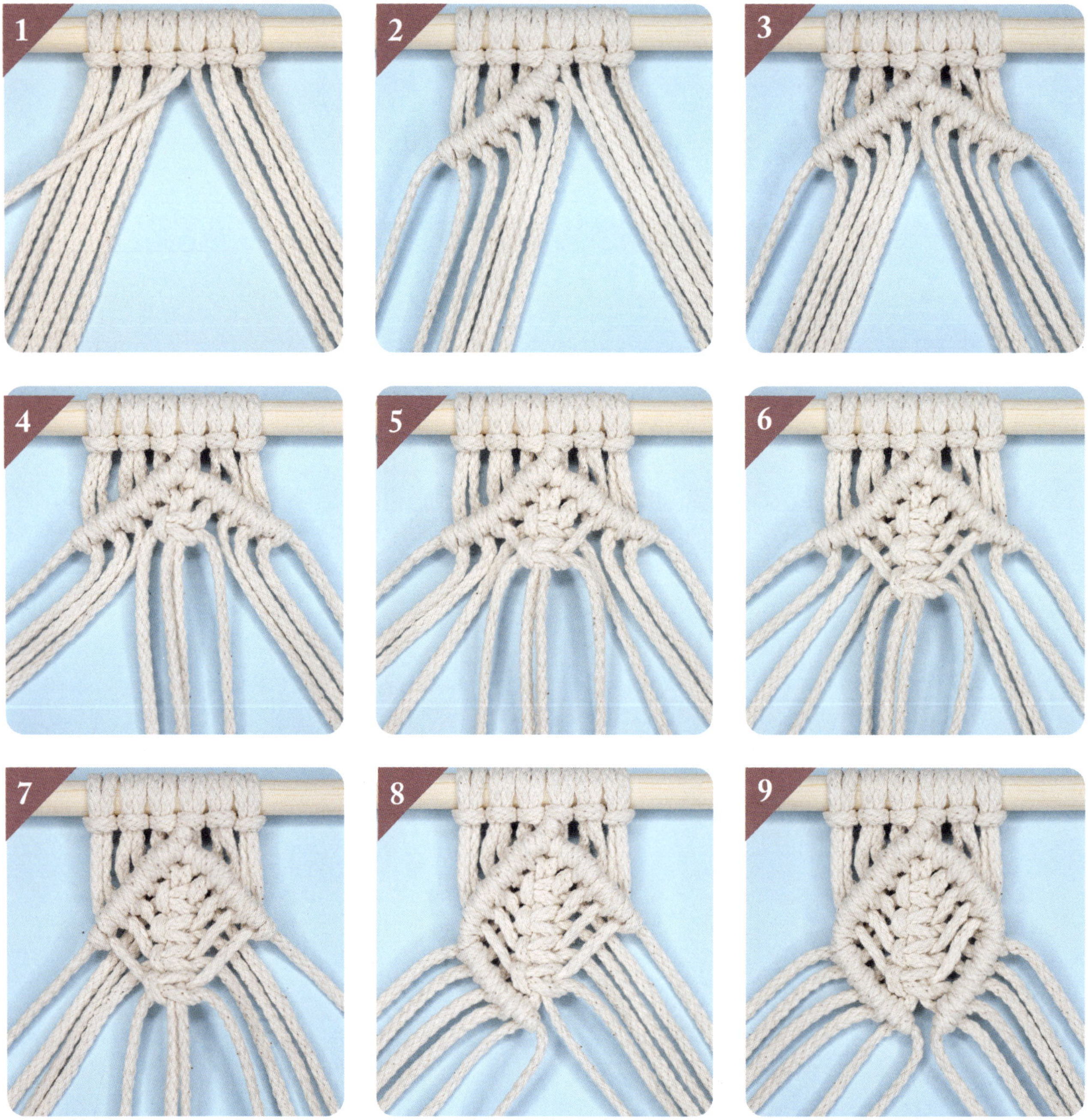
1
2
3
4
5
6
7
8
9

Anleitung:

Befestige die 6 Stränge mit dem Ankerknoten an deinem Holzstab.

1. Teile die Stränge so auf, dass sich auf der linken Seite 7 Stränge und auf der rechten 5 Stränge befinden. Lege den äußeren rechten Strang der linken Stränge in einem 45-Grad-Winkel über die linken Stränge. Dieser dient als Führungsfaden. Um diesen wird geknüpft.
2. Knote 6 Rippenknoten von rechts nach links.
3. Teile die Stränge in der Mitte auf, sodass sich auf jeder Seite 6 Stränge befinden. Lege den äußeren linken Strang der rechten Stränge in einem 45-Grad-Winkel über die rechten Stränge. Dieser dient als Führungsfaden. Um diesen wird geknüpft. Knote 5 Rippenknoten von links nach rechts.
4. Knote mit den mittleren 4 Strängen einen Kreuzknoten.
5. Knote einen weiteren Kreuzknoten. Dabei bleiben die beiden mittleren Stränge die Trägerfäden. Die Arbeitsfäden werden ausgetauscht: Verwende als Arbeitsfäden den jeweils 4. Strang von links und rechts. Die neuen Arbeitsfäden befinden sich immer vorne.
6. Knote einen weiteren Kreuzknoten. Dabei bleiben die beiden mittleren Stränge die Trägerfäden. Die Arbeitsfäden werden ausgetauscht: Verwende als Arbeitsfäden den jeweils 3. Strang von links und rechts.
7. Knote einen weiteren Kreuzknoten. Dabei bleiben die beiden mittleren Stränge die Trägerfäden. Die Arbeitsfäden werden ausgetauscht: Verwende als Arbeitsfäden den jeweils 2. Strang von links und rechts.
8. Teile die Stränge in der Mitte auf, sodass sich auf jeder Seite 6 Stränge befinden. Lege den äußeren linken Strang der linken Stränge in einem 45-Grad-Winkel über die linken Stränge. Dieser dient als Führungsfaden. Um diesen wird geknüpft. Knote 5 Rippenknoten von links nach rechts.
9. Teile die Stränge in der Mitte auf, sodass sich auf jeder Seite 6 Stränge befinden. Lege den äußeren rechten Strang der rechten Stränge in einem 45-Grad-Winkel über die rechten Stränge. Dieser dient als Führungsfaden. Um diesen wird geknüpft. Knote 5 Rippenknoten von links nach rechts.

Knüpfe Schritt 1 bis 9 erneut, um das Muster zu wiederholen. Auf dem Vorschaubild wurde der Mustersatz 3-mal geknüpft. Wenn du das Muster abschließen möchtest, knote am Ende von Schritt 9 noch einen extra Rippenknoten.

Muster 7

Blüten

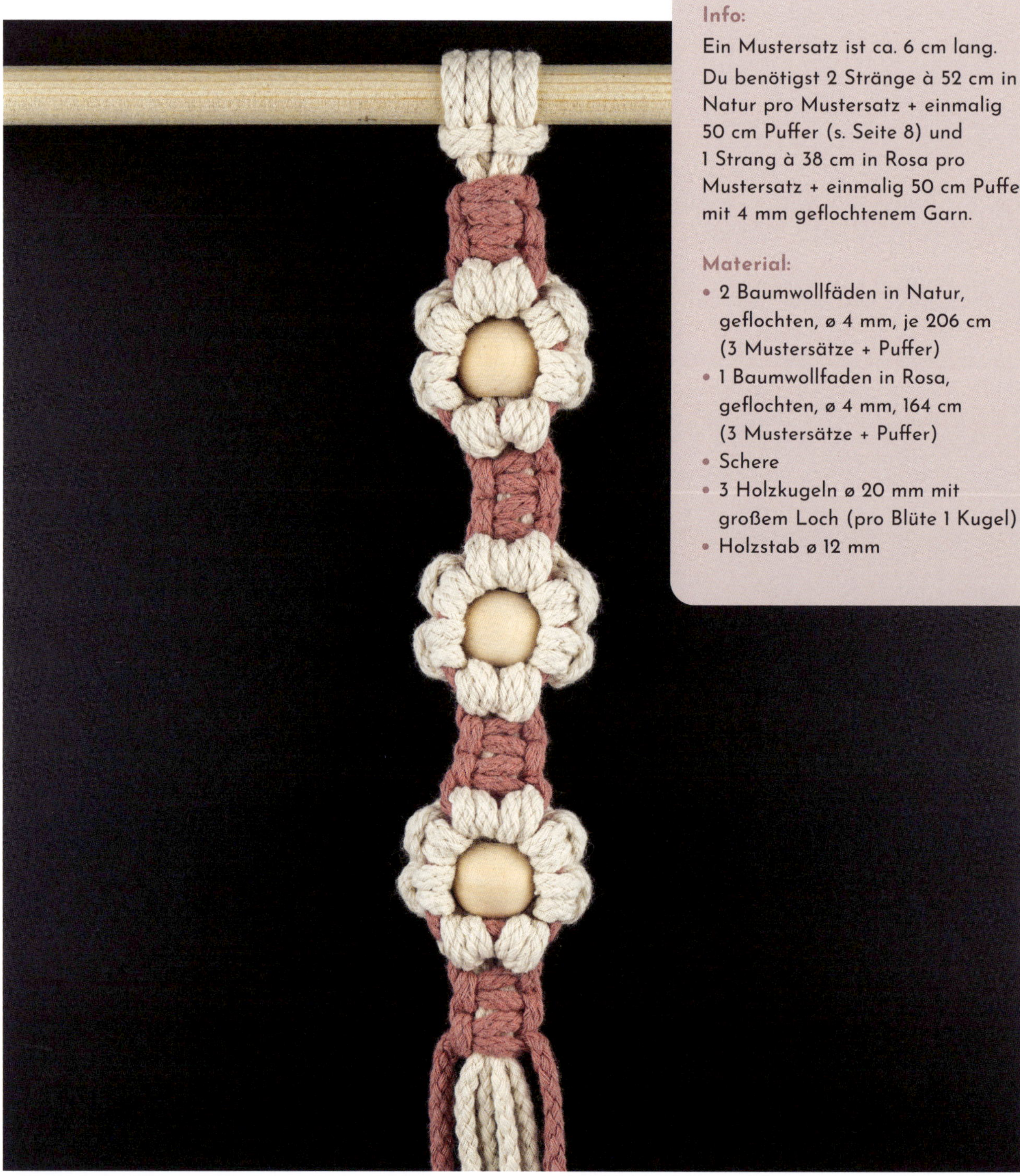

Info:

Ein Mustersatz ist ca. 6 cm lang.

Du benötigst 2 Stränge à 52 cm in Natur pro Mustersatz + einmalig 50 cm Puffer (s. Seite 8) und 1 Strang à 38 cm in Rosa pro Mustersatz + einmalig 50 cm Puffer mit 4 mm geflochtenem Garn.

Material:

- 2 Baumwollfäden in Natur, geflochten, ø 4 mm, je 206 cm (3 Mustersätze + Puffer)
- 1 Baumwollfaden in Rosa, geflochten, ø 4 mm, 164 cm (3 Mustersätze + Puffer)
- Schere
- 3 Holzkugeln ø 20 mm mit großem Loch (pro Blüte 1 Kugel)
- Holzstab ø 12 mm

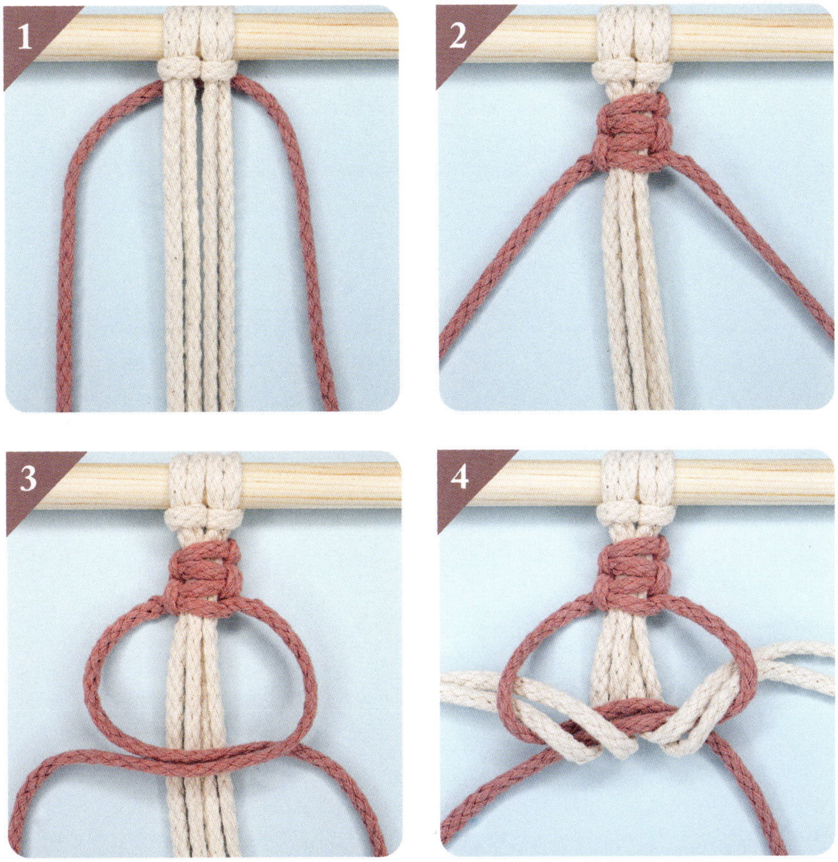

Anleitung:

Befestige die 2 Stränge in der Farbe Natur mit dem Ankerknoten an deinem Holzstab.

1. Lege die Mitte des rosafarbenen Fadens unter die beiden Stränge in Natur.
2. Knote mit Rosa 2 Kreuzknoten untereinander.
3. Lege den linken rosafarbenen Strang über die mittleren 4 naturfarbenen Stränge. Lege den rechten rosafarbenen Strang über die mittleren 4 naturfarbenen Stränge.
4. Teile die 4 naturfarbenen Stränge in der Mitte auf, sodass sich auf jeder Seite 2 Stränge befinden. Führe die naturfarbenen Stränge auf beiden Seiten über die rosafarbenen Stränge. Anschließend links und rechts unter den rosafarbenen Schlaufen durchführen.

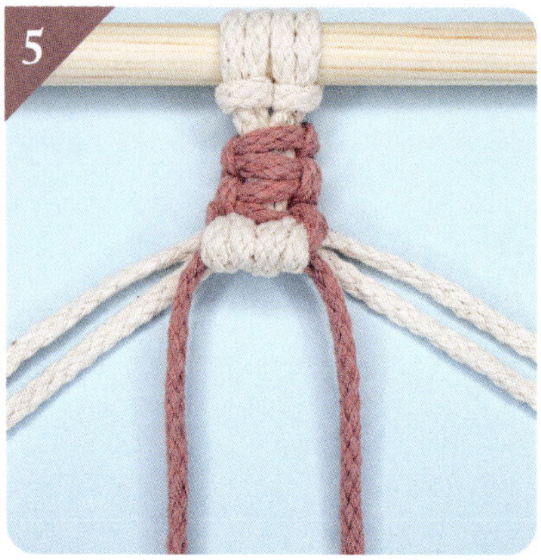

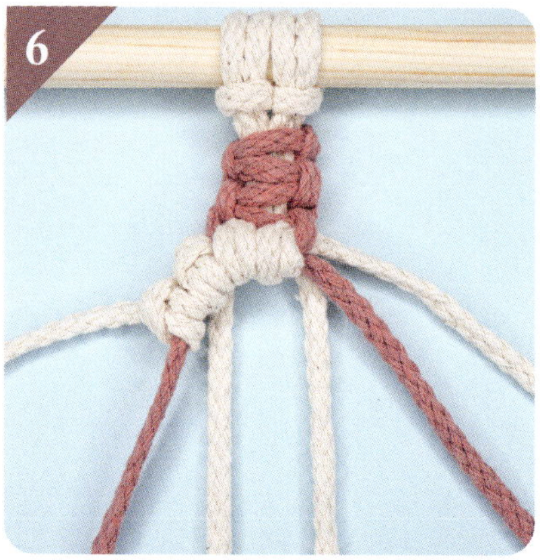

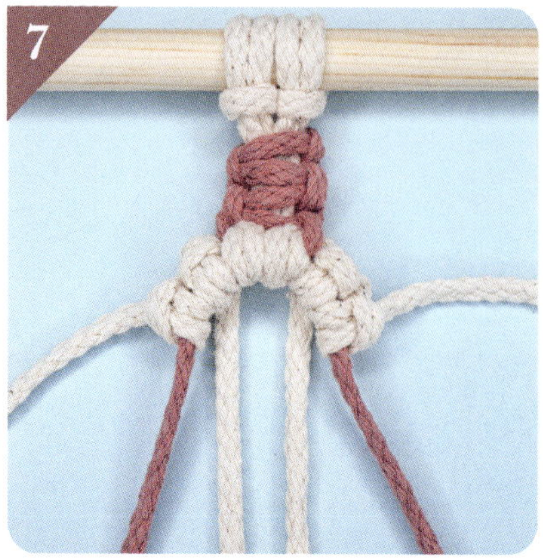

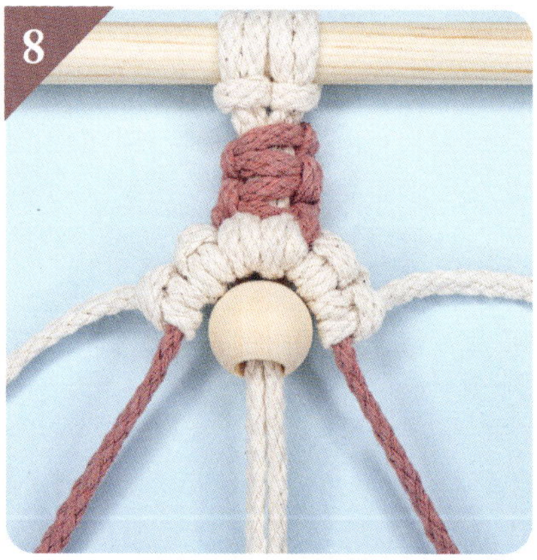

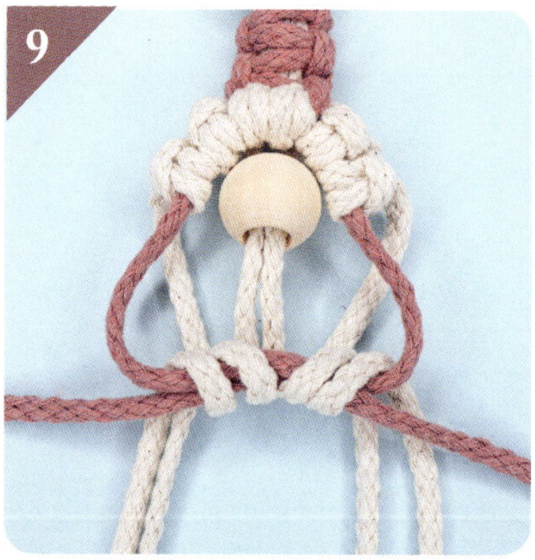

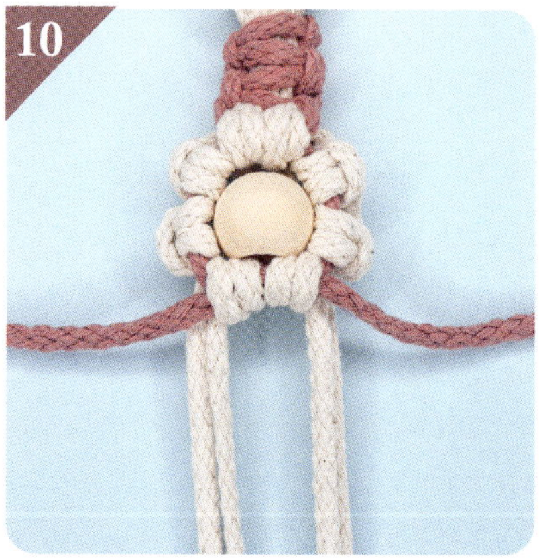

5. Ziehe gleichmäßig an den rosafarbenen Strängen, bis sich die Lücken schließen. Justiere gegebenenfalls die naturfarbenen Stränge nach.
6. Knüpfe mit dem linken außenliegenden naturfarbenen Strang 2 vertikale Ankerknoten, dabei fungiert der linke rosafarbene Strang als Trägerfaden.
7. Knüpfe mit dem rechten außenliegenden naturfarbenen Strang 2 vertikale Ankerknoten, dabei fungiert der rechte rosafarbene Strang als Trägerfaden.
8. Fädle eine Holzkugel auf die beiden mittleren naturfarbenen Stränge.
9. Lege den linken rosafarbenen Strang über die mittleren 4 naturfarbenen Stränge. Lege den rechten rosafarbenen Strang über die mittleren 4 naturfarbenen Stränge. Teile die 4 naturfarbenen Stränge in der Mitte auf, sodass sich auf jeder Seite 2 Stränge befinden. Führe die naturfarbenen Stränge auf beiden Seiten über die rosafarbenen Stränge. Anschließend links und rechts unter den rosafarbenen Schlaufen durchführen.
10. Ziehe gleichmäßig an den rosafarbenen Strängen, bis sich die Lücken schließen. Justiere gegebenenfalls die naturfarbenen Stränge nach.

Knüpfe Schritt 2 bis 10 erneut, um das Muster zu wiederholen. Auf dem Vorschaubild wurde der Mustersatz 3-mal geknüpft. Wenn du das Muster abschließen möchtest, knote nach Schritt 10 noch 2 Kreuzknoten untereinander.

Muster 8

Leiter

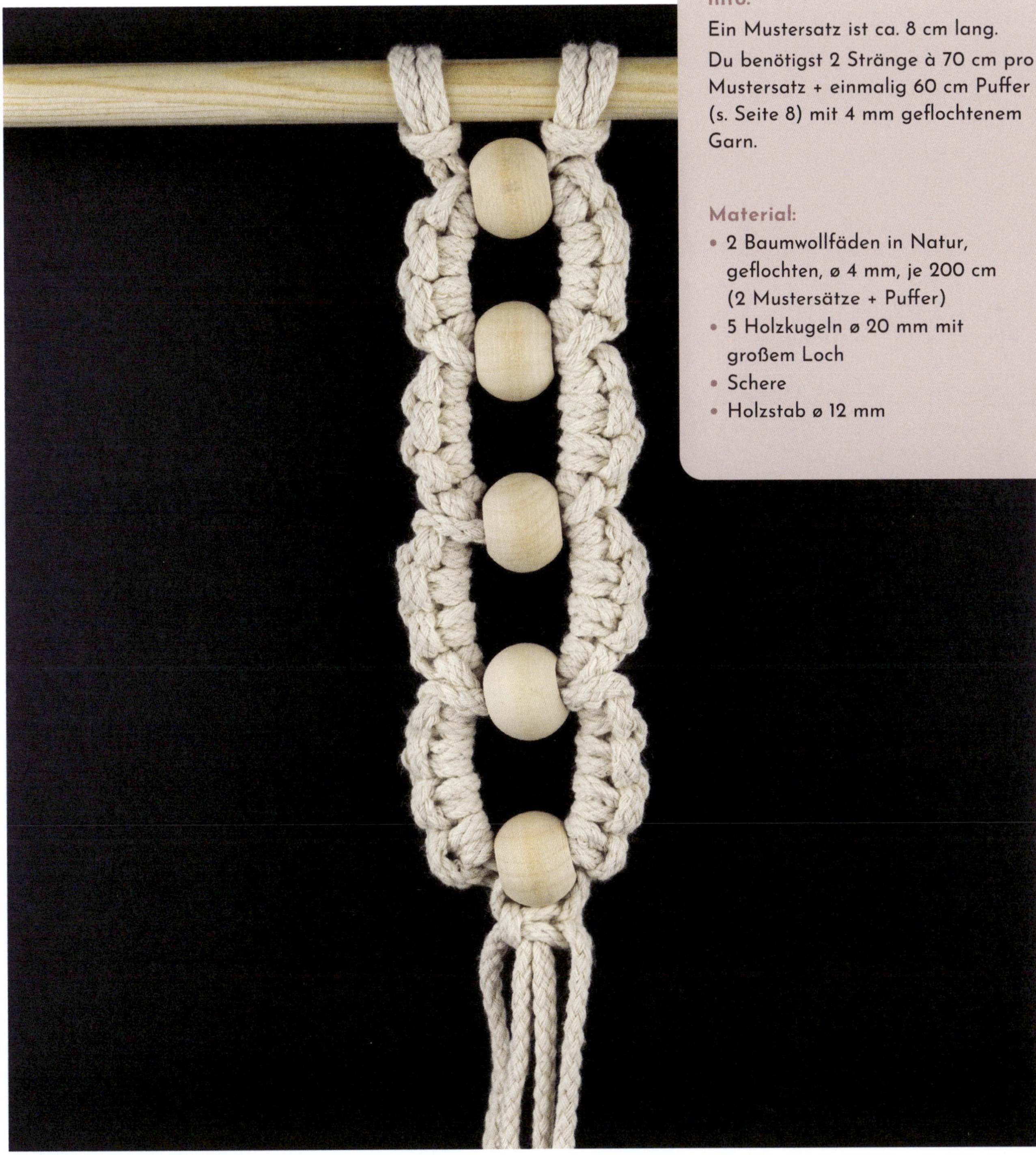

Info:

Ein Mustersatz ist ca. 8 cm lang.

Du benötigst 2 Stränge à 70 cm pro Mustersatz + einmalig 60 cm Puffer (s. Seite 8) mit 4 mm geflochtenem Garn.

Material:

- 2 Baumwollfäden in Natur, geflochten, ø 4 mm, je 200 cm (2 Mustersätze + Puffer)
- 5 Holzkugeln ø 20 mm mit großem Loch
- Schere
- Holzstab ø 12 mm

Anleitung:

Befestige die 2 Stränge mit dem Ankerknoten an deinem Holzstab.

1. Fädle eine Holzkugel auf die beiden mittleren Stränge. Schiebe dafür den linken Faden von links nach rechts und den rechten Faden von rechts nach links durch die Kugel.
2. Teile die 4 Stränge in der Mitte auf, sodass sich auf jeder Seite 2 Stränge befinden. Knüpfe mit dem links außenliegenden Strang 4 vertikale Ankerknoten, dabei dient der rechte der beiden linken Stränge als Trägerfaden.
3. Knüpfe mit dem rechts außenliegenden Strang 4 vertikale Ankerknoten, dabei dient der linke der beiden rechten Stränge als Trägerfaden.
4. Fädle eine Holzkugel auf die beiden mittleren Stränge. Schiebe dafür den linken Faden von links nach rechts und den rechten Faden von rechts nach links durch die Kugel.
5. Lege die beiden äußeren Stränge über die beiden mittleren. Somit hast du die Arbeits- und Trägerfäden getauscht. Dies dient dazu, dass die Stränge gleich lang bleiben.
6. Knüpfe mit dem links außenliegenden Strang 4 vertikale Ankerknoten, dabei fungiert der rechte der beiden linken Stränge als Trägerfaden. Knüpfe mit dem rechts außenliegenden Strang 4 vertikale Ankerknoten, dabei fungiert der linke der beiden rechten Stränge als Trägerfaden.

Knüpfe Schritt 4 bis 6 noch 2-mal, um das Muster zu wiederholen. Auf dem Vorschaubild wurde der Mustersatz 2-mal geknüpft (Schritt 1 bis 6 ergeben einen Mustersatz). Wenn du das Muster abschließen möchtest, fädle nach Schritt 6 noch eine weitere Holzkugel auf und knote einen Kreuzknoten.

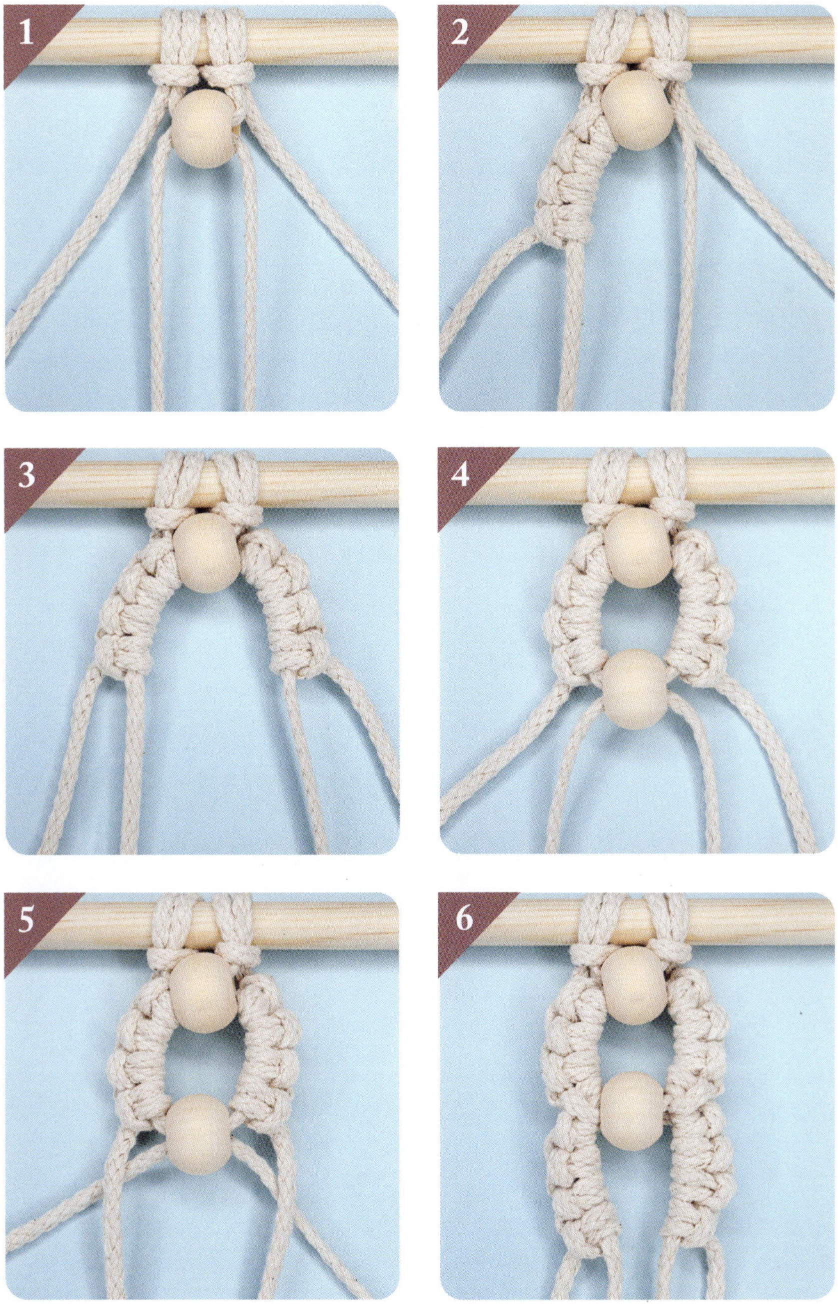
1
2
3
4
5
6

MUSTER 9

Muschel

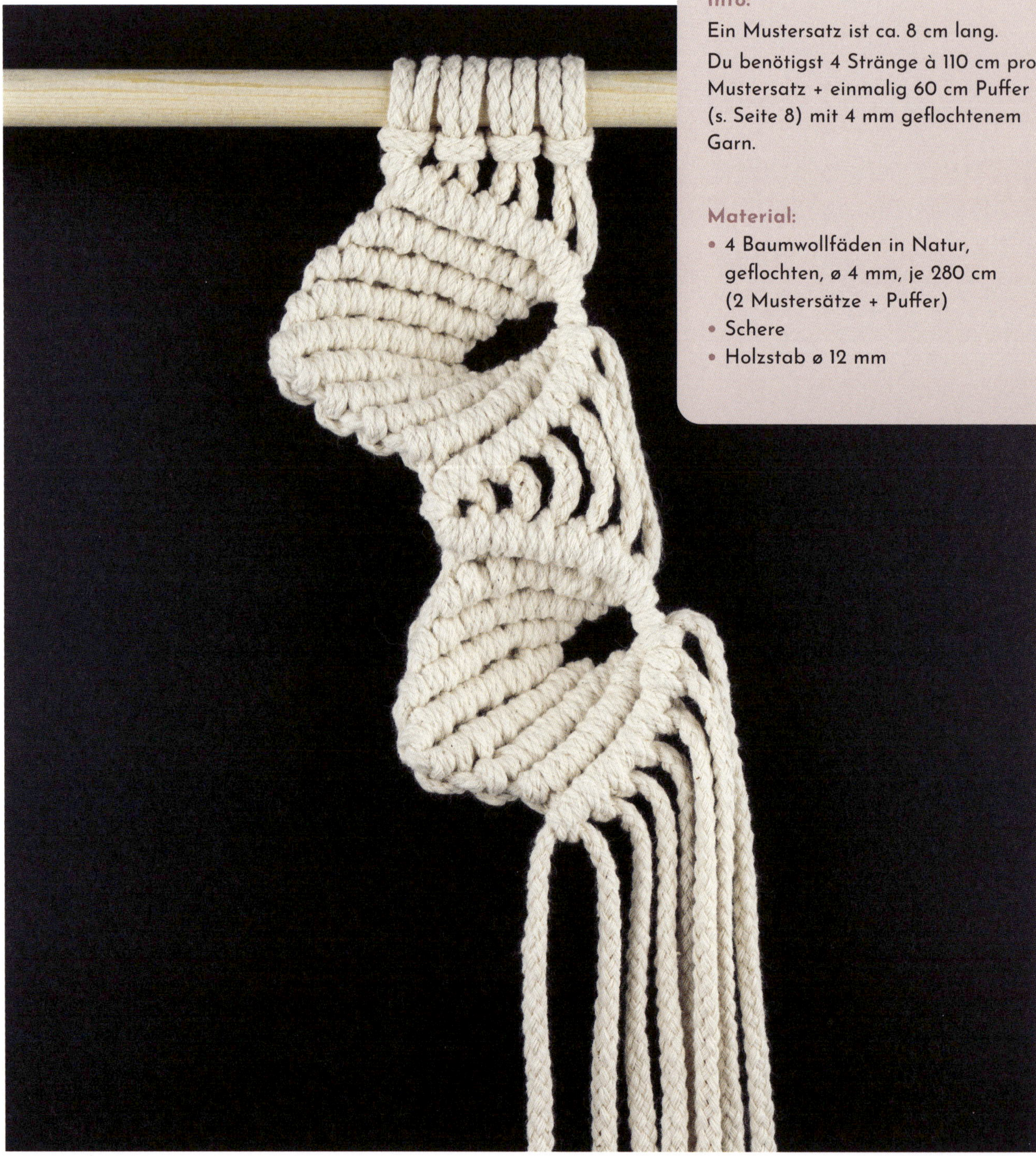

Info:

Ein Mustersatz ist ca. 8 cm lang.

Du benötigst 4 Stränge à 110 cm pro Mustersatz + einmalig 60 cm Puffer (s. Seite 8) mit 4 mm geflochtenem Garn.

Material:

- 4 Baumwollfäden in Natur, geflochten, ø 4 mm, je 280 cm (2 Mustersätze + Puffer)
- Schere
- Holzstab ø 12 mm

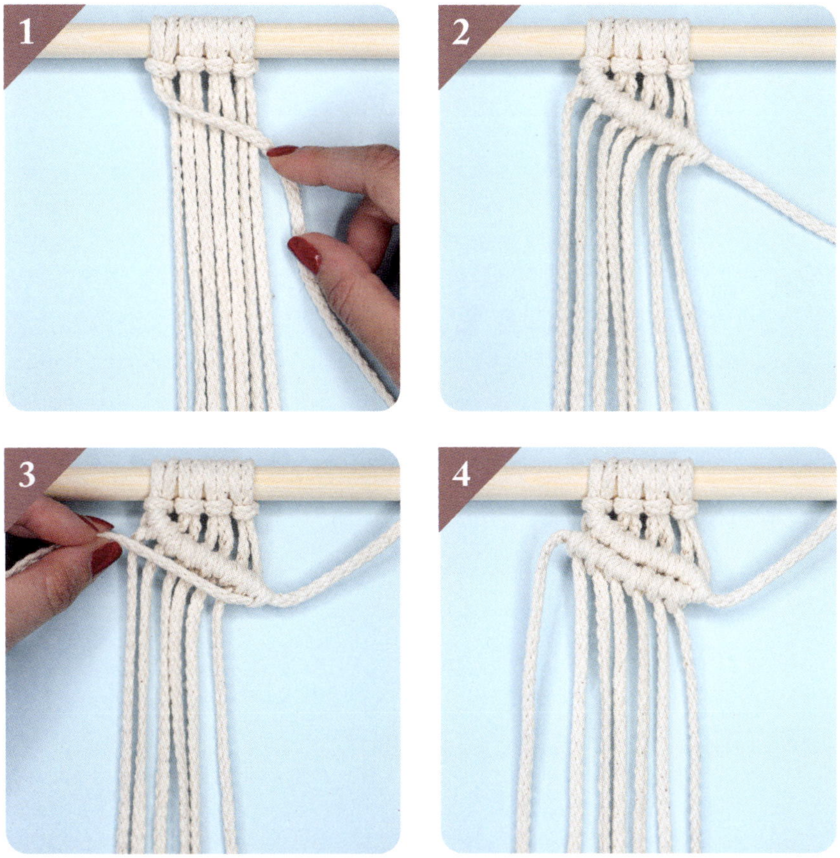

Anleitung:

Befestige die 4 Stränge mit dem Ankerknoten an deinem Holzstab.

1. Lege den linken Strang in einem 45-Grad-Winkel in einer leichten Wellenbewegung über die restlichen 7 Stränge. Dieser dient als Führungsfaden. Um diesen wird geknüpft.
2. Knote 7 Rippenknoten von links nach rechts.
3. Lege den rechten Strang zur Seite, mit diesem wird vorerst nicht geknüpft. Lege den nun rechts außen liegenden Strang direkt an der Rippenknoten-Kante der vorherigen Reihe entlang über die restlichen 6 Stränge. Dieser dient als Führungsfaden. Um diesen wird geknüpft.
4. Knote 6 Rippenknoten von rechts nach links.

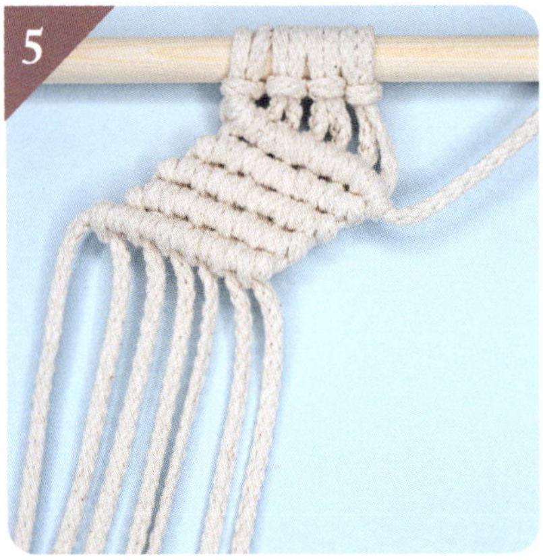

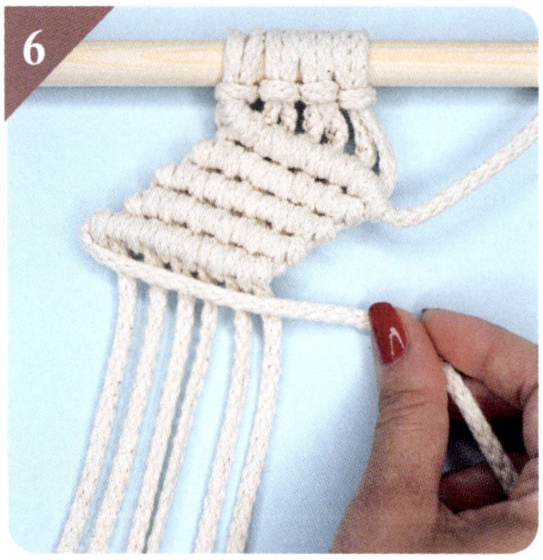

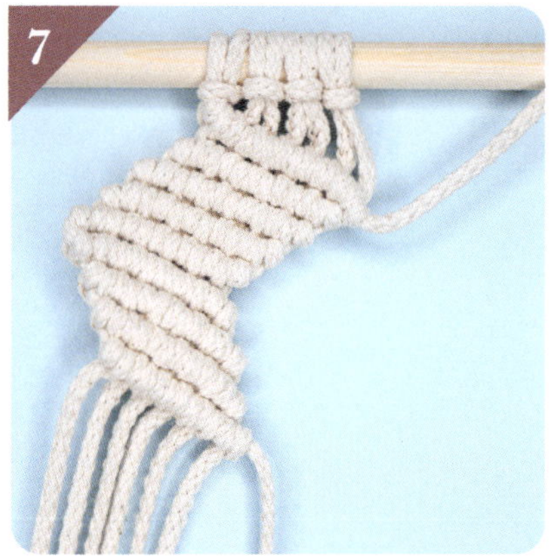

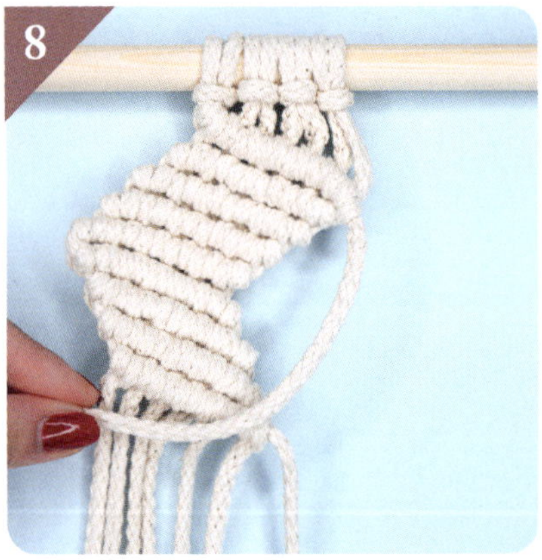

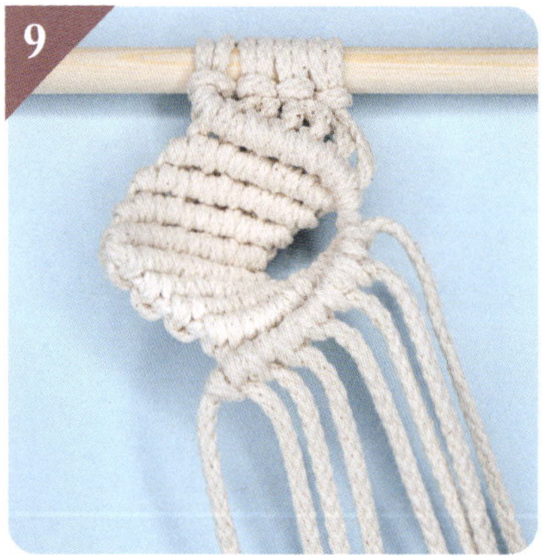

5. Wiederhole die Schritte 3 und 4 weitere 3-mal.
6. Lege den linken Strang direkt an der Rippenknoten-Kante der vorherigen Reihe entlang über die restlichen 6 Stränge. Dieser fungiert als Führungsfaden. Um diesen wird geknüpft.
7. Knote 4 Reihen Rippenknoten von links nach rechts.
8. Nimm den zur Seite gelegten rechten Strang zur Hand. Lege ihn in einem Halbkreis über die restlichen 7 Stränge. Dieser dient als Führungsfaden. Um diesen wird geknüpft.
9. Knote 7 Rippenknoten von rechts nach links. Achte dabei darauf, dass du die Lücke gut festziehst.

Knüpfe Schritt 1 bis 9 erneut, um das Muster zu wiederholen. Auf dem Vorschaubild wurde der Mustersatz 2-mal geknüpft.

Muster 10

Braid

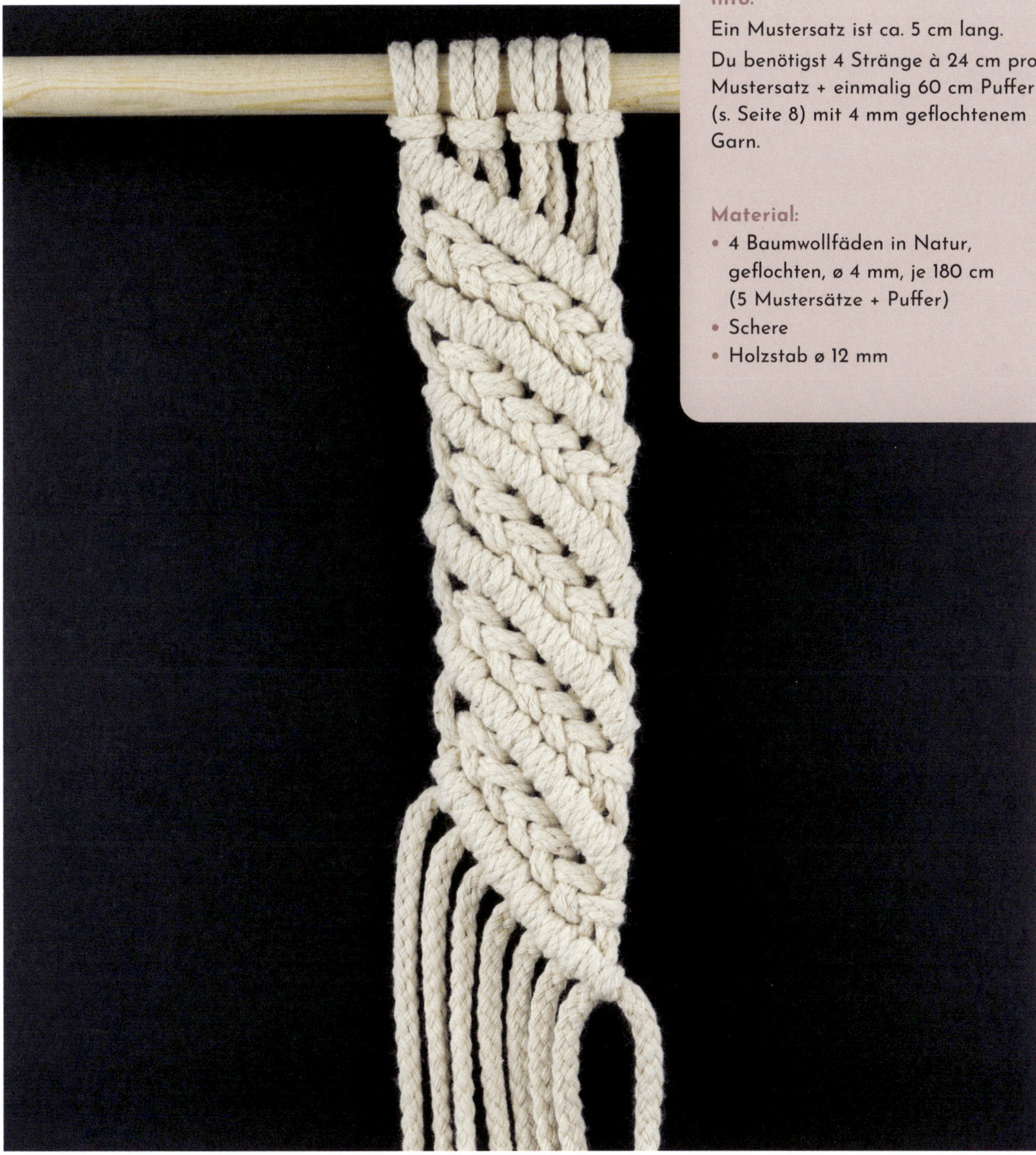

Info:

Ein Mustersatz ist ca. 5 cm lang.

Du benötigst 4 Stränge à 24 cm pro Mustersatz + einmalig 60 cm Puffer (s. Seite 8) mit 4 mm geflochtenem Garn.

Material:

- 4 Baumwollfäden in Natur, geflochten, ø 4 mm, je 180 cm (5 Mustersätze + Puffer)
- Schere
- Holzstab ø 12 mm

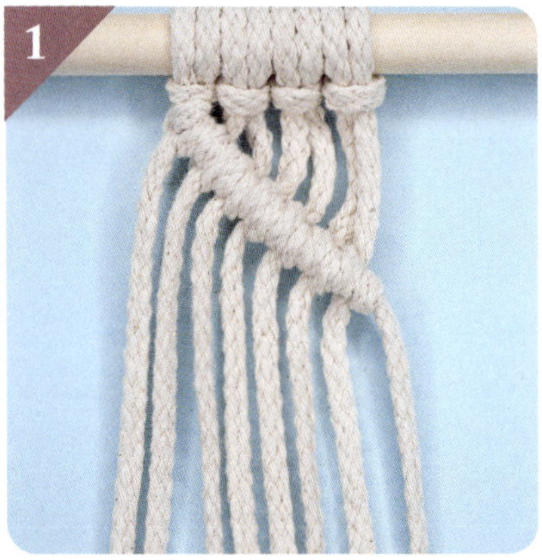
1

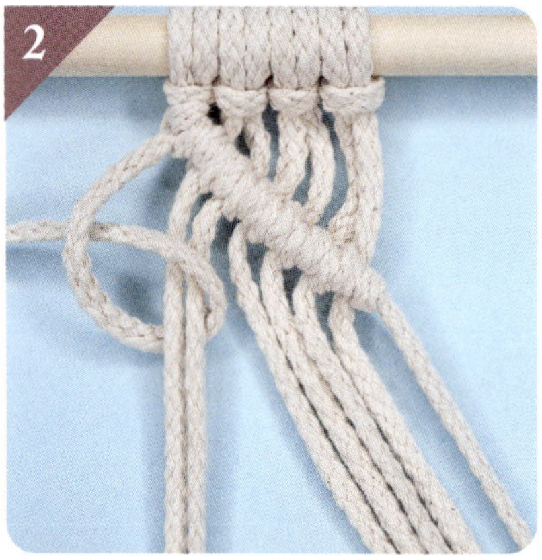
2

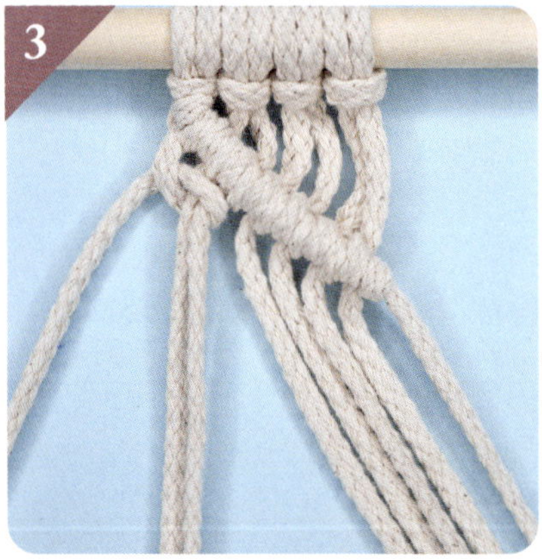
3

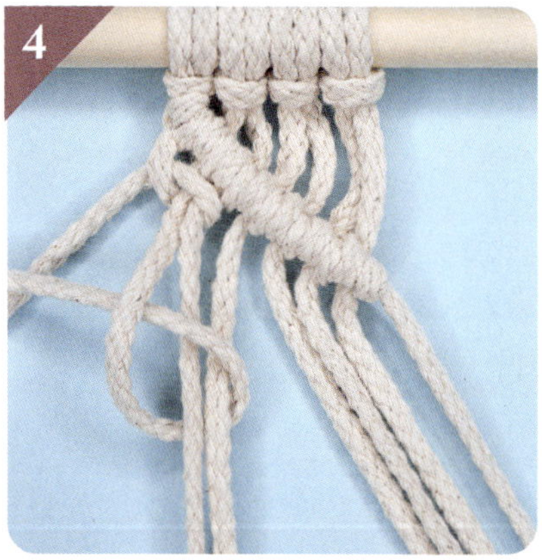
4

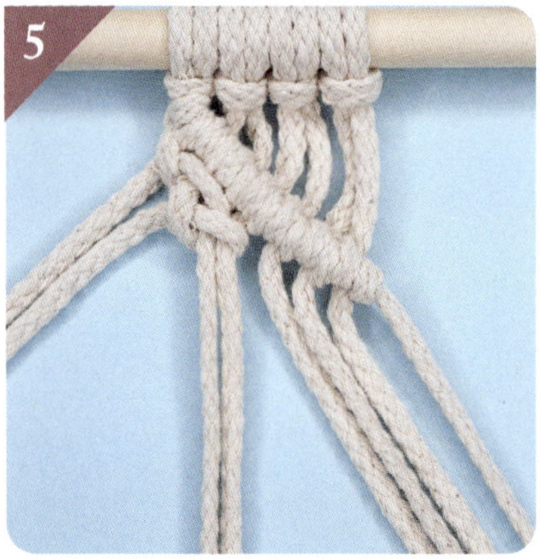
5

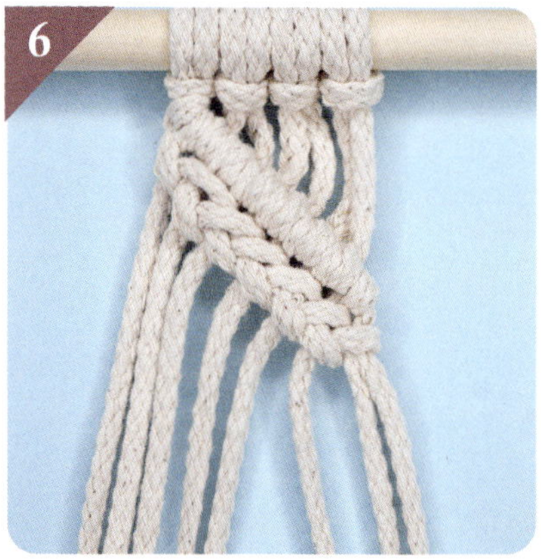
6

Anleitung:

Befestige die 4 Stränge mit dem Ankerknoten an deinem Holzstab.

1. Lege den linken Strang in einem 45-Grad-Winkel über die restlichen 7 Stränge. Dieser fungiert als Führungsfaden. Um diesen wird geknüpft. Knote 7 Rippenknoten von links nach rechts.
2. Es wird mit den 3 linken Strängen gearbeitet. Nimm den äußeren linken Strang und führe ihn von links nach rechts unter den beiden rechten Strängen durch. Führe ihn anschließend von rechts nach links über die beiden Stränge und komme unter der gebildeten Schlaufe wieder heraus.
3. Ziehe den Arbeitsfaden fest.
4. Es wird mit den Strängen 2 bis 4 gearbeitet. Nimm den linken Strang und führe ihn von links nach rechts unter den beiden rechten Strängen durch. Führe ihn anschließend von rechts nach links über die beiden Stränge und komme unter der gebildeten Schlaufe wieder heraus.
5. Ziehe den Arbeitsfaden fest.
6. Arbeite in diesem Schema weiter, bis du bei den letzten 3 Strängen angekommen bist.

Knüpfe Schritt 1 bis 6 erneut, um das Muster zu wiederholen. Auf dem Vorschaubild wurde der Mustersatz 5-mal geknüpft. Wenn du das Muster abschließen möchtest, knote nach Schritt 6 noch eine Reihe Rippenknoten.

Muster 11

Florentiner

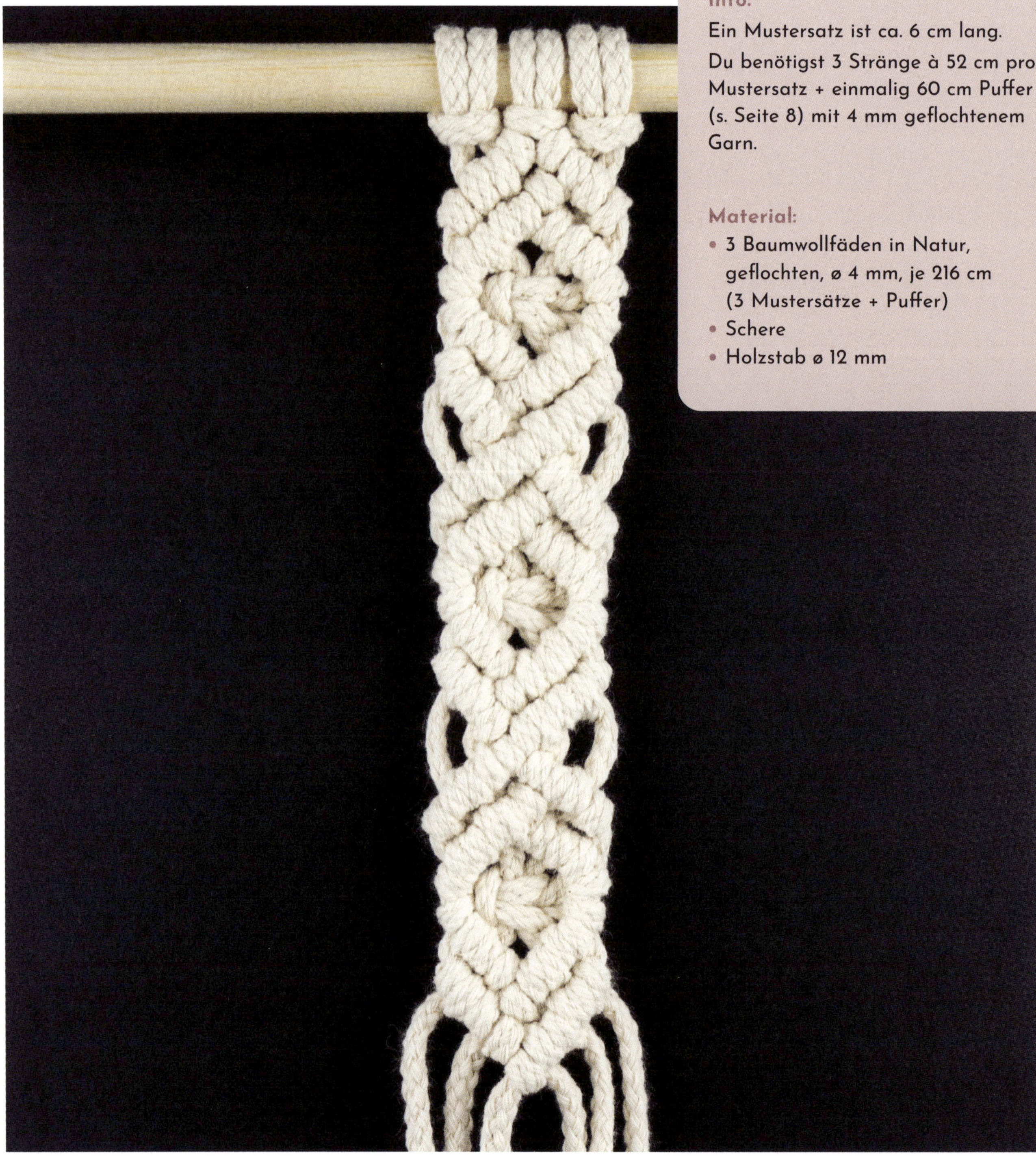

Info:

Ein Mustersatz ist ca. 6 cm lang.

Du benötigst 3 Stränge à 52 cm pro Mustersatz + einmalig 60 cm Puffer (s. Seite 8) mit 4 mm geflochtenem Garn.

Material:

- 3 Baumwollfäden in Natur, geflochten, ø 4 mm, je 216 cm (3 Mustersätze + Puffer)
- Schere
- Holzstab ø 12 mm

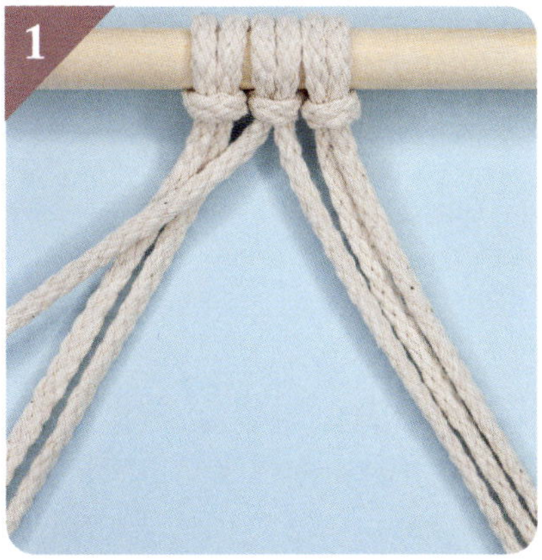

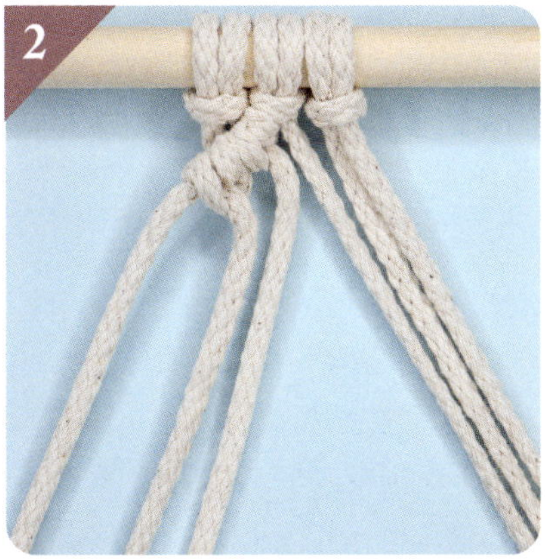

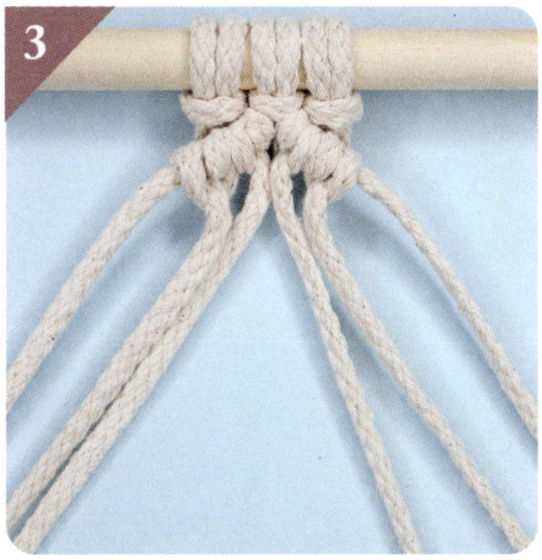

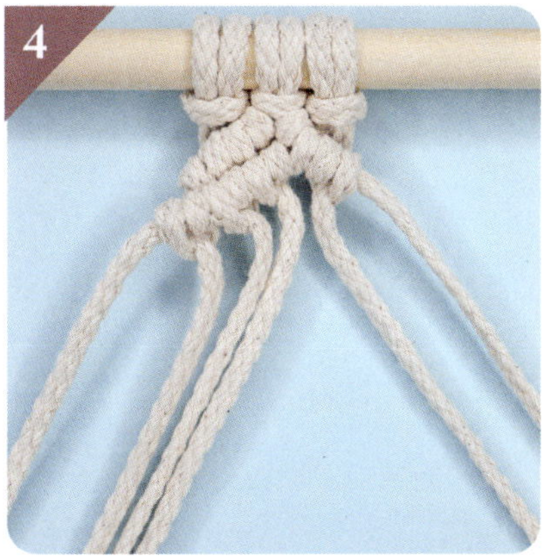

Anleitung:

Befestige die 3 Stränge mit dem Ankerknoten an deinem Holzstab.

1. Teile die Stränge in der Mitte auf, sodass sich auf jeder Seite 3 Stränge befinden. Lege den rechten Strang der linken Stränge in einem 45-Grad-Winkel über die linken Stränge. Dieser dient als Führungsfaden. Um diesen wird geknüpft.
2. Knote 2 Rippenknoten von rechts nach links.
3. Teile die Stränge in der Mitte auf, sodass sich auf jeder Seite 3 Stränge befinden. Lege den linken Strang der rechten Stränge in einem 45-Grad-Winkel über die rechten Stränge. Dieser dient als Führungsfaden. Um diesen wird geknüpft. Knote 2 Rippenknoten von links nach rechts.
4. Teile die Stränge so auf, dass sich auf der linken Seite 4 Stränge und auf der rechten 2 Stränge befinden. Lege den äußeren rechten Strang der linken Stränge in einem 45-Grad-Winkel über die linken Stränge. Dieser dient als Führungsfaden. Um diesen wird geknüpft. Knote 3 Rippenknoten von rechts nach links.

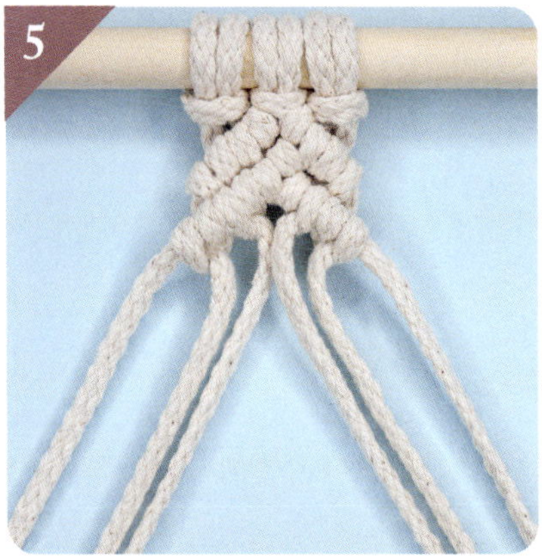
5
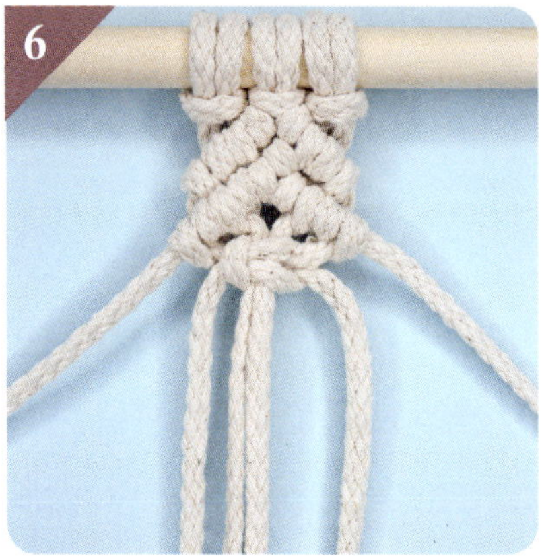
6
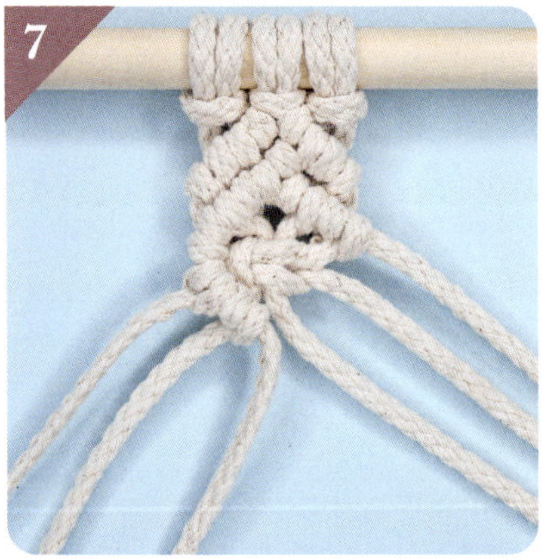
7
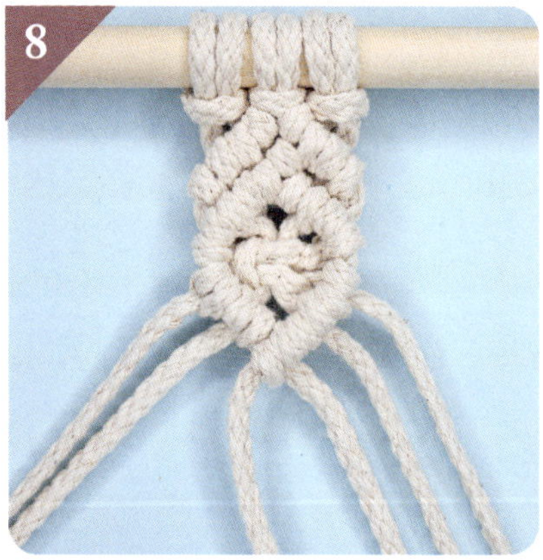
8
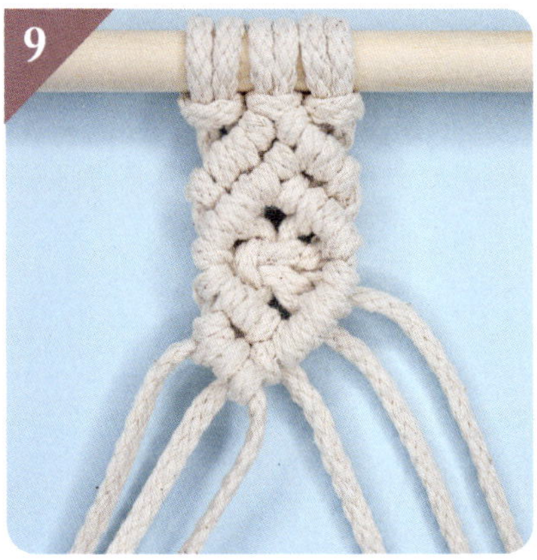
9
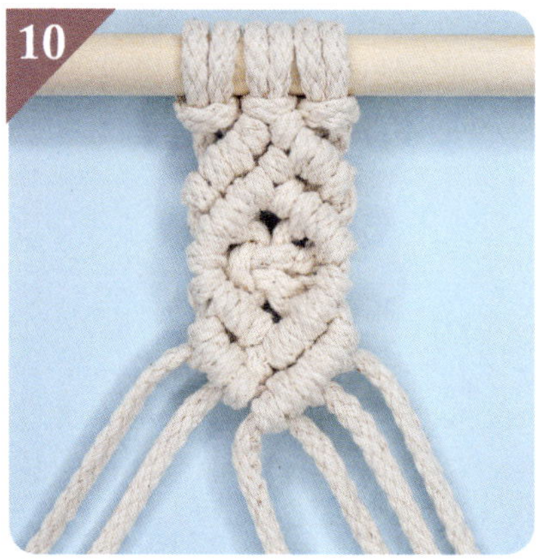
10

5. Teile die Stränge in der Mitte auf, sodass sich auf jeder Seite 3 Stränge befinden. Lege den linken Strang der rechten Stränge in einem 45-Grad-Winkel über die rechten Stränge. Dieser dient als Führungsfaden. Um diesen wird geknüpft. Knote 2 Rippenknoten von links nach rechts.
6. Knote mit den mittleren 4 Strängen einen Kreuzknoten.
7. Teile die Stränge in der Mitte auf, sodass sich auf jeder Seite 3 Stränge befinden. Lege den äußeren linken Strang der linken Stränge in einem 45-Grad-Winkel über die linken Stränge. Dieser dient als Führungsfaden. Um diesen wird geknüpft. Knote 2 Rippenknoten von links nach rechts.
8. Teile die Stränge so auf, dass sich auf der linken Seite 2 Stränge und auf der rechten 4 Stränge befinden. Lege den äußeren rechten Strang der rechten Stränge in einem 45-Grad-Winkel über die rechten Stränge. Dieser dient als Führungsfaden. Um diesen wird geknüpft. Knote 3 Rippenknoten von rechts nach links.
9. Teile die Stränge in der Mitte auf, sodass sich auf jeder Seite 3 Stränge befinden. Lege den linken Strang der linken Stränge in einem 45-Grad-Winkel über die linken Stränge. Dieser dient als Führungsfaden. Um diesen wird geknüpft. Knote 2 Rippenknoten von links nach rechts.
10. Teile die Stränge so auf, dass sich auf der linken Seite 2 Stränge und auf der rechten 4 Stränge befinden. Lege den rechten Strang der rechten Stränge in einem 45-Grad-Winkel über die rechten Stränge. Dieser dient als Führungsfaden. Um diesen wird geknüpft. Knote 3 Rippenknoten von rechts nach links.

Knüpfe Schritt 1 bis 10 erneut, um das Muster zu wiederholen. Auf dem Vorschaubild wurde der Mustersatz 3-mal geknüpft.

Muster 12

Wittelsbacher

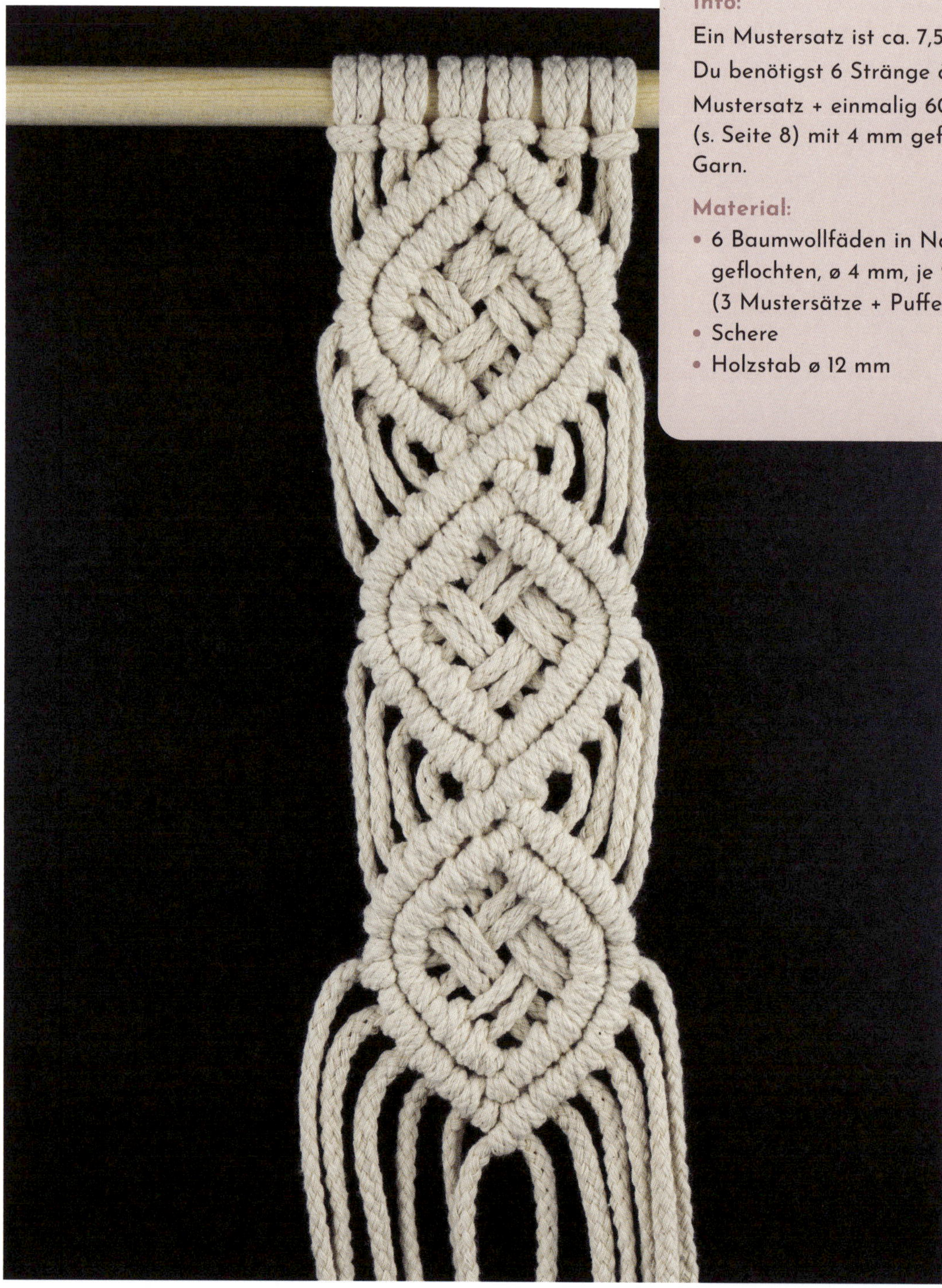

Info:

Ein Mustersatz ist ca. 7,5 cm lang. Du benötigst 6 Stränge à 54 cm pro Mustersatz + einmalig 60 cm Puffer (s. Seite 8) mit 4 mm geflochtenem Garn.

Material:

- 6 Baumwollfäden in Natur, geflochten, ø 4 mm, je 222 cm (3 Mustersätze + Puffer)
- Schere
- Holzstab ø 12 mm

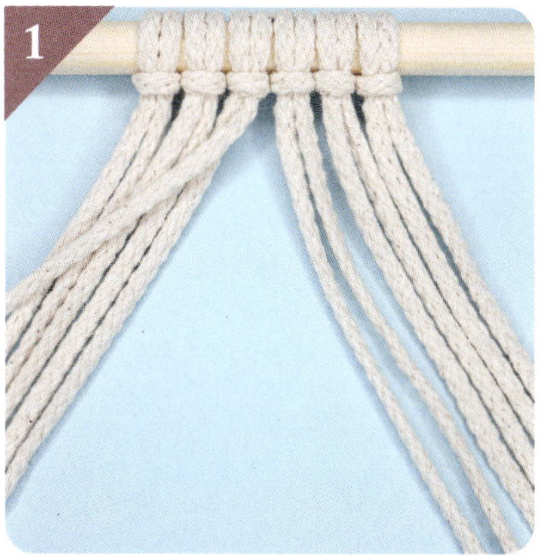

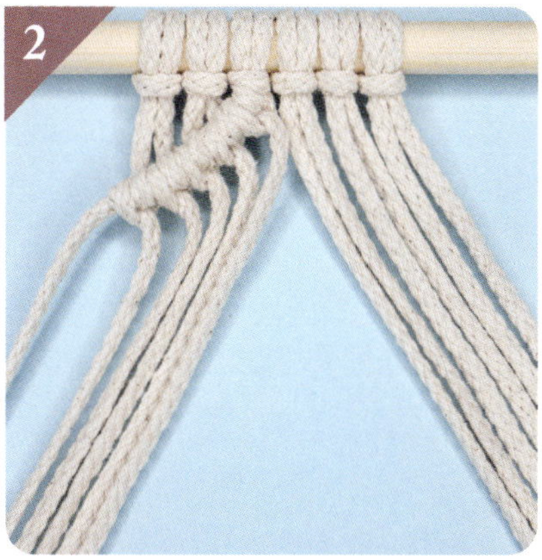

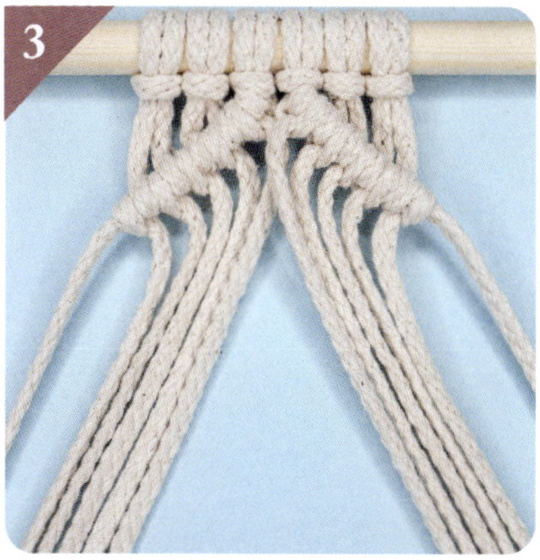

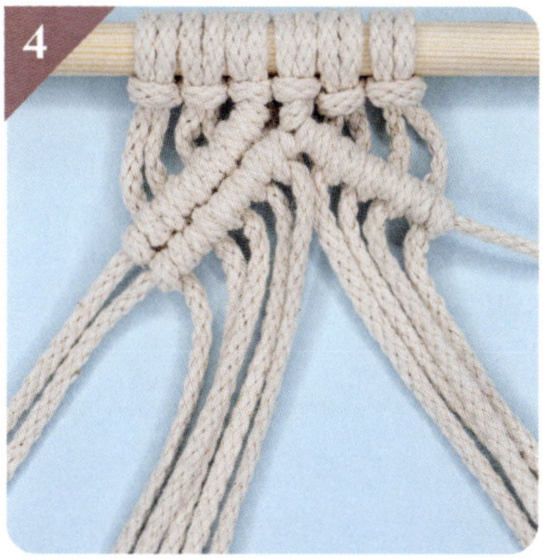

Anleitung:

Befestige die 6 Stränge mit dem Ankerknoten an deinem Holzstab.

1. Teile die Stränge in der Mitte auf, sodass sich auf jeder Seite 6 Stränge befinden. Lege den rechten Strang der linken Stränge in einem 45-Grad-Winkel über die linken Stränge. Dieser fungiert als Führungsfaden. Um diesen wird geknüpft.
2. Knote 5 Rippenknoten von rechts nach links.
3. Teile die Stränge in der Mitte auf, sodass sich auf jeder Seite 6 Stränge befinden. Lege den linken Strang der rechten Stränge in einem 45-Grad-Winkel über die rechten Stränge. Dieser fungiert als Führungsfaden. Um diesen wird geknüpft. Knote 5 Rippenknoten von links nach rechts.
4. Teile die Stränge so auf, dass sich auf der linken Seite 7 Stränge und auf der rechten 5 Stränge befinden. Lege den rechten Strang der linken Stränge in einem 45-Grad-Winkel über die linken Stränge. Dieser fungiert als Führungsfaden. Um diesen wird geknüpft. Knote 5 Rippenknoten von rechts nach links.

5. Teile die Stränge in der Mitte auf, sodass sich auf jeder Seite 6 Stränge befinden. Lege den linken Strang der rechten Stränge in einem 45-Grad-Winkel über die rechten Stränge. Dieser fungiert als Führungsfaden. Um diesen wird geknüpft. Knote 4 Rippenknoten von links nach rechts.
6. Lege die äußeren 4 Stränge links und rechts zur Seite. Tausche die 2 rechten mit den 2 linken Strängen. Dabei liegen die linken Stränge oben auf.
7. Führe die beiden Stränge, die nach rechts zeigen, über die nächsten 2 rechten Stränge.
8. Führe die Stränge 3 & 4 (v. l.) über die nächsten 2 Stränge und anschließend unter den nächsten 2 Strängen durch.
9. Teile die Stränge in der Mitte auf, sodass sich auf jeder Seite 6 Stränge befinden. Der linke Strang wird vorerst zur Seite gelegt. Lege den linken Strang der linken Stränge in einem 45-Grad-Winkel über die restlichen 4 linken Stränge. Dieser fungiert als Führungsfaden. Um diesen wird geknüpft. Knote eine Reihe Rippenknoten von links nach rechts.
10. Teile die Stränge so auf, dass sich auf der linken Seite 5 Stränge und auf der rechten 7 Stränge befinden. Der rechte Strang wird vorerst zur Seite gelegt. Lege den rechten Strang der rechten Stränge in einem 45-Grad-Winkel über die restlichen 5 rechten Stränge. Dieser fungiert als Führungsfaden. Um diesen wird geknüpft. Knote 5 Rippenknoten von rechts nach links.
11. Teile die Stränge in der Mitte auf, sodass sich auf jeder Seite 6 Stränge befinden. Lege den linken Strang der linken Stränge in einem 45-Grad-Winkel über die linken Stränge. Dieser fungiert als Führungsfaden. Um diesen wird geknüpft. Knote 5 Rippenknoten von links nach rechts.
12. Teile die Stränge so auf, dass sich auf der linken Seite 5 Stränge und auf der rechten 7 Stränge befinden. Lege den rechten Strang der rechten Stränge in einem 45-Grad-Winkel über die rechten Stränge. Dieser fungiert als Führungsfaden. Um diesen wird geknüpft. Knote 6 Rippenknoten von rechts nach links.

Knüpfe Schritt 1 bis 12 erneut, um das Muster zu wiederholen. Auf dem Vorschaubild wurde der Mustersatz 3-mal geknüpft.

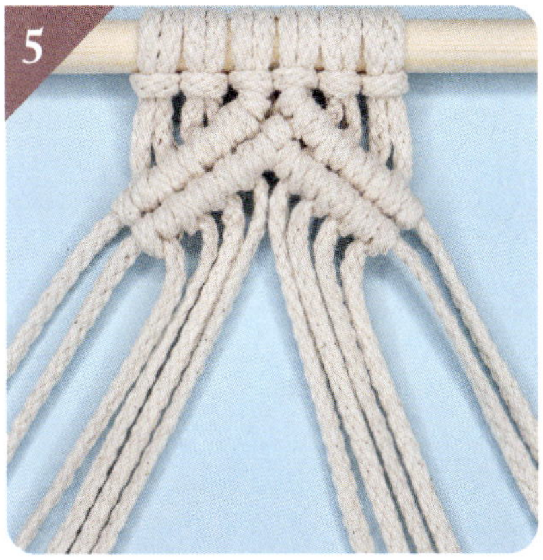
5
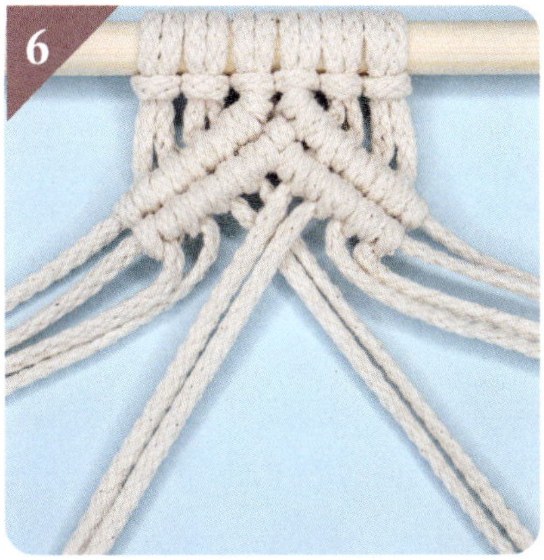
6
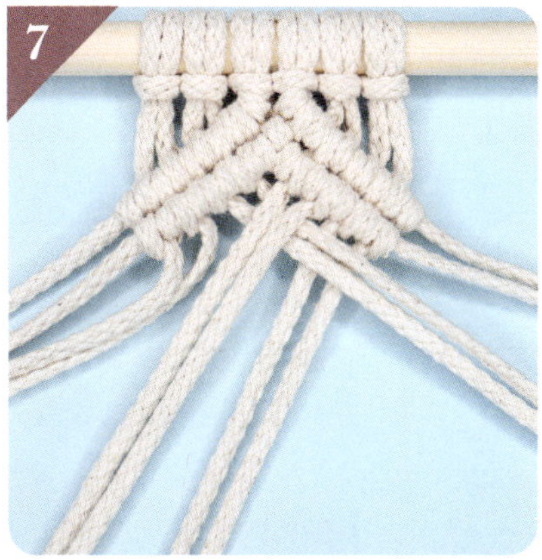
7
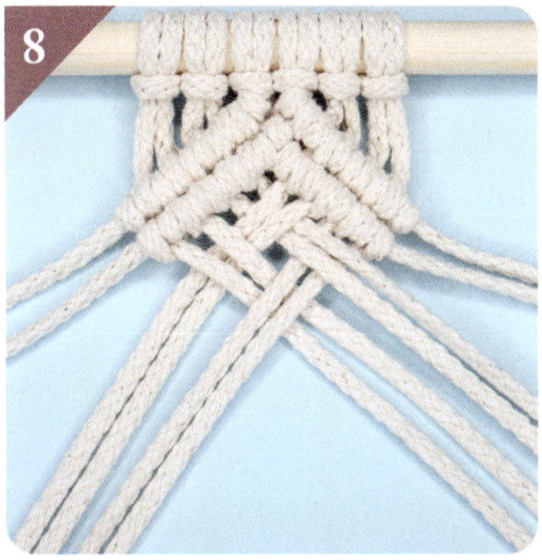
8
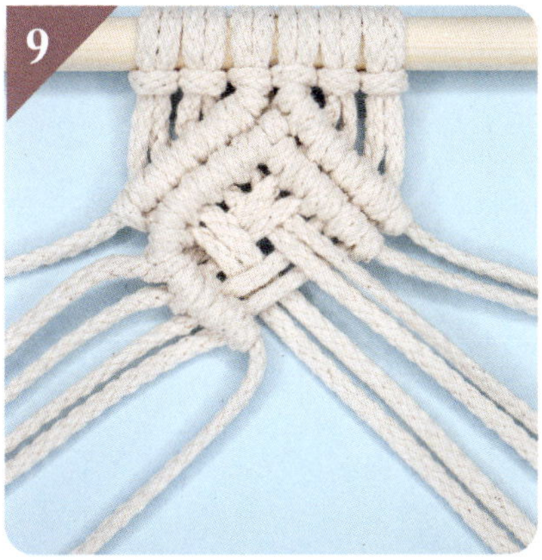
9
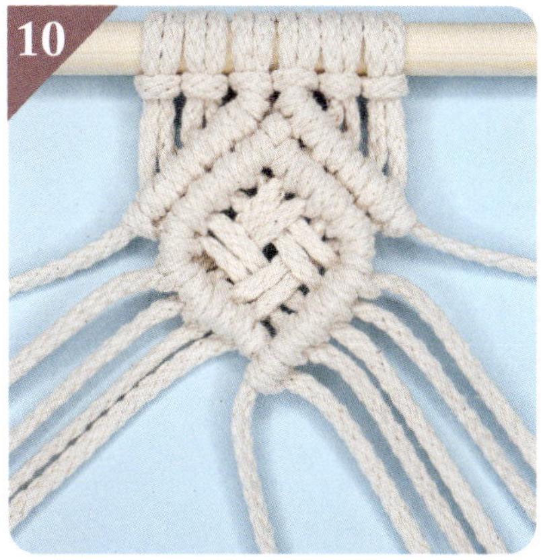
10
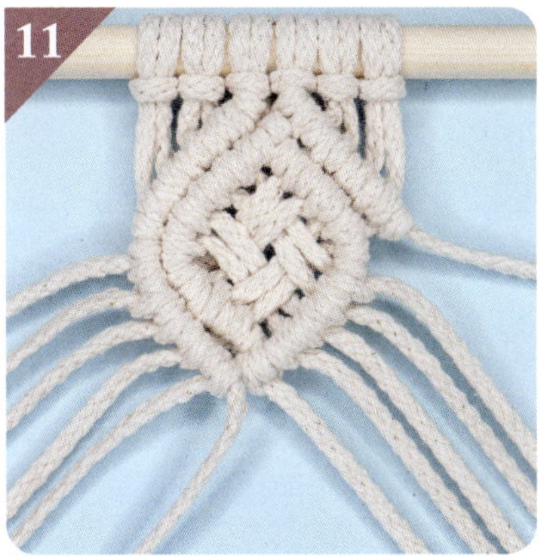
11
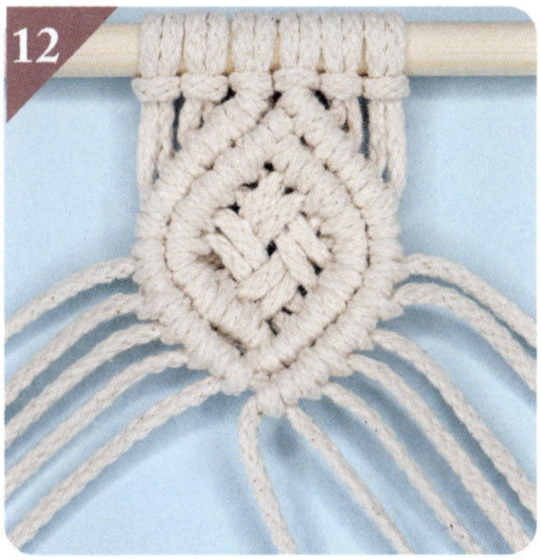
12

Muster 13

Josephine

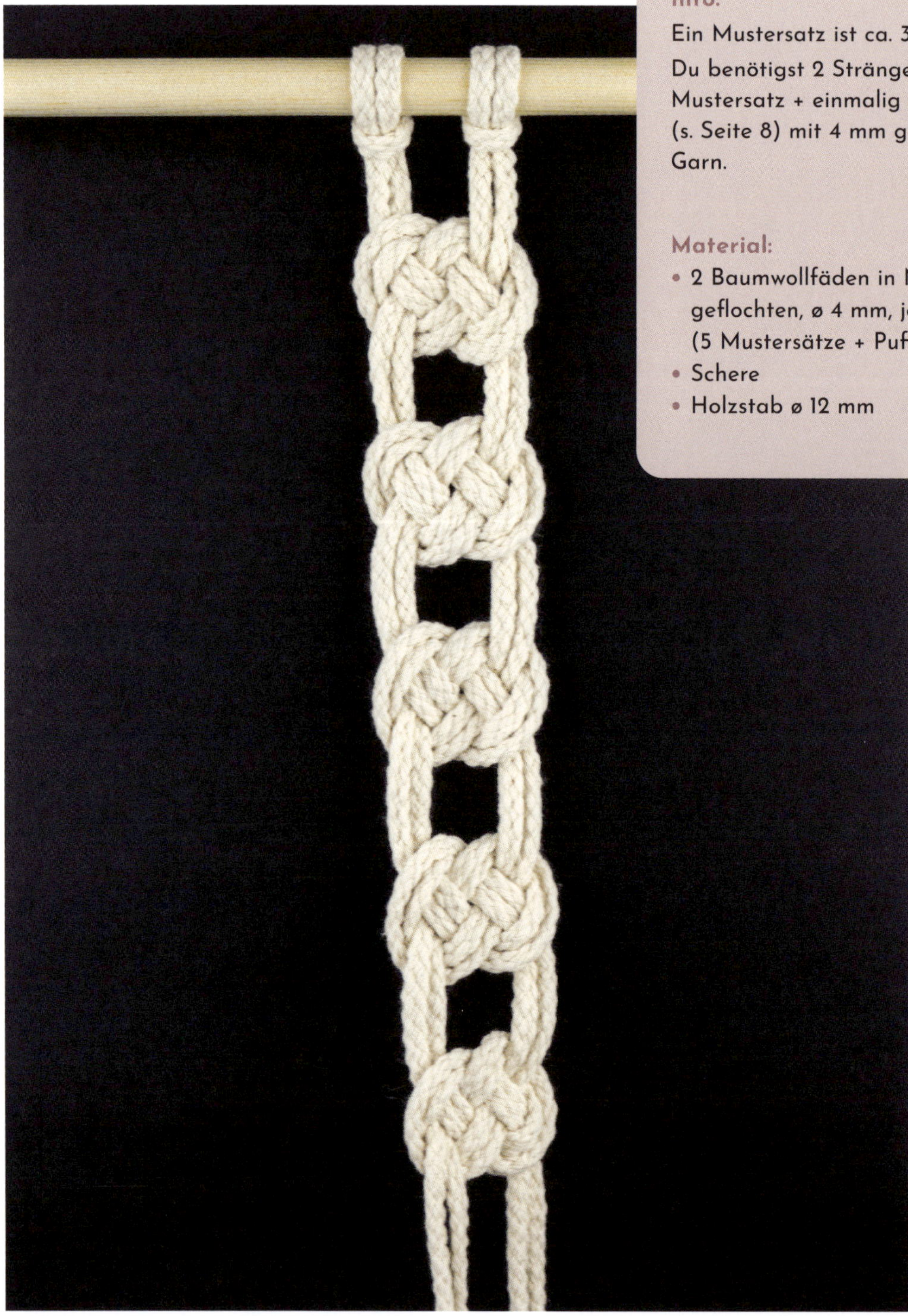

Info:

Ein Mustersatz ist ca. 3 cm lang.

Du benötigst 2 Stränge à 28 cm pro Mustersatz + einmalig 60 cm Puffer (s. Seite 8) mit 4 mm geflochtenem Garn.

Material:

- 2 Baumwollfäden in Natur, geflochten, ø 4 mm, je 200 cm (5 Mustersätze + Puffer)
- Schere
- Holzstab ø 12 mm

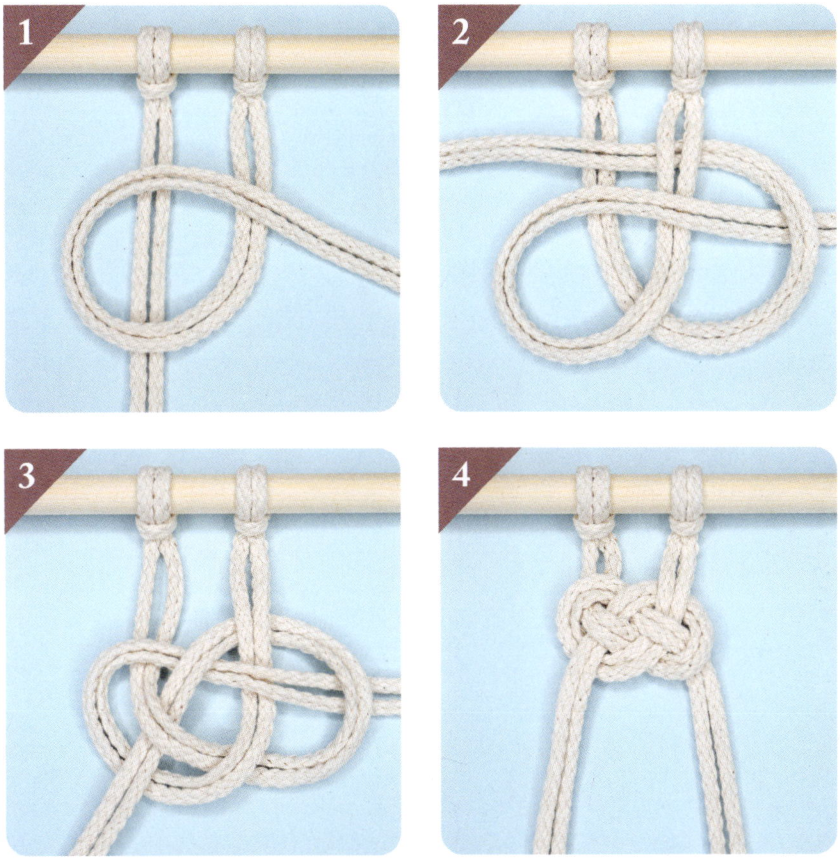

Anleitung:

Befestige die 2 Stränge mit dem Ankerknoten an deinem Holzstab.

1. Lege mit den 2 rechten Strängen eine Kreisform über die 2 linken. Dabei liegen die Enden oben auf.
2. Führe die 2 linken Stränge unter der Kreisform, über die horizontalen Stränge und unter den vertikalen Strängen durch.
3. Anschließend über die oberen Schenkel der linken Kreisform führen, unter den 2 Strängen in der Kreisform und wieder über die unteren Schenkel der Kreisform.
4. Ziehe alle Stränge gleichmäßig fest und forme den Knoten.

Knüpfe die Schritte 1 bis 4 erneut, um das Muster zu wiederholen. Lass zwischen den Mustern 2 cm Platz. Auf dem Vorschaubild wurde der Mustersatz 5-mal geknüpft.

Muster 14

Raffia

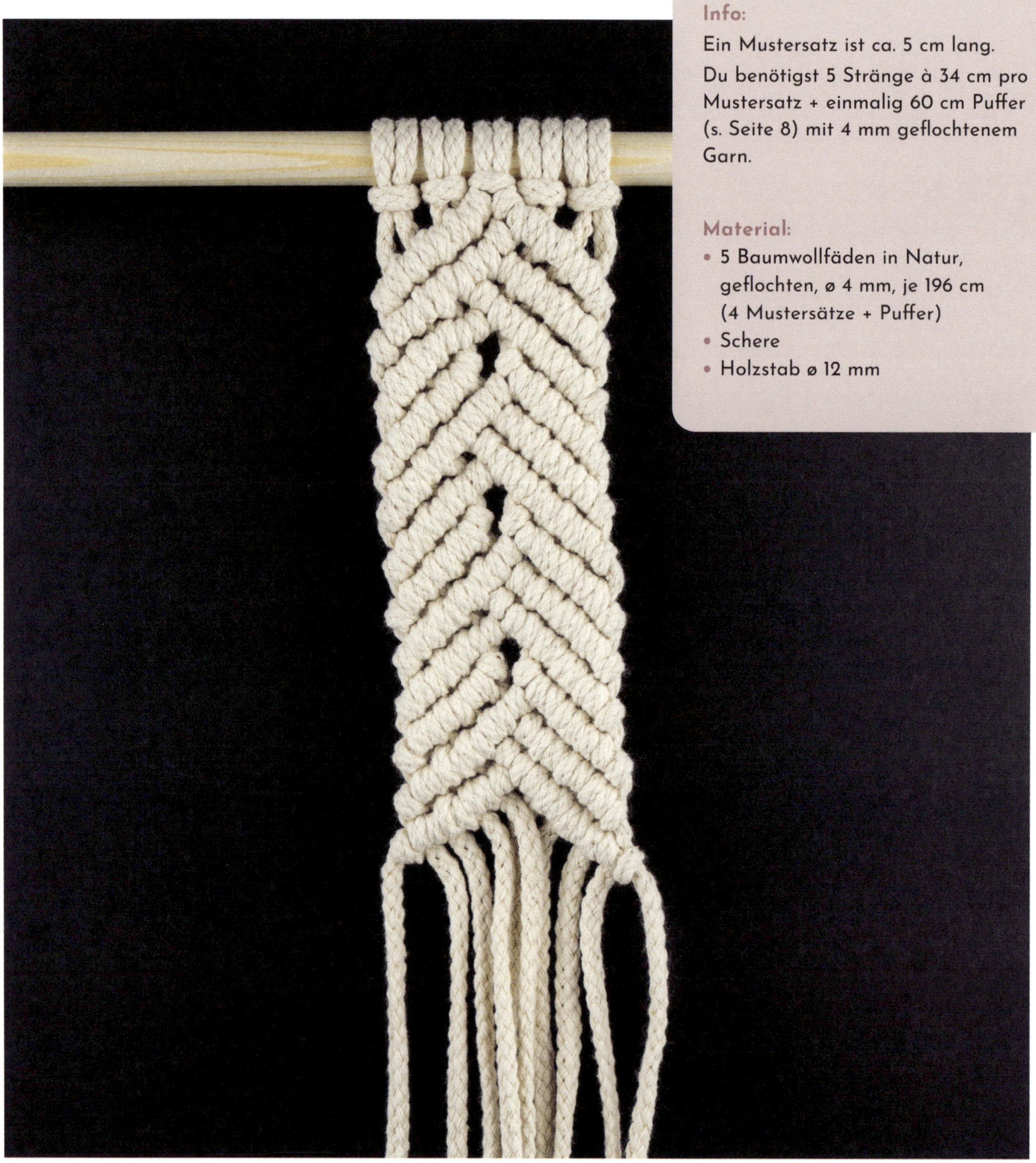

Info:

Ein Mustersatz ist ca. 5 cm lang.

Du benötigst 5 Stränge à 34 cm pro Mustersatz + einmalig 60 cm Puffer (s. Seite 8) mit 4 mm geflochtenem Garn.

Material:

- 5 Baumwollfäden in Natur, geflochten, ø 4 mm, je 196 cm (4 Mustersätze + Puffer)
- Schere
- Holzstab ø 12 mm

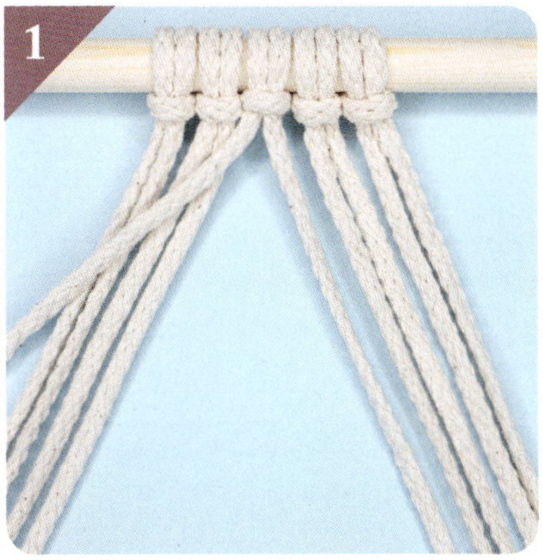

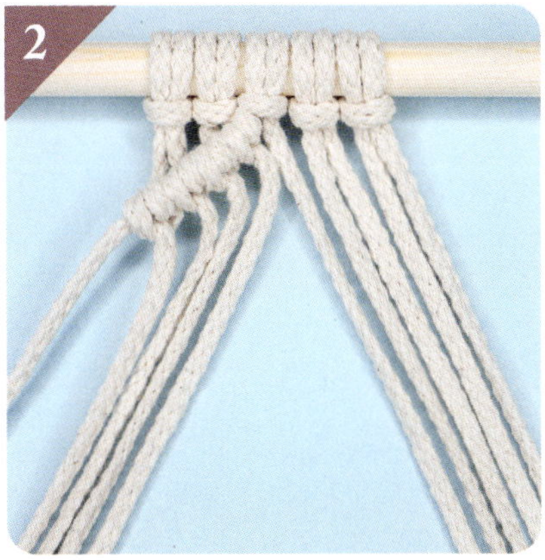

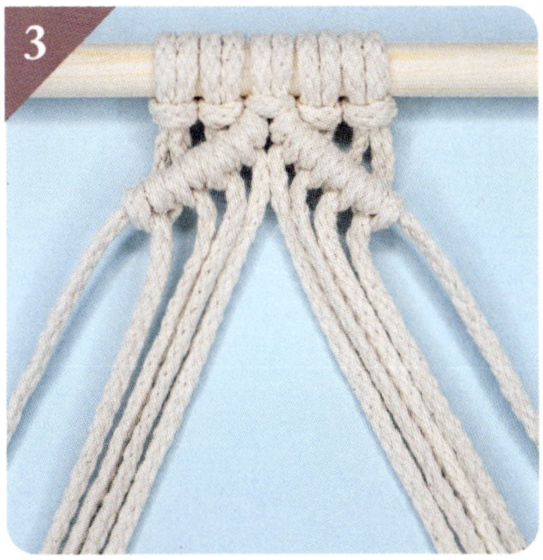

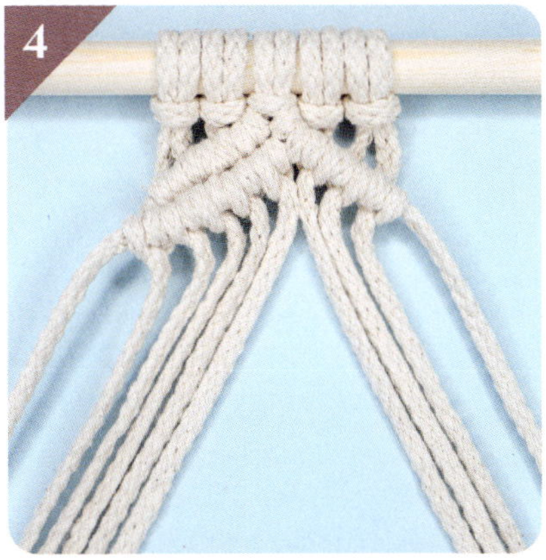

Anleitung:

Befestige die 5 Stränge mit dem Ankerknoten an deinem Holzstab.

1. Teile die Stränge in der Mitte auf, sodass sich auf jeder Seite 5 Stränge befinden. Lege den äußeren rechten Strang der linken Stränge in einem 45-Grad-Winkel über die linken Stränge. Dieser dient als Führungsfaden. Um diesen wird geknüpft.
2. Knote 4 Rippenknoten von rechts nach links.
3. Teile die Stränge in der Mitte auf, sodass sich auf jeder Seite 5 Stränge befinden. Lege den äußeren linken Strang der rechten Stränge in einem 45-Grad-Winkel über die rechten Stränge. Dieser dient als Führungsfaden. Um diesen wird geknüpft. Knote 4 Rippenknoten von links nach rechts.
4. Teile die Stränge so auf, dass sich auf der linken Seite 6 Stränge und auf der rechten 4 Stränge befinden. Lege den rechten Strang der linken Stränge in einem 45-Grad-Winkel über die linken Stränge. Dieser dient als Führungsfaden. Um diesen wird geknüpft. Knote 5 Rippenknoten von rechts nach links.

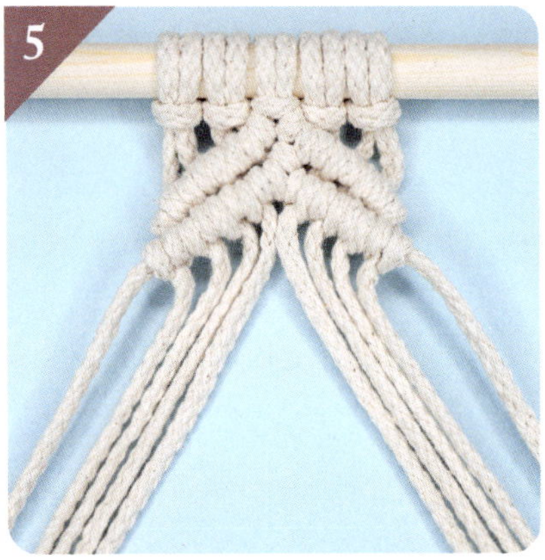

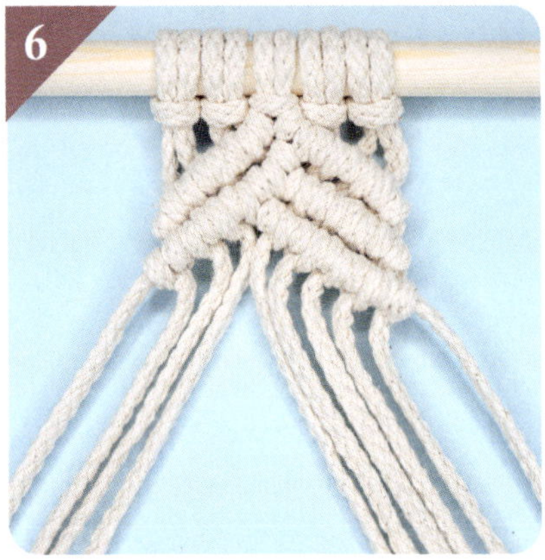

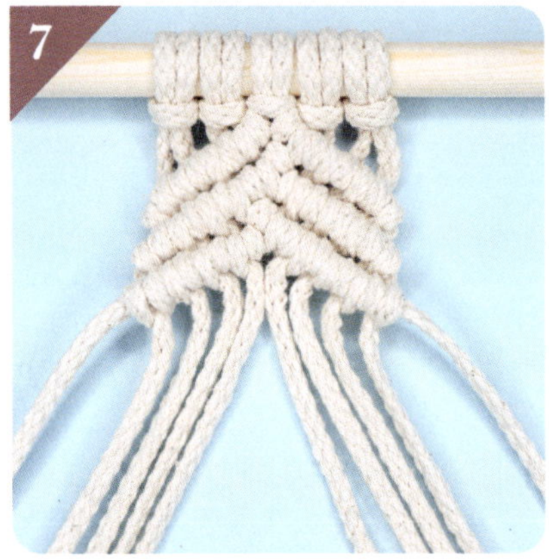

5. Teile die Stränge in der Mitte auf, sodass sich auf jeder Seite 5 Stränge befinden. Lege den linken Strang der rechten Stränge in einem 45-Grad-Winkel über die rechten Stränge. Dieser dient als Führungsfaden. Um diesen wird geknüpft. Knote 4 Rippenknoten von links nach rechts.
6. Teile die Stränge so auf, dass sich auf der linken Seite 4 Stränge und auf der rechten 6 Stränge befinden. Lege den äußeren linken Strang der rechten Stränge in einem 45-Grad-Winkel über die rechten Stränge. Dieser dient als Führungsfaden. Um diesen wird geknüpft. Knote 5 Rippenknoten von links nach rechts.
7. Teile die Stränge in der Mitte auf, sodass sich auf jeder Seite 5 Stränge befinden. Lege den rechten Strang der linken Stränge in einem 45-Grad-Winkel über die linken Stränge. Dieser dient als Führungsfaden. Um diesen wird geknüpft. Knote 4 Rippenknoten von rechts nach links.

Knüpfe die Schritte 1 bis 7 erneut, um das Muster zu wiederholen. Auf dem Vorschaubild wurde der Mustersatz 4-mal geknüpft.

Muster 15

Pfeil

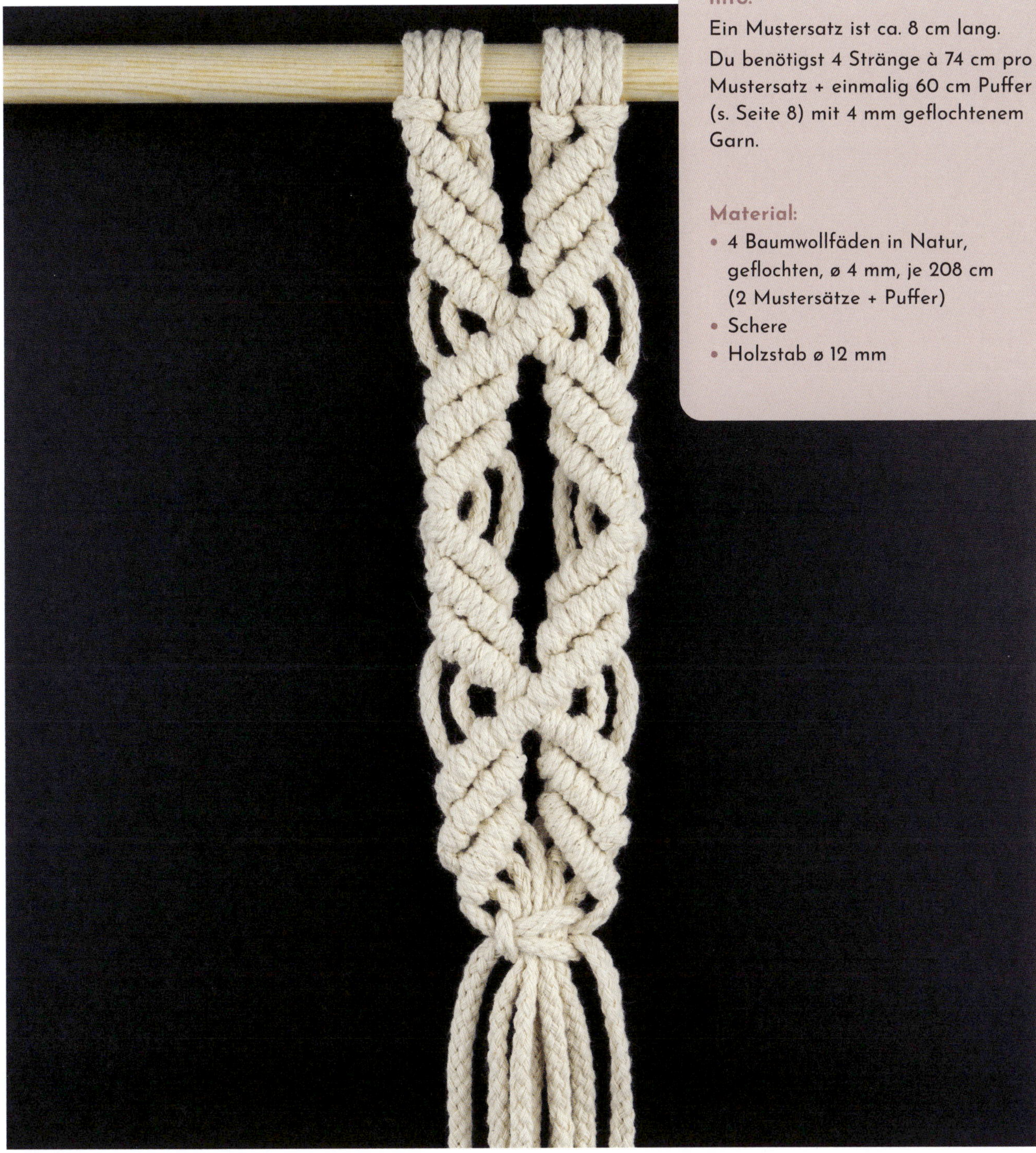

Info:

Ein Mustersatz ist ca. 8 cm lang.

Du benötigst 4 Stränge à 74 cm pro Mustersatz + einmalig 60 cm Puffer (s. Seite 8) mit 4 mm geflochtenem Garn.

Material:

- 4 Baumwollfäden in Natur, geflochten, ø 4 mm, je 208 cm (2 Mustersätze + Puffer)
- Schere
- Holzstab ø 12 mm

Anleitung:

Befestige die 4 Stränge mit dem Ankerknoten an deinem Holzstab.

1. Teile die Stränge in der Mitte auf, sodass sich auf jeder Seite 4 Stränge befinden. Lege den äußeren linken Strang der linken Stränge in einem 45-Grad-Winkel über die restlichen linken Stränge. Dieser dient als Führungsfaden. Um diesen wird geknüpft.
2. Knote 3 Rippenknoten von links nach rechts.
3. Wiederhole die Schritte 1 und 2 weitere 2-mal.
4. Teile die Stränge in der Mitte auf, sodass sich auf jeder Seite 4 Stränge befinden. Lege den äußeren rechten Strang der rechten Stränge in einem 45-Grad-Winkel über die restlichen rechten Stränge. Dieser dient als Führungsfaden. Um diesen wird geknüpft. Knote 3 Rippenknoten von rechts nach links.
5. Wiederhole Schritt 4 ein weiteres Mal.
6. Lege den äußeren rechten Strang in einem 45-Grad-Winkel über die restlichen Stränge. Dieser dient als Führungsfaden. Um diesen wird geknüpft. Knote 7 Rippenknoten von rechts nach links.
7. Teile die Stränge in der Mitte auf, sodass sich auf jeder Seite 4 Stränge befinden. Lege den äußeren rechten Strang der linken Stränge in einem 45-Grad-Winkel über die restlichen linken Stränge. Dieser dient als Führungsfaden. Um diesen wird geknüpft. Knote 3 Rippenknoten von rechts nach links.
8. Wiederhole Schritt 7 ein weiteres Mal.
9. Teile die Stränge in der Mitte auf, sodass sich auf jeder Seite 4 Stränge befinden. Lege den äußeren linken Strang der rechten Stränge in einem 45-Grad-Winkel über die restlichen rechten Stränge. Dieser dient als Führungsfaden. Um diesen wird geknüpft. Knote 3 Rippenknoten von links nach rechts.
10. Wiederhole Schritt 9 weitere 2-mal.

Knüpfe die Schritte 1 bis 10 erneut, um das Muster zu wiederholen. Auf dem Vorschaubild wurde der Mustersatz 2-mal geknüpft. Wenn du das Muster abschließen möchtest, knüpfe einen Kreuzknoten. Dabei fungieren die beiden äußeren Stränge als Arbeits- und die 6 mittleren als Trägerfäden.

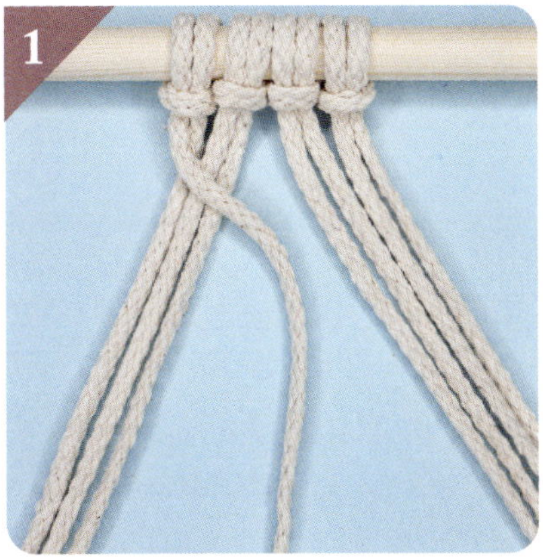
1
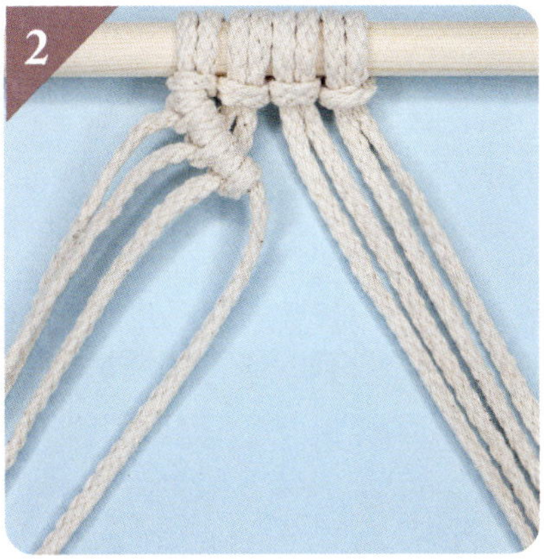
2
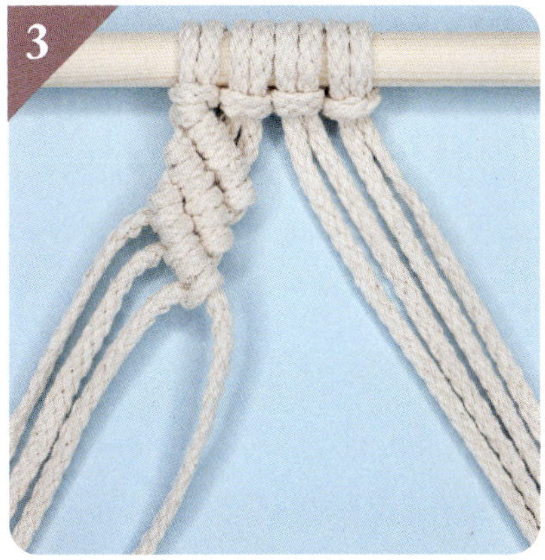
3
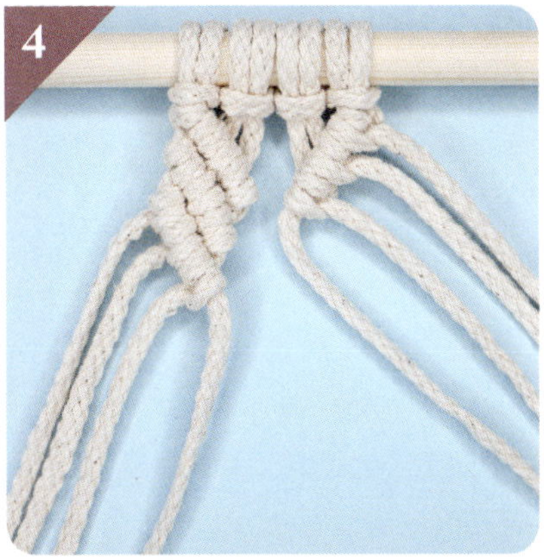
4
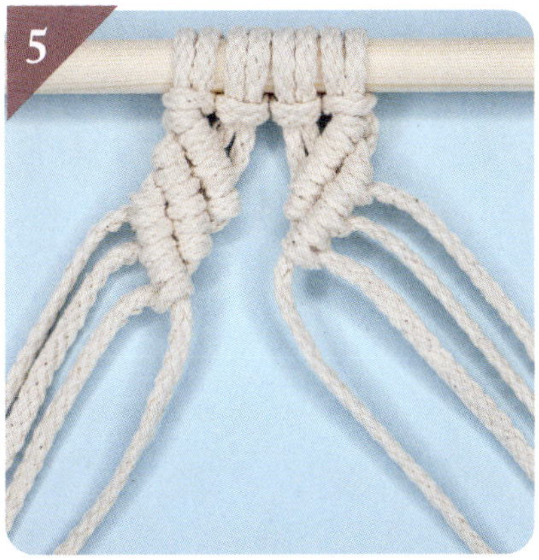
5
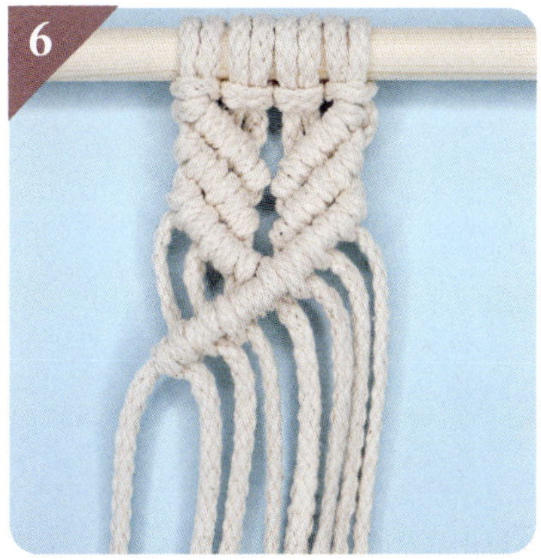
6
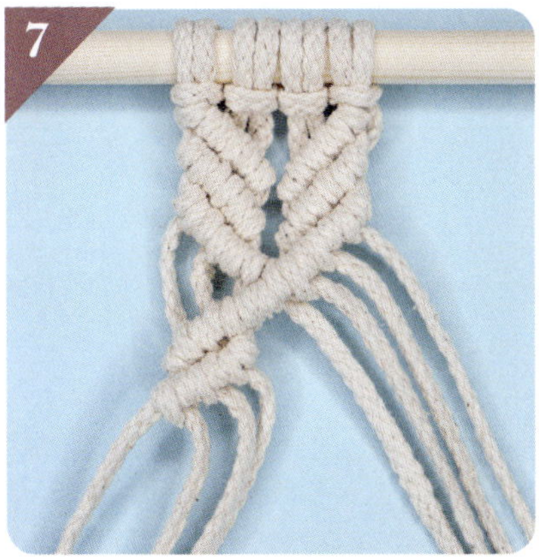
7
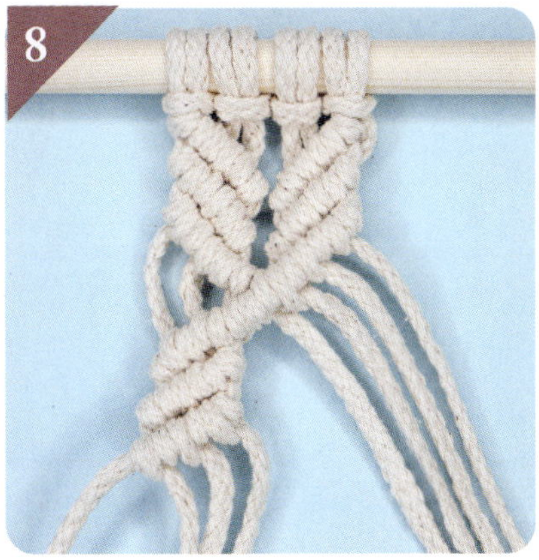
8
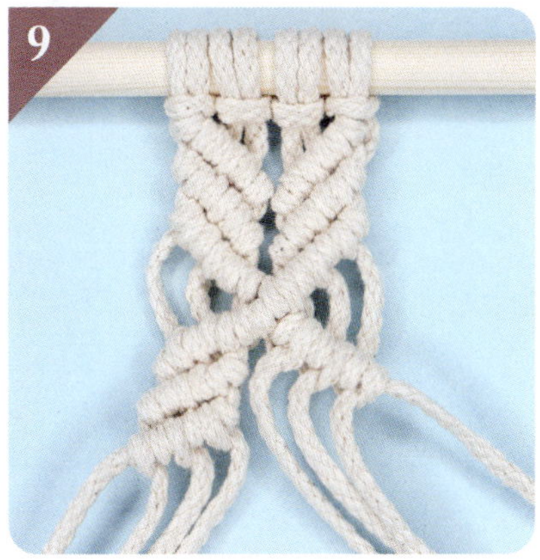
9
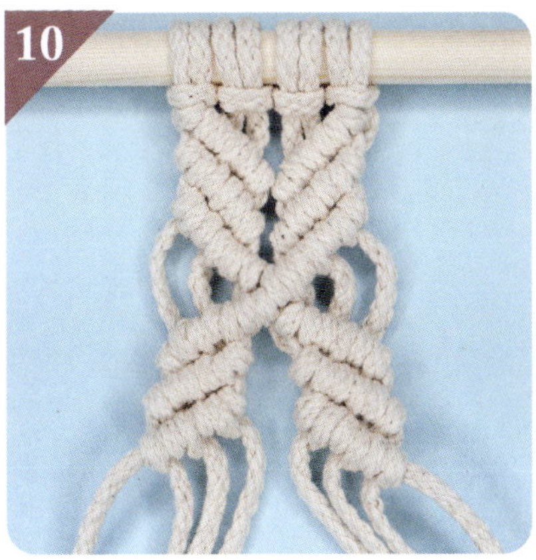
10

Muster 16

Eukalyptus

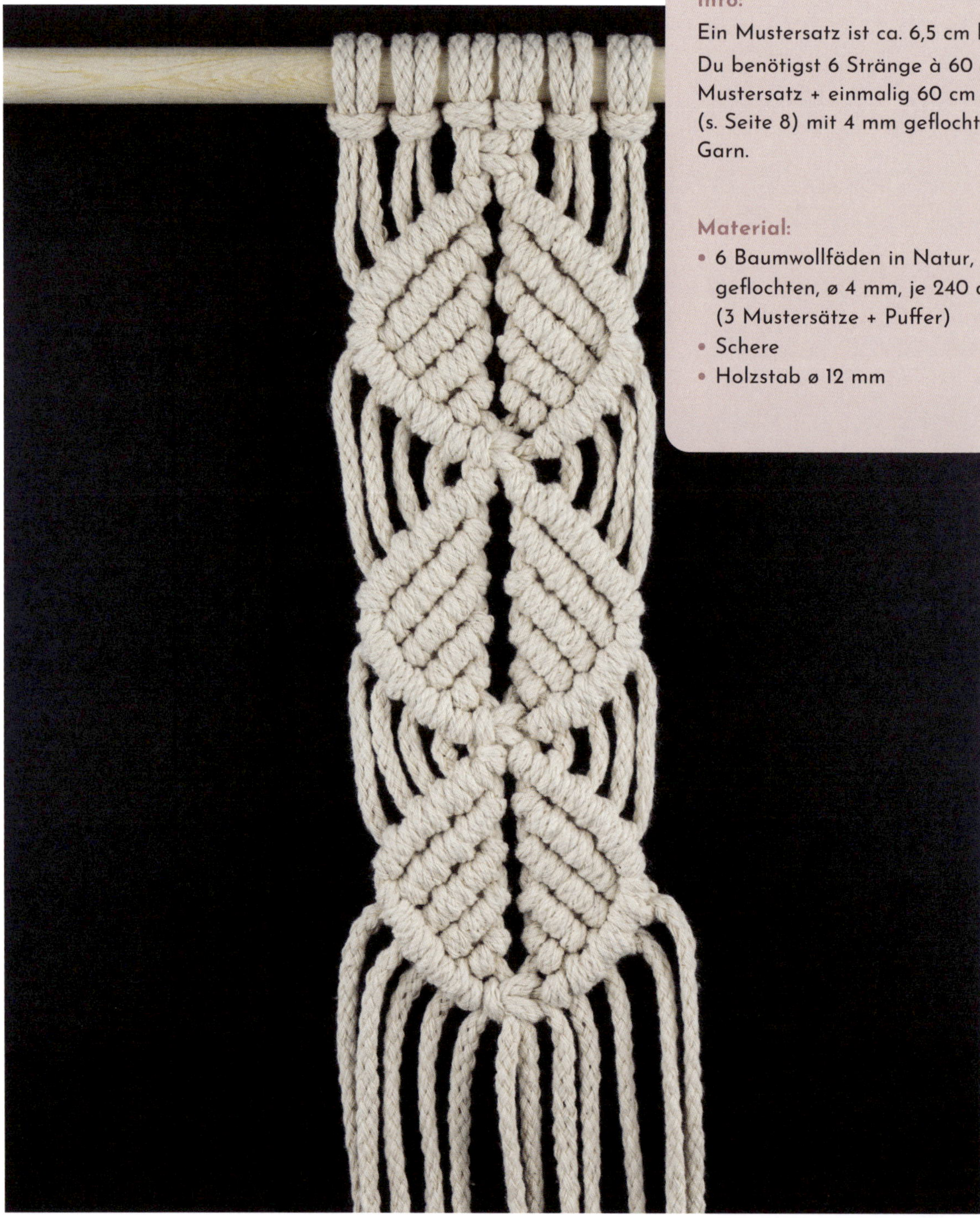

Info:

Ein Mustersatz ist ca. 6,5 cm lang.

Du benötigst 6 Stränge à 60 cm pro Mustersatz + einmalig 60 cm Puffer (s. Seite 8) mit 4 mm geflochtenem Garn.

Material:

- 6 Baumwollfäden in Natur, geflochten, ø 4 mm, je 240 cm (3 Mustersätze + Puffer)
- Schere
- Holzstab ø 12 mm

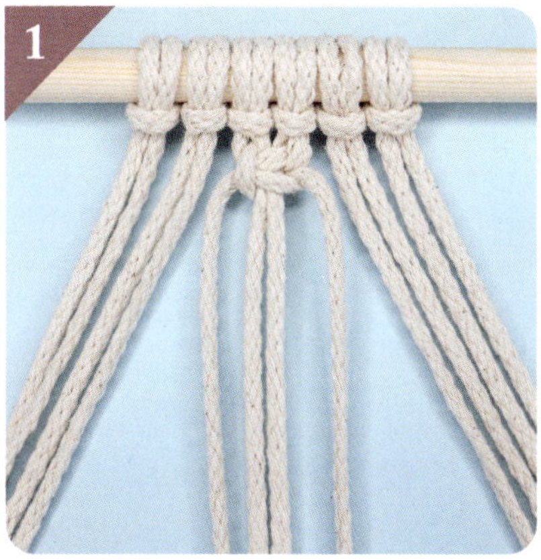

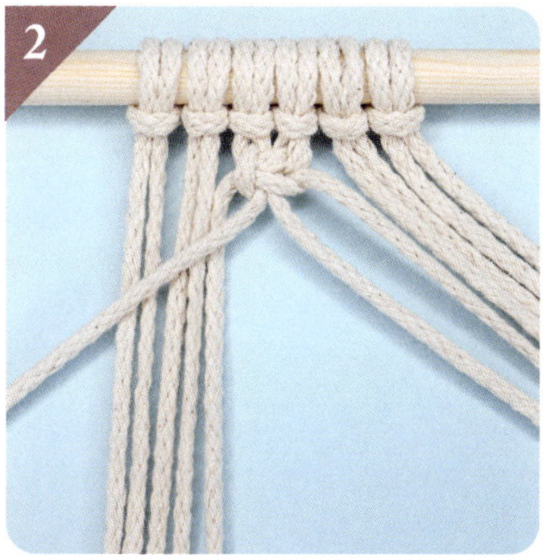

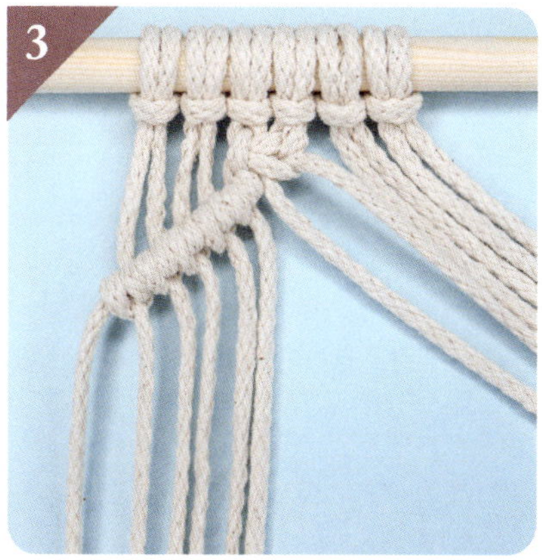

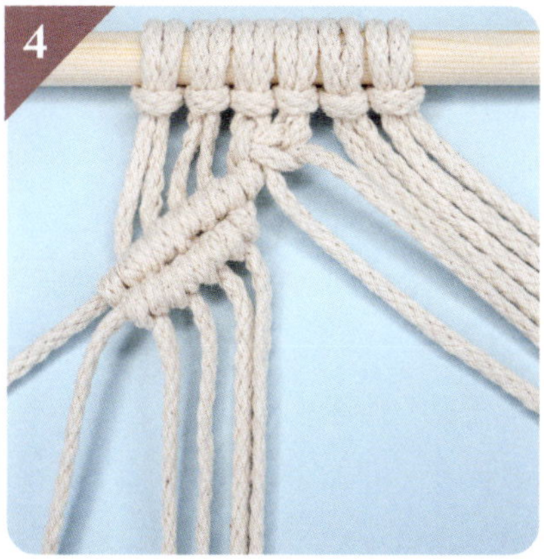

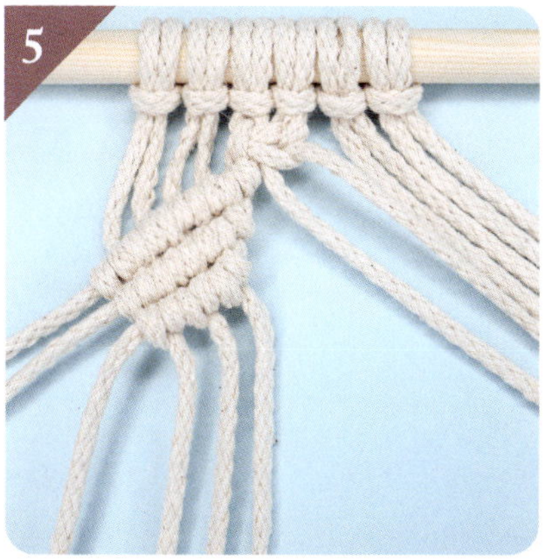

Anleitung:

Befestige die 6 Stränge mit dem Ankerknoten an deinem Holzstab.

1. Knote mit den mittleren 4 Strängen einen Kreuzknoten.
2. Teile die Stränge in der Mitte auf, sodass sich auf jeder Seite 6 Stränge befinden. Lege den äußeren rechten Strang der linken Stränge in einem 45-Grad-Winkel über die restlichen linken Stränge. Dieser dient als Führungsfaden. Um diesen wird geknüpft.
3. Knote 5 Rippenknoten von rechts nach links.
4. Lege den äußeren rechten Strang der linken Stränge in einem 45-Grad-Winkel über die linken Stränge. Dieser dient als Führungsfaden. Um diesen wird geknüpft. Knote 4 Rippenknoten von rechts nach links.
5. Lege den äußeren rechten Strang der linken Stränge in einem 45-Grad-Winkel über die linken Stränge. Dieser dient als Führungsfaden. Um diesen wird geknüpft. Knote 3 Rippenknoten von rechts nach links.

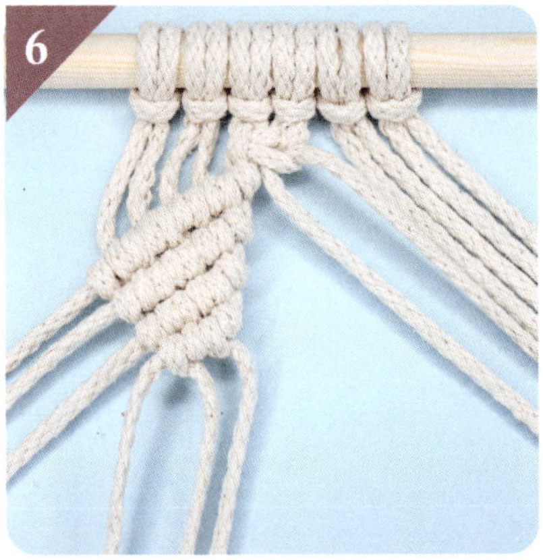
6
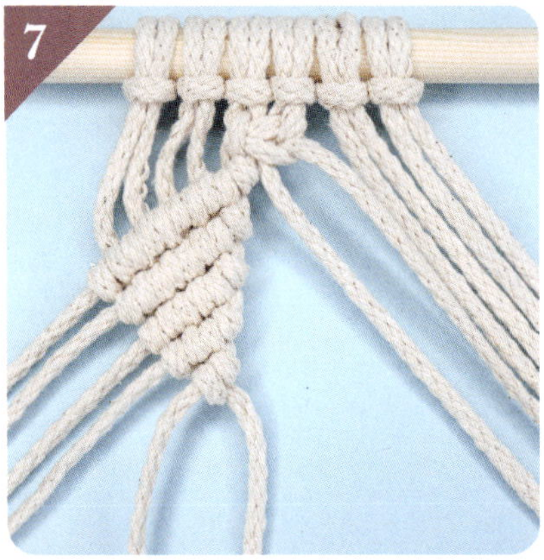
7
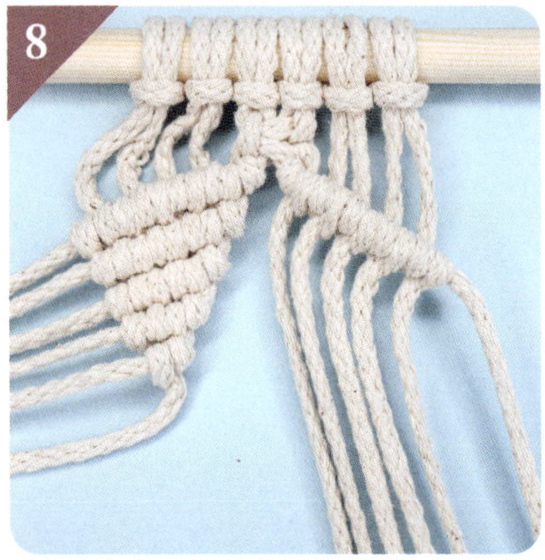
8
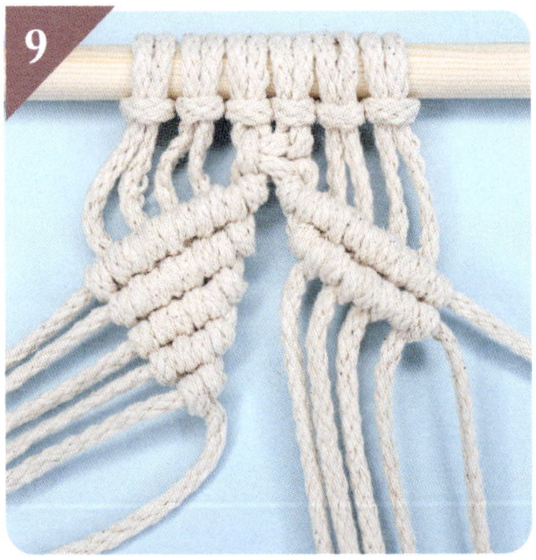
9
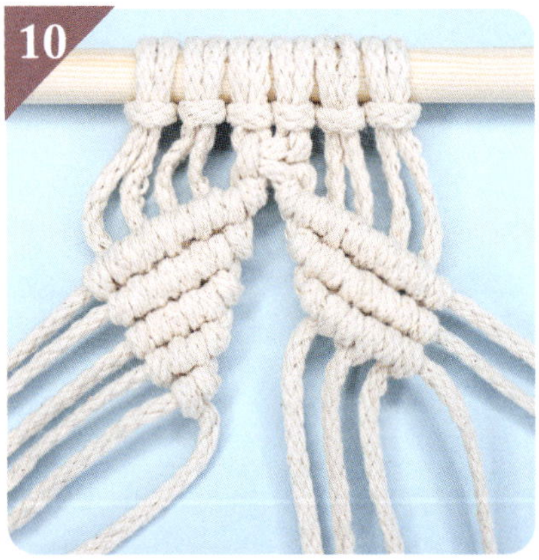
10
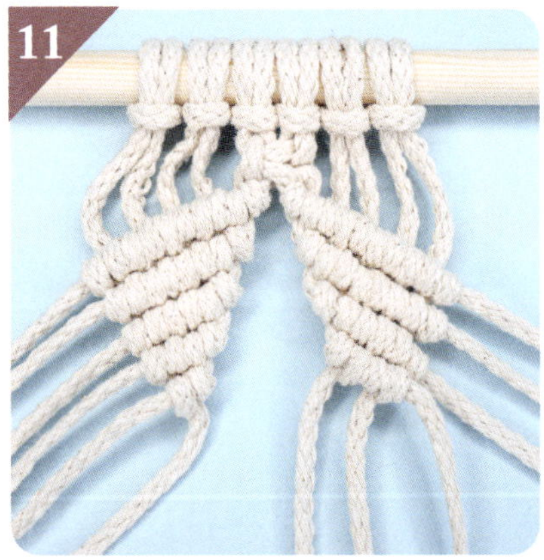
11
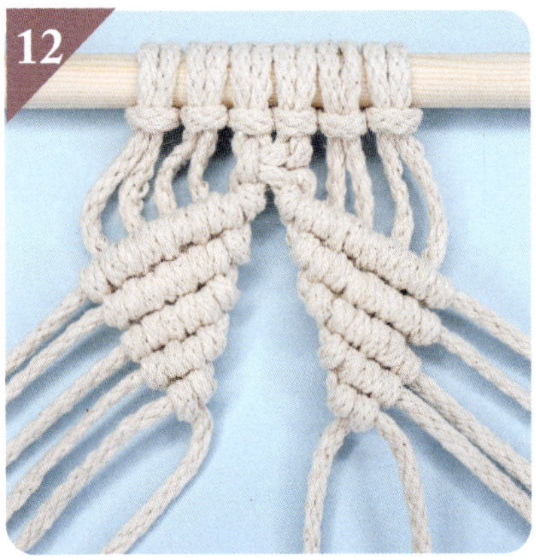
12
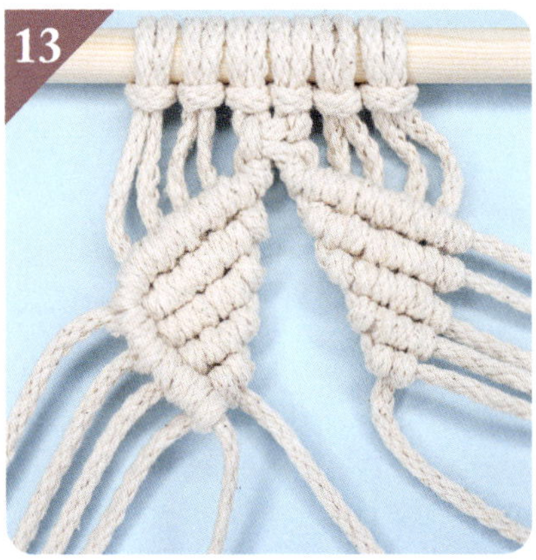
13
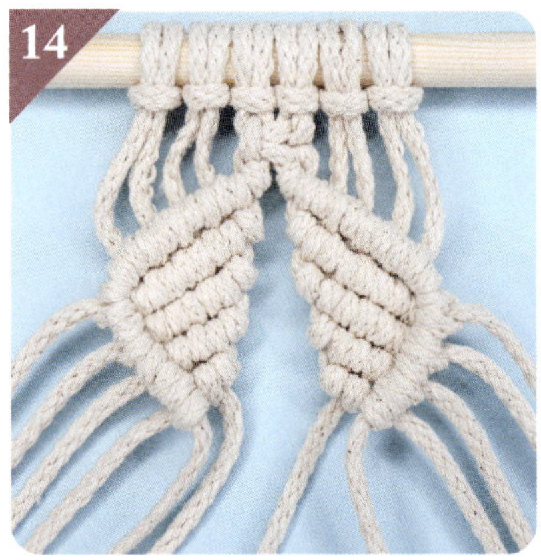
14

6. Lege den äußeren rechten Strang der linken Stränge in einem 45-Grad-Winkel über die linken Stränge. Dieser dient als Führungsfaden. Um diesen wird geknüpft. Knote 2 Rippenknoten von rechts nach links.
7. Lege den äußeren rechten Strang der linken Stränge in einem 45-Grad-Winkel über den linken Strang. Dieser dient als Führungsfaden. Um diesen wird geknüpft. Knote 1 Rippenknoten von rechts nach links.
8. Teile die Stränge in der Mitte auf, sodass sich auf jeder Seite 6 Stränge befinden. Lege den äußeren linken Strang der rechten Stränge in einem 45-Grad-Winkel über die restlichen rechten Stränge. Dieser dient als Führungsfaden. Um diesen wird geknüpft. Knote 5 Rippenknoten von links nach rechts.
9. Lege den äußeren linken Strang der rechten Stränge in einem 45-Grad-Winkel über die anderen rechten Stränge. Dieser dient als Führungsfaden. Um diesen wird geknüpft. Knote 4 Rippenknoten von links nach rechts.
10. Lege den äußeren linken Strang der rechten Stränge in einem 45-Grad-Winkel über die restlichen rechten Stränge. Dieser dient als Führungsfaden. Um diesen wird geknüpft. Knote 3 Rippenknoten von links nach rechts.
11. Lege den äußeren linken Strang der rechten Stränge in einem 45-Grad-Winkel über die anderen rechten Stränge. Dieser dient als Führungsfaden. Um diesen wird geknüpft. Knote 2 Rippenknoten von links nach rechts.
12. Lege den linken Strang der rechten Stränge in einem 45-Grad-Winkel über den rechten Strang. Dieser dient als Führungsfaden. Um diesen wird geknüpft. Knote 1 Rippenknoten von links nach rechts.
13. Teile die Stränge in der Mitte auf, sodass sich auf jeder Seite 6 Stränge befinden. Lege den äußeren linken Strang der linken Stränge in einem 45-Grad-Winkel über die linken Stränge. Dieser dient als Führungsfaden. Um diesen wird geknüpft. Knote 4 Rippenknoten von links nach rechts.
14. Teile die Stränge in der Mitte auf, sodass sich auf jeder Seite 6 Stränge befinden. Lege den äußeren rechten Strang der rechten Stränge in einem 45-Grad-Winkel über die rechten Stränge. Dieser dient als Führungsfaden. Um diesen wird geknüpft. Knote 4 Rippenknoten von rechts nach links.

Knüpfe die Schritte 1 bis 14 erneut, um das Muster zu wiederholen. Auf dem Vorschaubild wurde der Mustersatz 3-mal geknüpft. Wenn du das Muster abschließen möchtest, knüpfe einen Kreuzknoten.

Muster 17

Blattranken

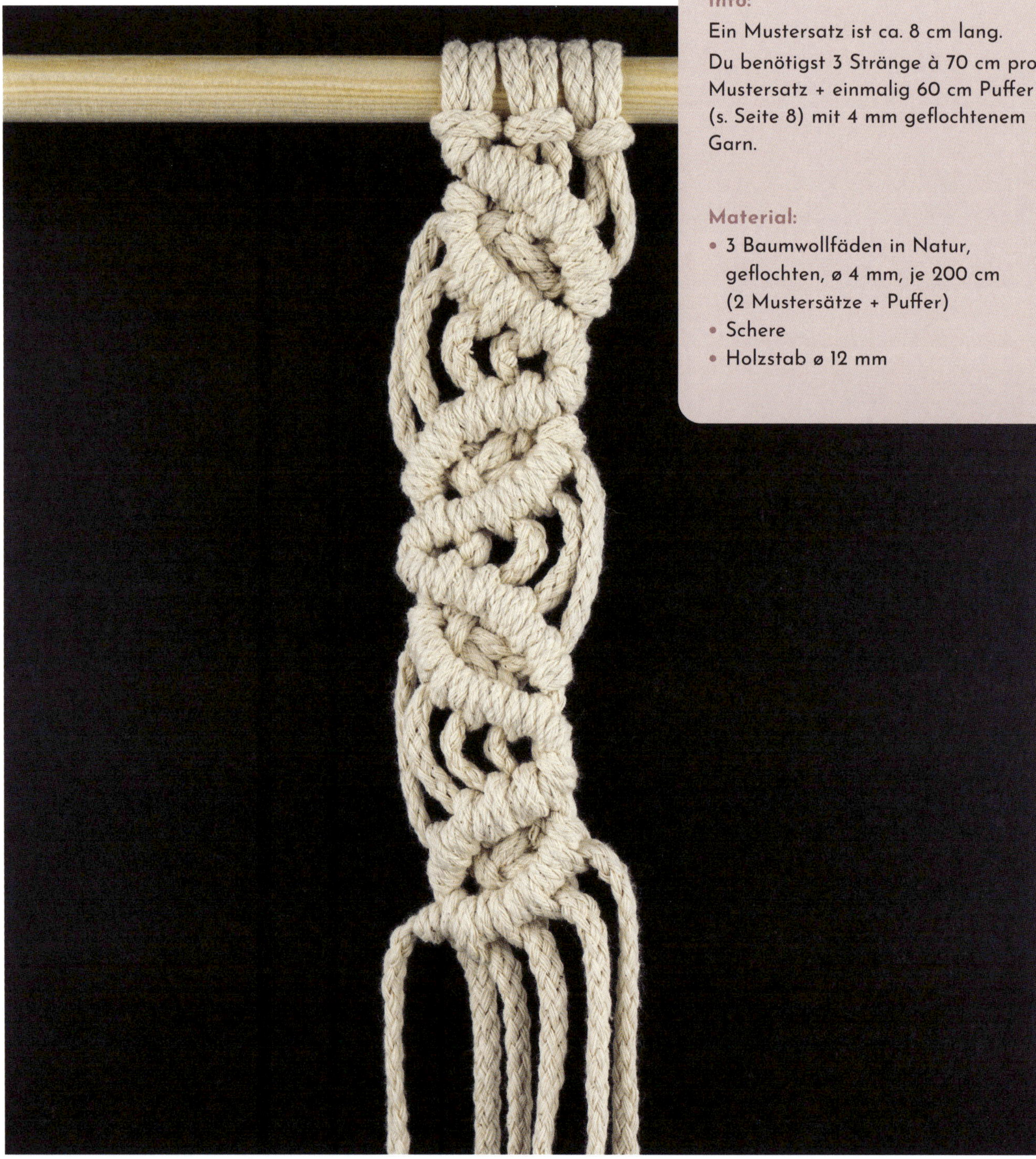

Info:

Ein Mustersatz ist ca. 8 cm lang.

Du benötigst 3 Stränge à 70 cm pro Mustersatz + einmalig 60 cm Puffer (s. Seite 8) mit 4 mm geflochtenem Garn.

Material:

- 3 Baumwollfäden in Natur, geflochten, ø 4 mm, je 200 cm (2 Mustersätze + Puffer)
- Schere
- Holzstab ø 12 mm

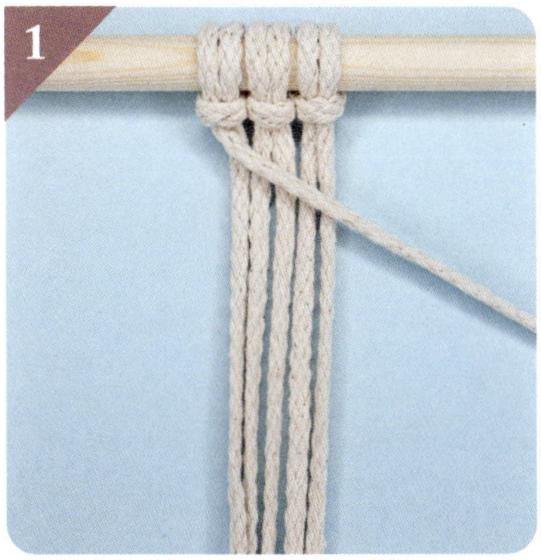

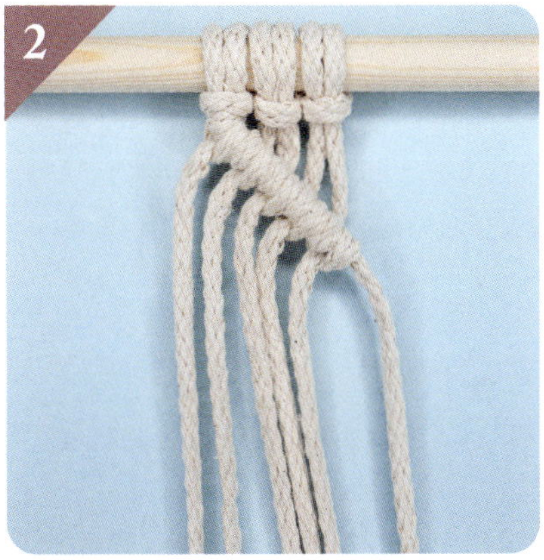

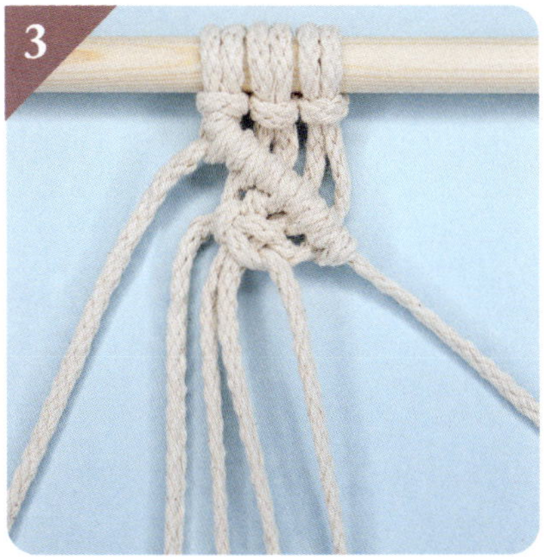

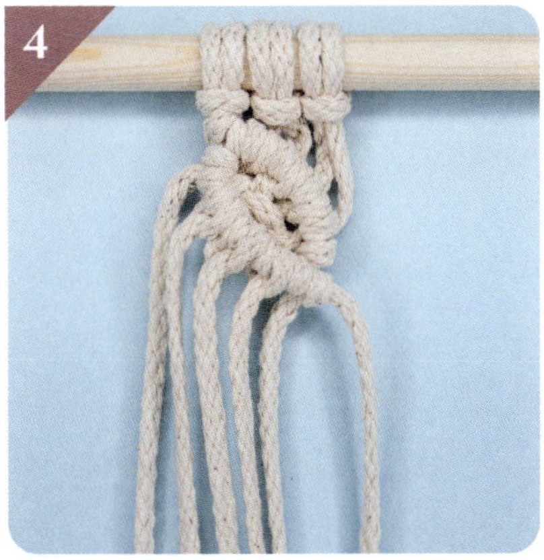

Anleitung:

Befestige die 3 Stränge mit dem Ankerknoten an deinem Holzstab.

1. Lege den äußeren linken Strang in einem 45-Grad-Winkel über die restlichen Stränge. Dieser dient als Führungsfaden. Um diesen wird geknüpft.
2. Knote 5 Rippenknoten von links nach rechts.
3. Knote mit den mittleren 4 Strängen einen Kreuzknoten. Dieser liegt parallel zum Rippenknoten.
4. Lege den äußeren linken Strang in einem 45-Grad-Winkel über die restlichen Stränge. Dieser dient als Führungsfaden. Um diesen wird geknüpft. Knote 5 Rippenknoten von links nach rechts. Achte darauf, die Fäden nahe am Kreuzknoten der vorherigen Reihe festzuziehen. Die Rundung ergibt sich dann automatisch.

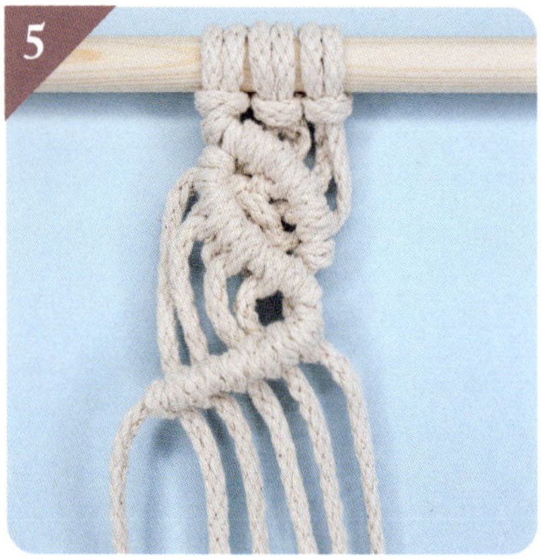

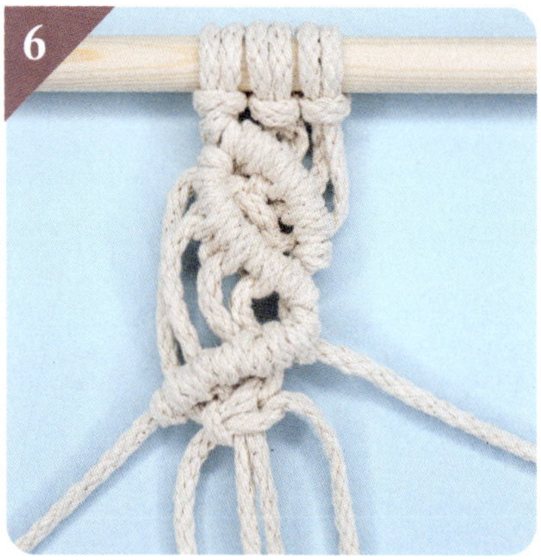

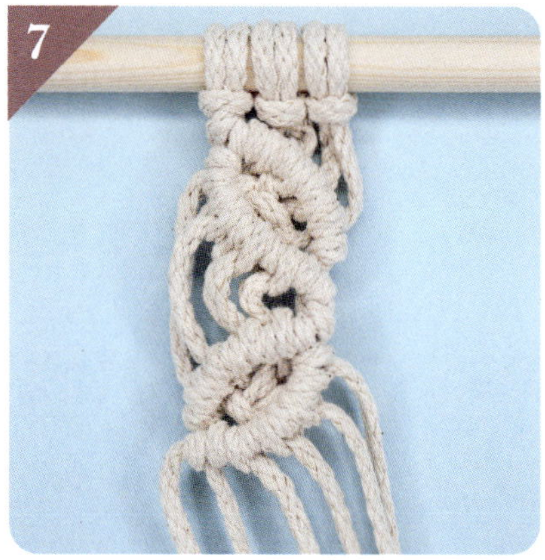

5. Lege den äußeren rechten Strang in einem 45-Grad-Winkel über die restlichen Stränge. Dieser dient als Führungsfaden. Um diesen wird geknüpft. Knote 5 Rippenknoten von rechts nach links.
6. Knote mit den mittleren 4 Strängen einen Kreuzknoten. Dieser liegt parallel zum Rippenknoten.
7. Lege den äußeren rechten Strang in einem 45-Grad-Winkel über die restlichen Stränge. Dieser dient als Führungsfaden. Um diesen wird geknüpft. Knote 5 Rippenknoten von rechts nach links. Achte darauf, die Fäden nahe am Kreuzknoten der vorherigen Reihe festzuziehen. Die Rundung ergibt sich dann automatisch.

Knüpfe die Schritte 1 bis 7 erneut, um das Muster zu wiederholen. Auf dem Vorschaubild wurde der Mustersatz 2-mal geknüpft.

Muster 18

Zweifarbiges Mosaik

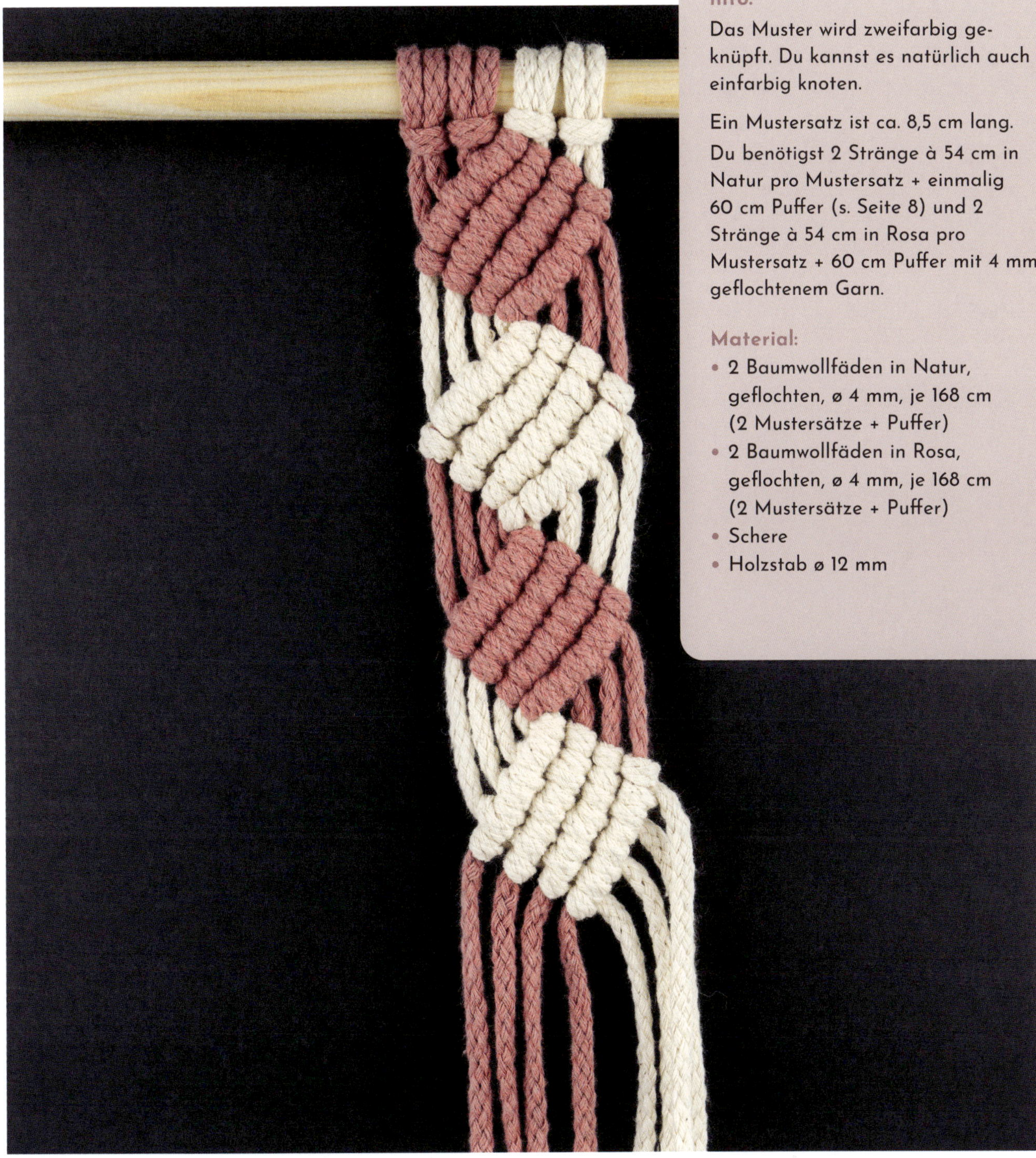

Info:

Das Muster wird zweifarbig geknüpft. Du kannst es natürlich auch einfarbig knoten.

Ein Mustersatz ist ca. 8,5 cm lang. Du benötigst 2 Stränge à 54 cm in Natur pro Mustersatz + einmalig 60 cm Puffer (s. Seite 8) und 2 Stränge à 54 cm in Rosa pro Mustersatz + 60 cm Puffer mit 4 mm geflochtenem Garn.

Material:

- 2 Baumwollfäden in Natur, geflochten, ø 4 mm, je 168 cm (2 Mustersätze + Puffer)
- 2 Baumwollfäden in Rosa, geflochten, ø 4 mm, je 168 cm (2 Mustersätze + Puffer)
- Schere
- Holzstab ø 12 mm

Anleitung:

Befestige 2 rosafarbene Stränge auf der linken und 2 naturfarbene Stränge auf der rechten Seite mit dem Ankerknoten an deinem Holzstab.

1. Teile die Stränge so auf, dass sich auf der linken Seite 5 Stränge und auf der rechten 3 Stränge befinden. Lege den äußeren rechten Strang der linken Stränge in einem 45-Grad-Winkel über die linken Stränge. Dieser dient als Führungsfaden. Um diesen wird geknüpft.
2. Knote 4 Rippenknoten von rechts nach links.
3. Teile die Stränge so auf, dass sich auf der linken Seite 6 Stränge und auf der rechten 2 Stränge befinden. Lege den äußeren rechten Strang der linken Stränge in einem 45-Grad-Winkel über die linken Stränge. Dieser dient als Führungsfaden. Um diesen wird geknüpft. Knote 4 Rippenknoten von rechts nach links.
4. Teile die Stränge so auf, dass sich auf der linken Seite 7 Stränge und auf der rechten 1 Strang befinden. Lege den äußeren rechten Strang der linken Stränge in einem 45-Grad-Winkel über die linken Stränge. Dieser dient als Führungsfaden. Um diesen wird geknüpft. Knote 4 Rippenknoten von rechts nach links.
5. Lege den rechten Strang in einem 45-Grad-Winkel über die restlichen Stränge. Dieser dient als Führungsfaden. Um diesen wird geknüpft. Knote 4 Rippenknoten von rechts nach links.
6. Wiederhole die Schritte 1 bis 5. Der Farbwechsel ergibt sich so automatisch.

Knüpfe die Schritte 1 bis 6 erneut, um das Muster zu wiederholen. Auf dem Vorschaubild wurde der Mustersatz 2-mal geknüpft.

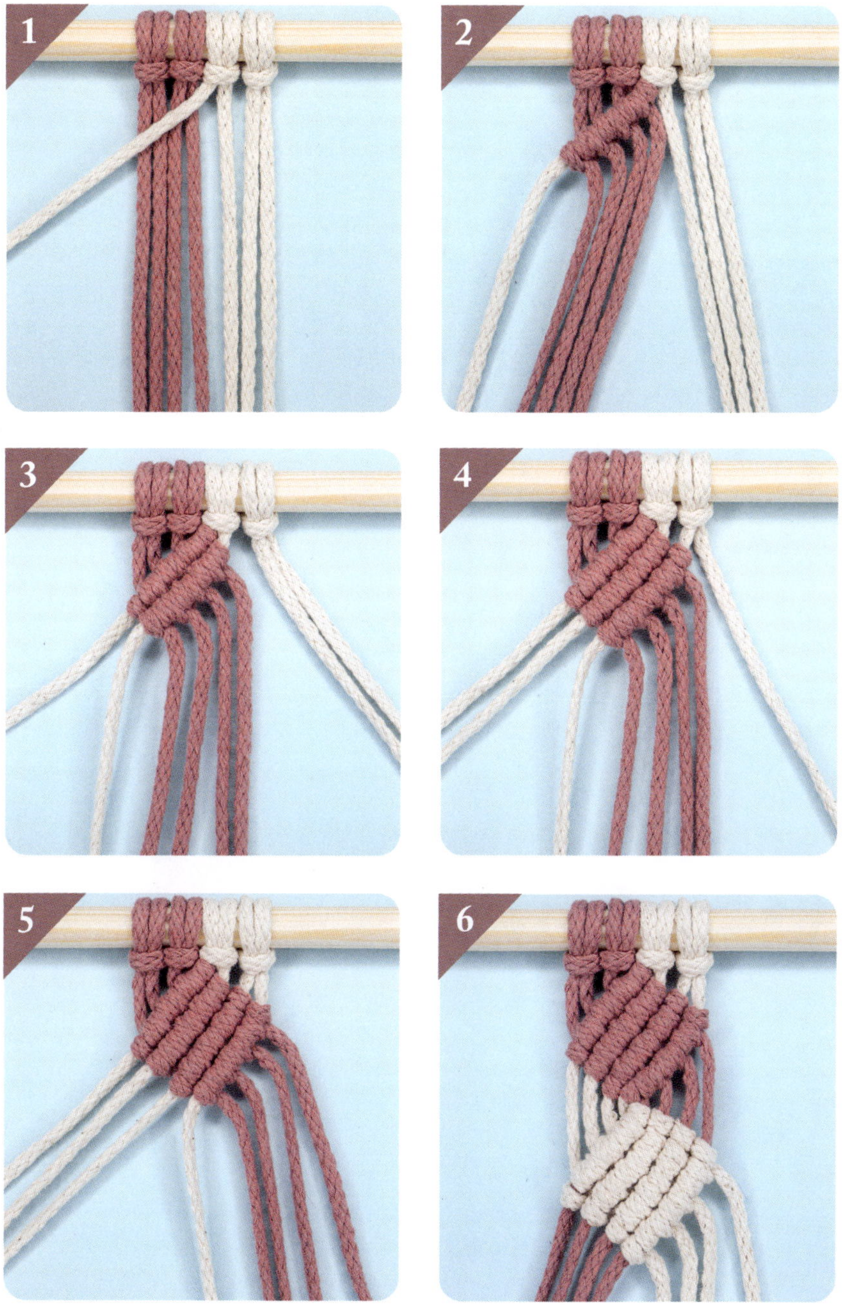
1
2
3
4
5
6

Muster 19

Peak

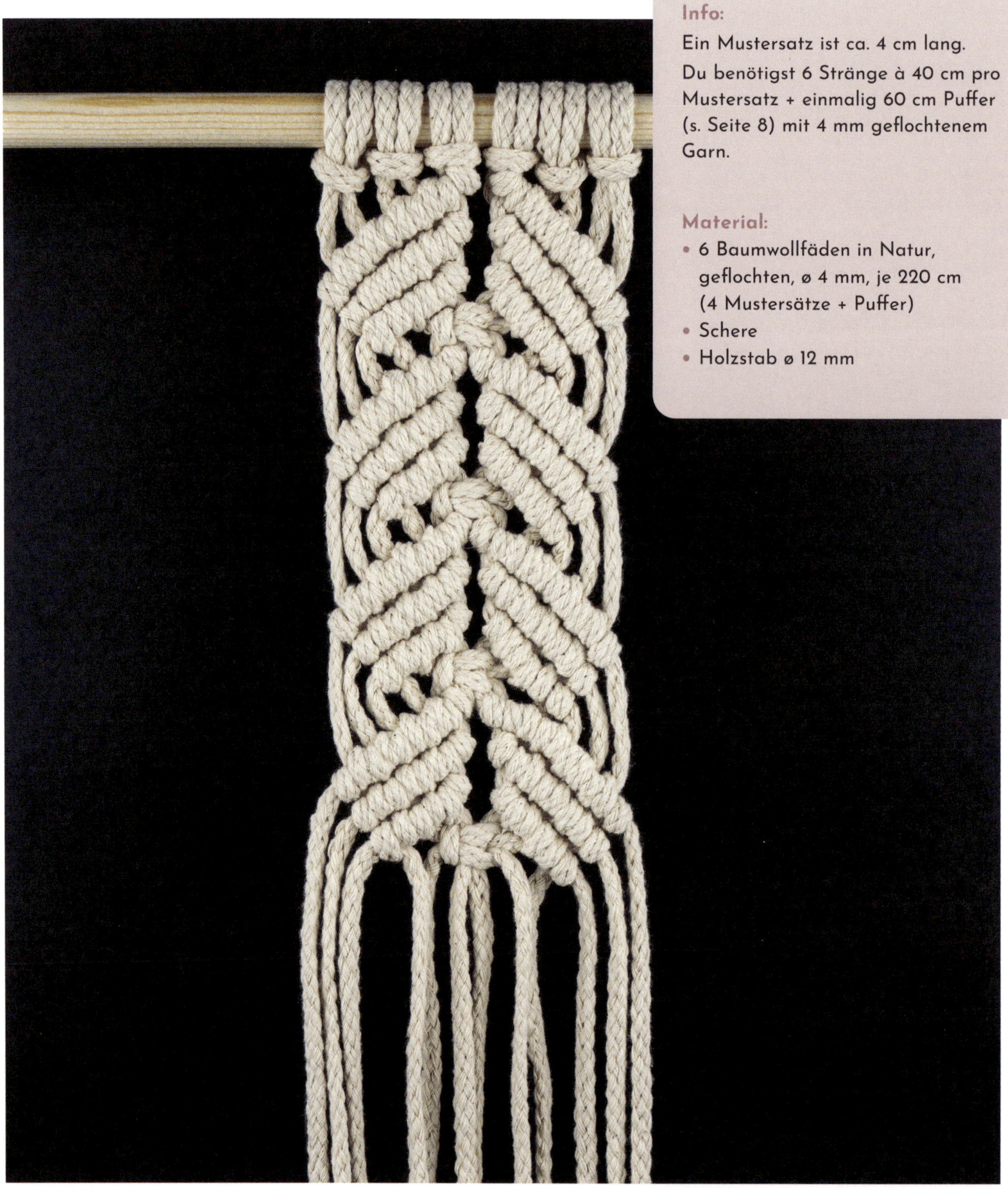

Info:

Ein Mustersatz ist ca. 4 cm lang.

Du benötigst 6 Stränge à 40 cm pro Mustersatz + einmalig 60 cm Puffer (s. Seite 8) mit 4 mm geflochtenem Garn.

Material:

- 6 Baumwollfäden in Natur, geflochten, ø 4 mm, je 220 cm (4 Mustersätze + Puffer)
- Schere
- Holzstab ø 12 mm

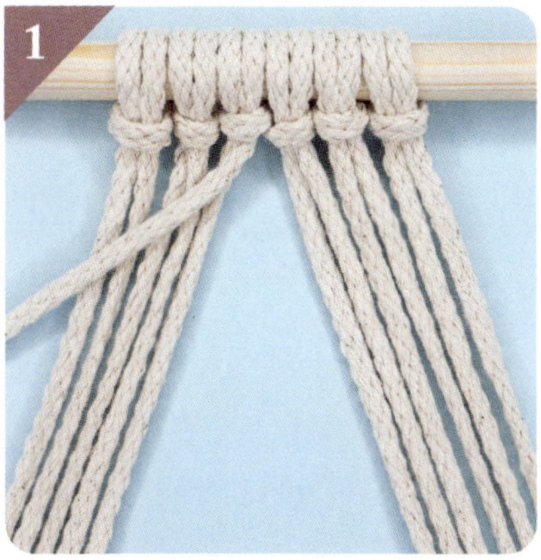

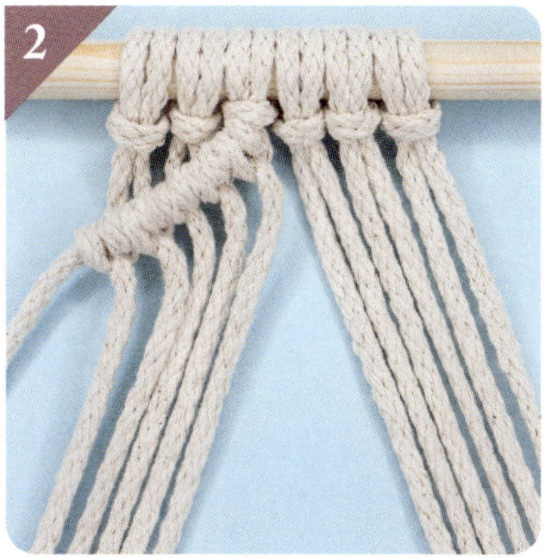

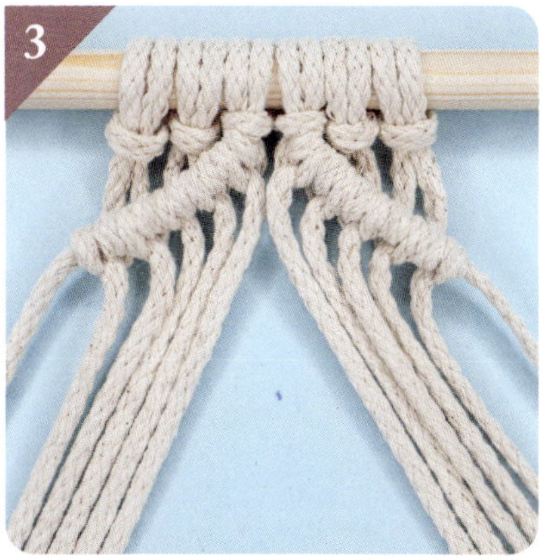

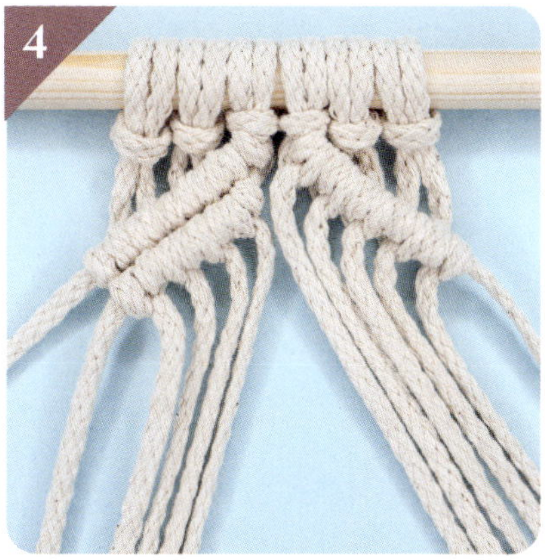

Anleitung:

Befestige die 6 Stränge mit dem Ankerknoten an deinem Holzstab.

1. Teile die Stränge in der Mitte auf, sodass sich auf jeder Seite 6 Stränge befinden. Lege den rechten Strang der linken Stränge in einem 45-Grad-Winkel über die linken Stränge. Dieser dient als Führungsfaden. Um diesen wird geknüpft.
2. Knote 5 Rippenknoten von rechts nach links.
3. Teile die Stränge in der Mitte auf, sodass sich auf jeder Seite 6 Stränge befinden. Lege den linken Strang der rechten Stränge in einem 45-Grad-Winkel über die rechten Stränge. Dieser dient als Führungsfaden. Um diesen wird geknüpft. Knote 5 Rippenknoten von links nach rechts.
4. Teile die Stränge in der Mitte auf, sodass sich auf jeder Seite 6 Stränge befinden. Lege den rechten Strang der linken Stränge in einem 45-Grad-Winkel über die linken Stränge. Dieser dient als Führungsfaden. Um diesen wird geknüpft. Knote 4 Rippenknoten von rechts nach links.

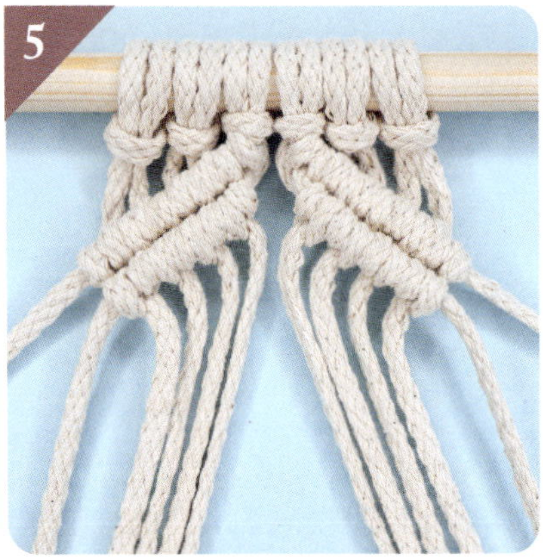

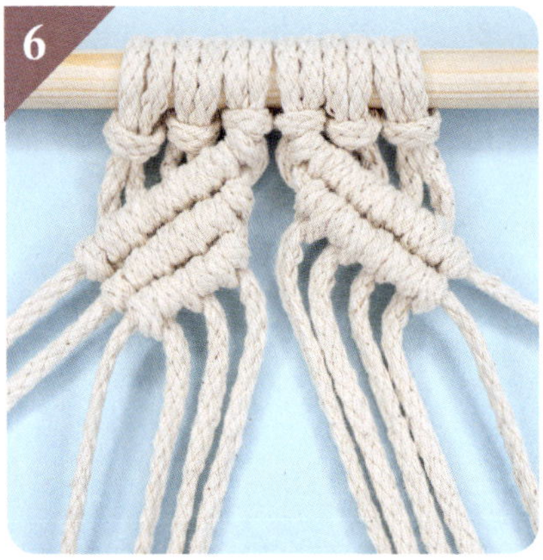

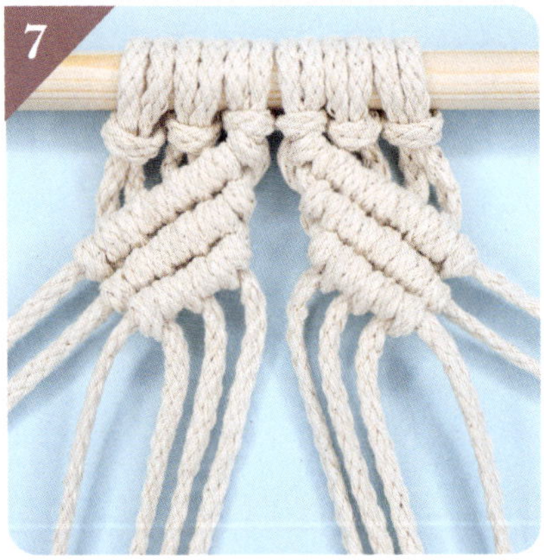

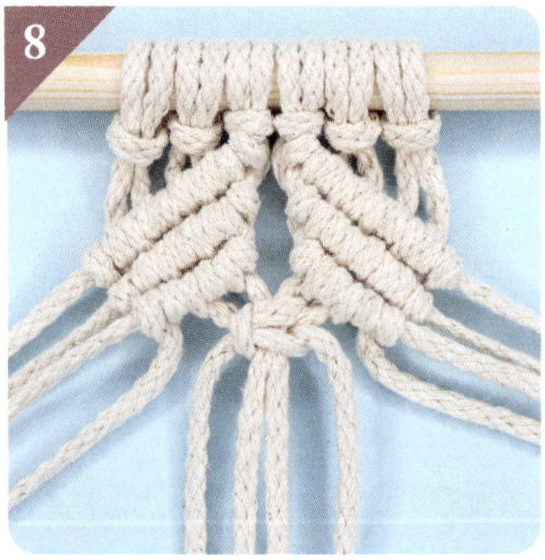

5. Teile die Stränge in der Mitte auf, sodass sich auf jeder Seite 6 Stränge befinden. Lege den linken Strang der rechten Stränge in einem 45-Grad-Winkel über die rechten Stränge. Dieser dient als Führungsfaden. Um diesen wird geknüpft. Knote 4 Rippenknoten von links nach rechts.
6. Teile die Stränge in der Mitte auf, sodass sich auf jeder Seite 6 Stränge befinden. Lege den rechten Strang der linken Stränge in einem 45-Grad-Winkel über die linken Stränge. Dieser dient als Führungsfaden. Um diesen wird geknüpft. Knote 3 Rippenknoten von rechts nach links.
7. Teile die Stränge in der Mitte auf, sodass sich auf jeder Seite 6 Stränge befinden. Lege den linken Strang der rechten Stränge in einem 45-Grad-Winkel über die rechten Stränge. Dieser dient als Führungsfaden. Um diesen wird geknüpft. Knote 3 Rippenknoten von links nach rechts.
8. Knote mit den mittleren 4 Strängen einen Kreuzknoten.

Knüpfe die Schritte 1–8 erneut, um das Muster zu wiederholen. Auf dem Vorschaubild wurde der Mustersatz 4-mal geknüpft.

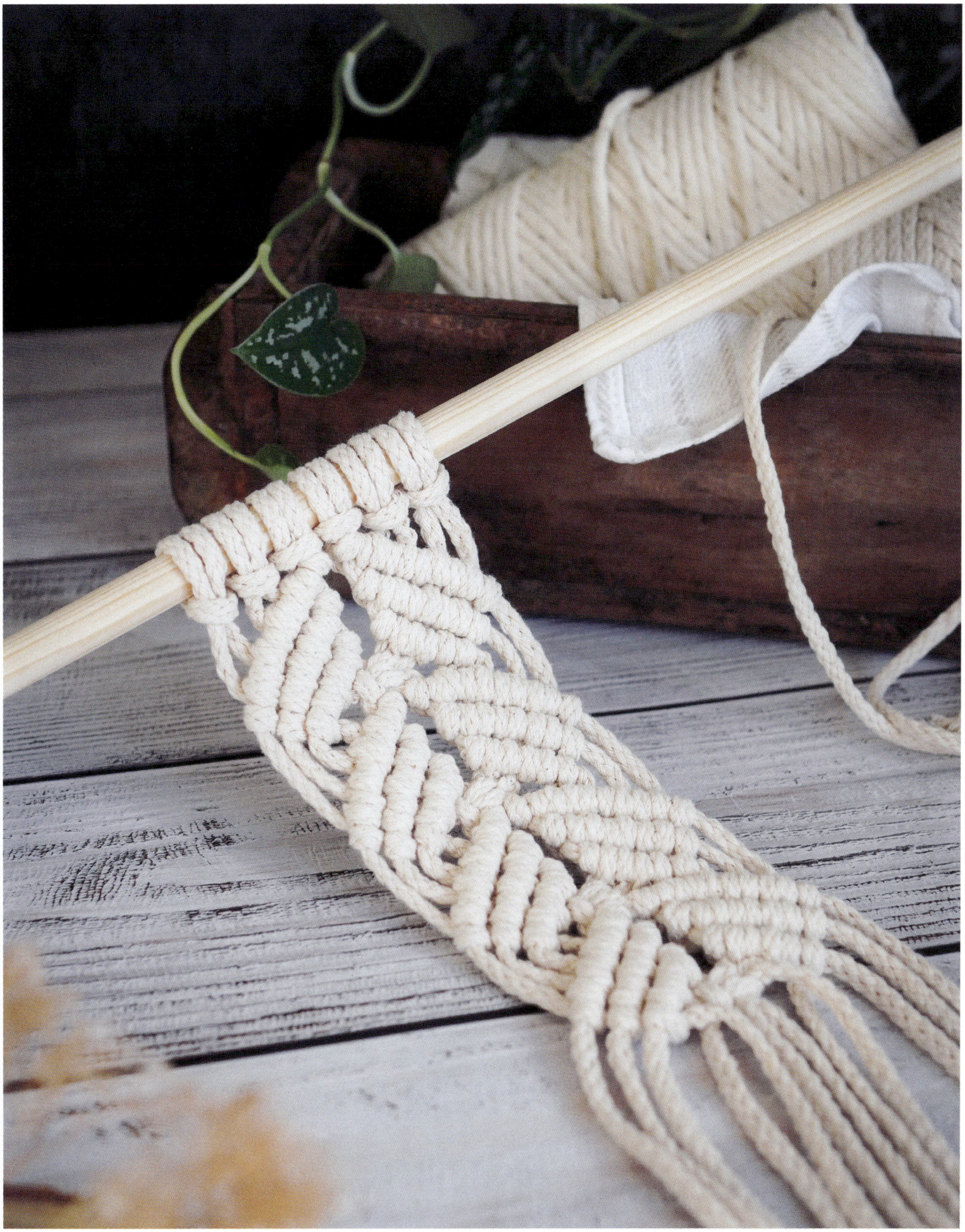

Muster 20

Große Fischer

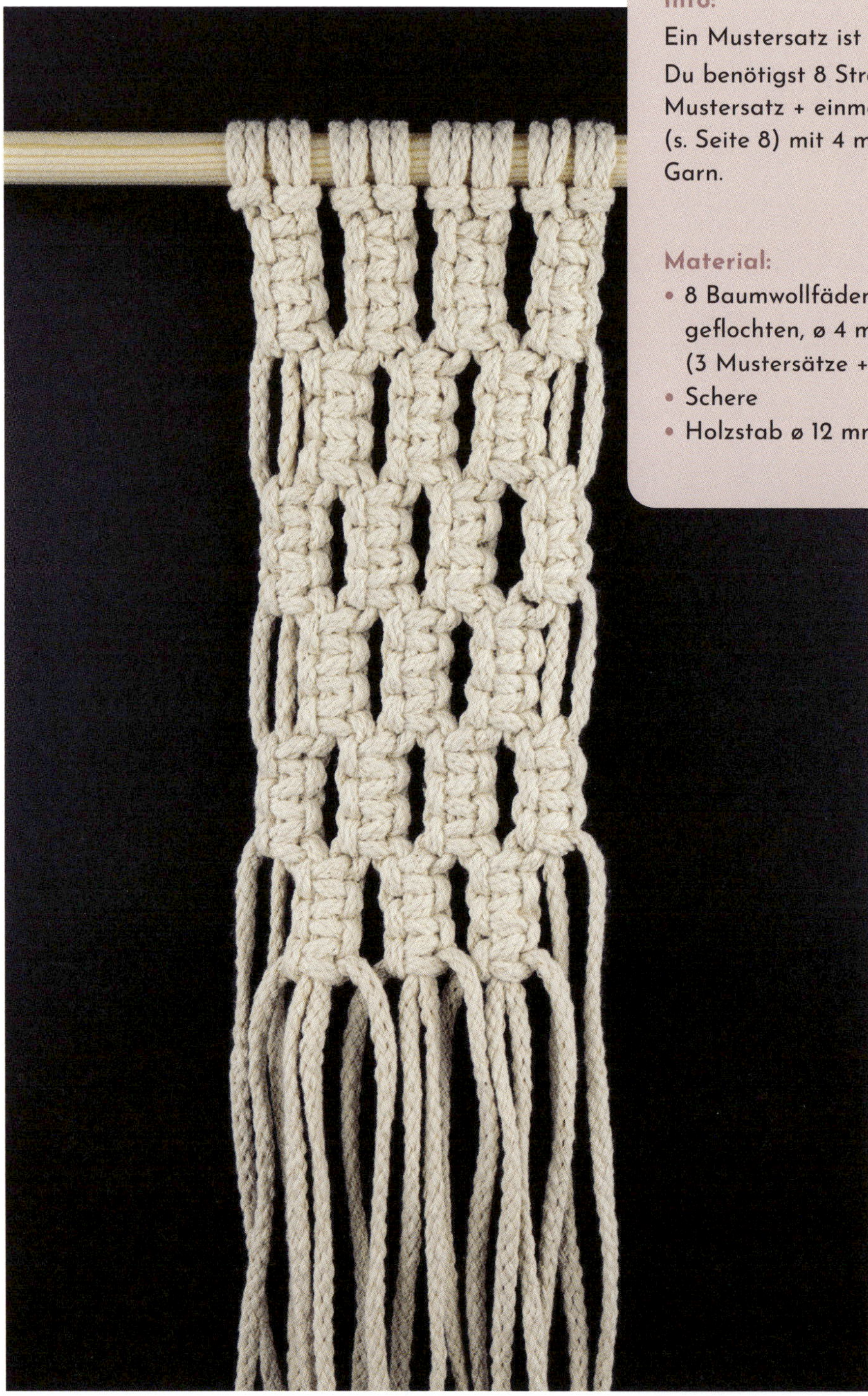

Info:

Ein Mustersatz ist ca. 6 cm lang.

Du benötigst 8 Stränge à 38 cm pro Mustersatz + einmalig 60 cm Puffer (s. Seite 8) mit 4 mm geflochtenem Garn.

Material:

- 8 Baumwollfäden in Natur, geflochten, ø 4 mm, je 174 cm (3 Mustersätze + Puffer)
- Schere
- Holzstab ø 12 mm

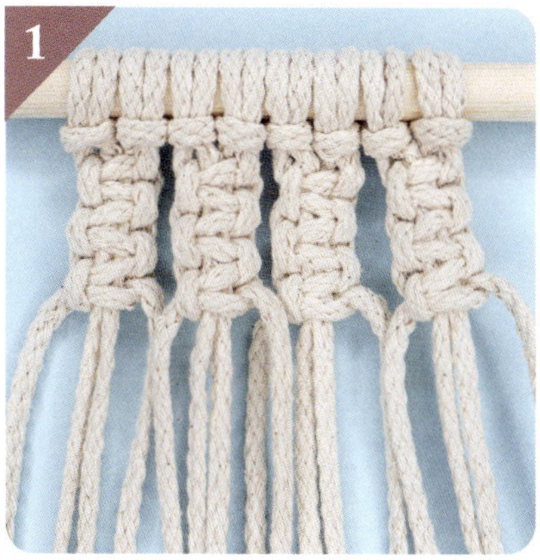

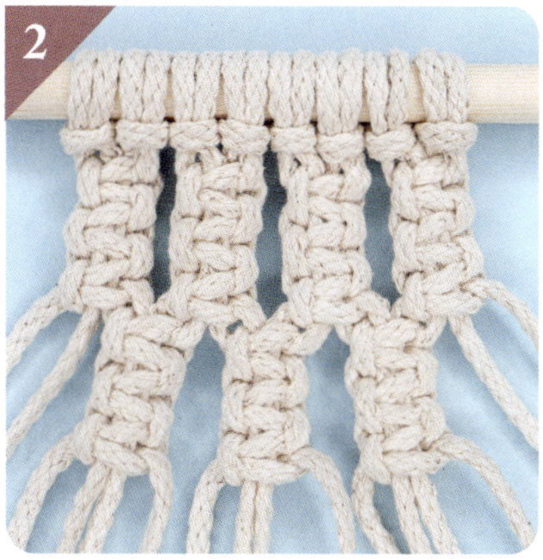

Anleitung:

Befestige die 8 Stränge mit dem Ankerknoten an deinem Holzstab.

1. Knüpfe mit den Strängen 1–4, 5–8, 9–12 und 13–16 jeweils 3 Kreuzknoten untereinander.
2. Knüpfe mit den Strängen 3–6, 7–10 und 11–14 jeweils 3 Kreuzknoten untereinander.
   (**INFO:** Wenn du das Muster in Runden knüpfst, werden auch die Stränge 1-2 und 15–16 miteinander verknüpft.)

Knüpfe die Schritte 1–2 erneut, um das Muster zu wiederholen. Auf dem Vorschaubild wurde der Mustersatz 3-mal geknüpft.

Muster 21

Kleine Fischer

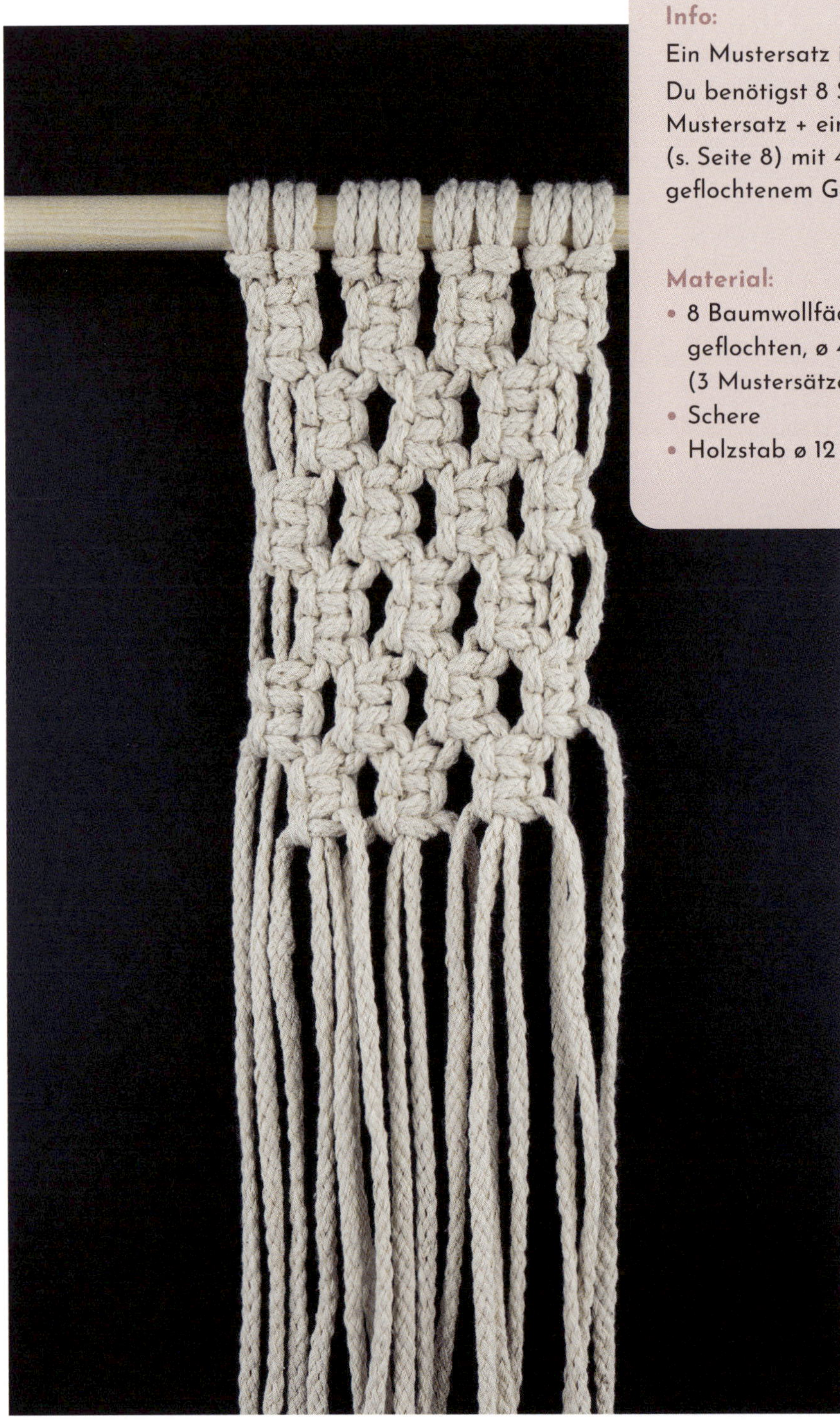

Info:

Ein Mustersatz ist ca. 4,5 cm lang.

Du benötigst 8 Stränge à 26 cm pro Mustersatz + einmalig 60 cm Puffer (s. Seite 8) mit 4 mm geflochtenem Garn.

Material:

- 8 Baumwollfäden in Natur, geflochten, ø 4 mm, je 138 cm (3 Mustersätze + Puffer)
- Schere
- Holzstab ø 12 mm

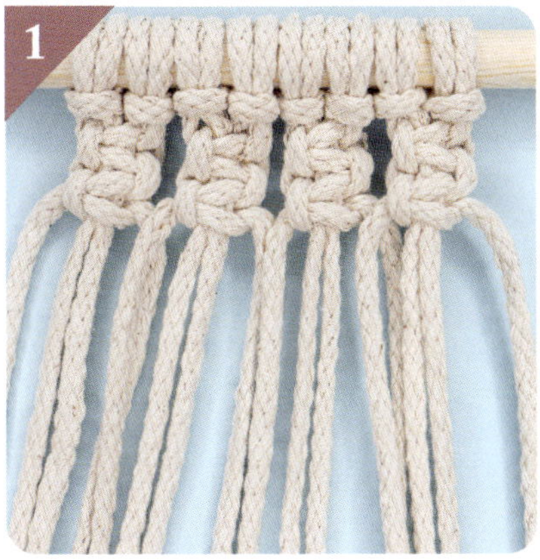

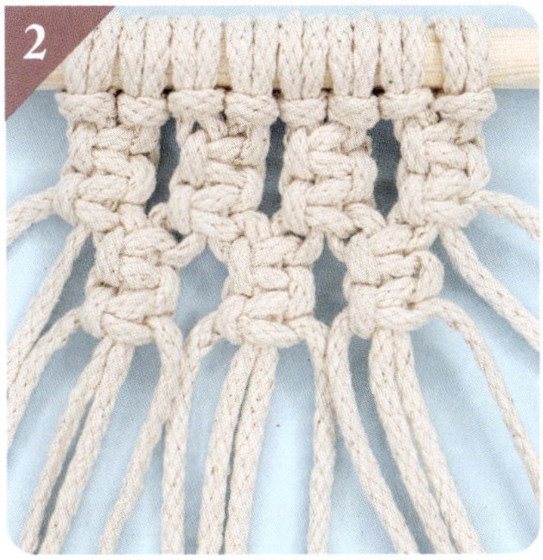

Anleitung:

Befestige die 8 Stränge mit dem Ankerknoten an deinem Holzstab.

1. Knüpfe mit den Strängen 1–4, 5–8, 9–12 und 13–16 jeweils 2 Kreuzknoten untereinander.
2. Knüpfe mit den Strängen 3–6, 7–10 und 11–14 jeweils 2 Kreuzknoten untereinander. (**INFO:** Wenn du das Muster in Runden knüpfst, werden auch die Stränge 1–2 und 15–16 miteinander verknüpft.)

Knüpfe die Schritte 1–2 erneut, um das Muster zu wiederholen. Auf dem Vorschaubild wurde der Mustersatz 3-mal geknüpft.

Muster 22

Kleine Rauten

Info:

Ein Mustersatz ist ca. 4 cm lang.

Du benötigst 3 Stränge à 36 cm pro Mustersatz + einmalig 60 cm Puffer (s. Seite 8) mit 4 mm geflochtenem Garn.

Material:

- 3 Baumwollfäden in Natur, geflochten, ø 4 mm, je 168 cm (3 Mustersätze + Puffer)
- Schere
- Holzstab ø 12 mm

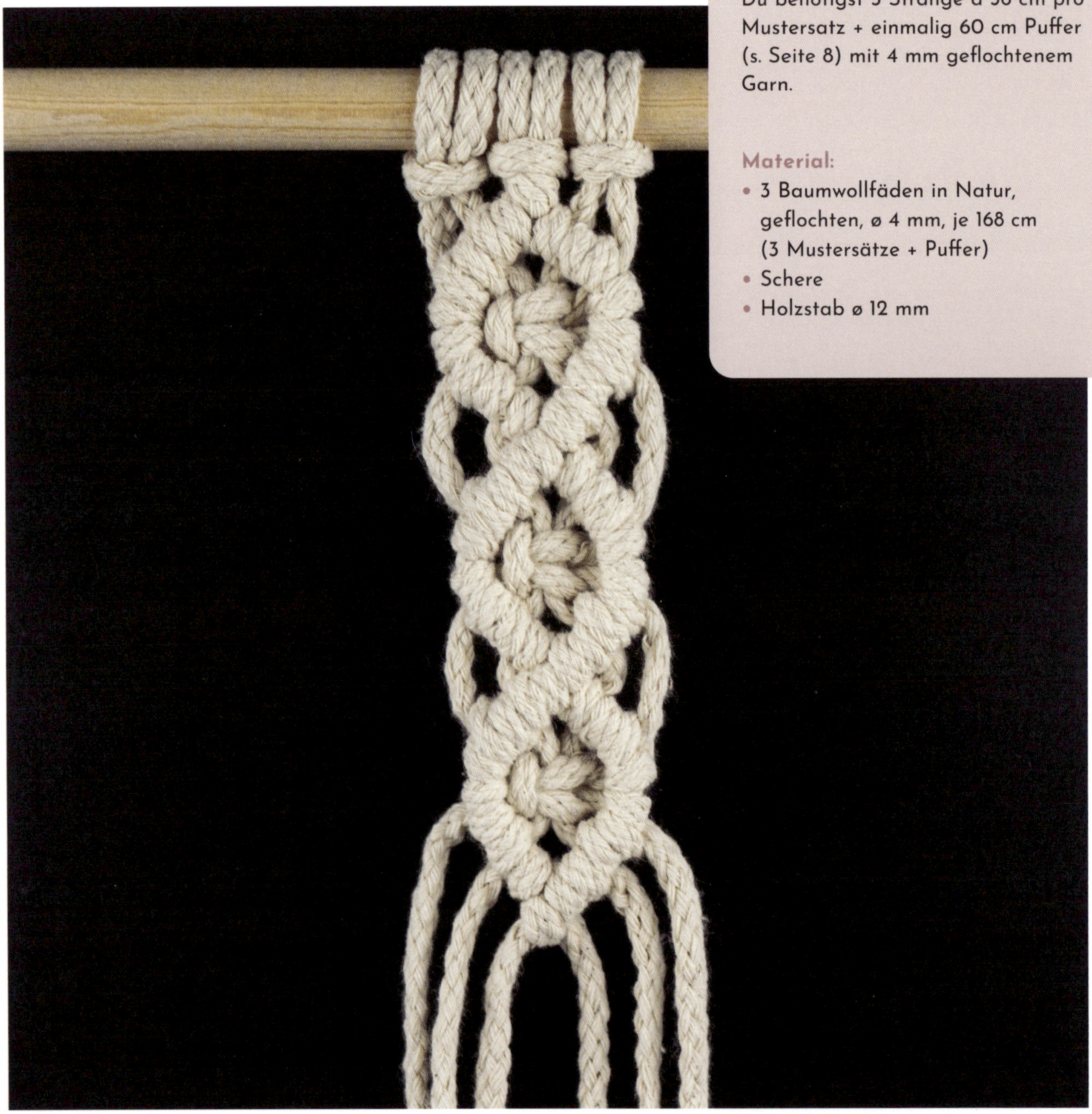

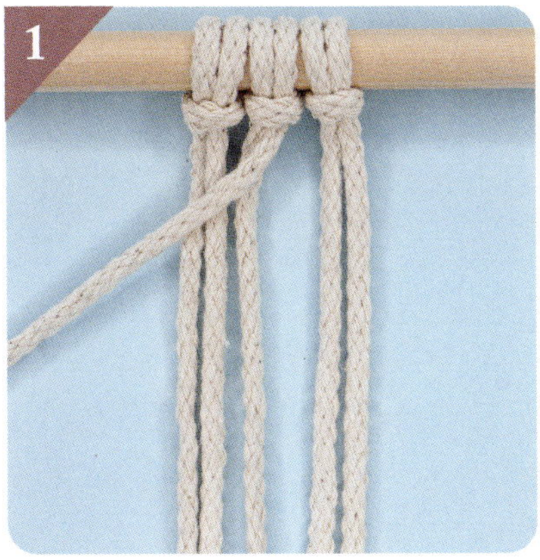

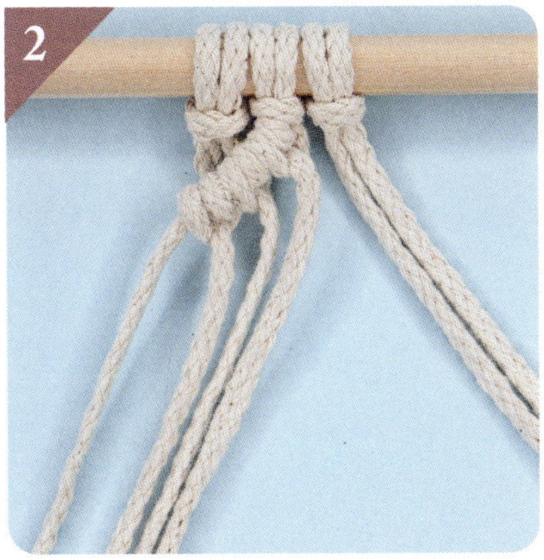

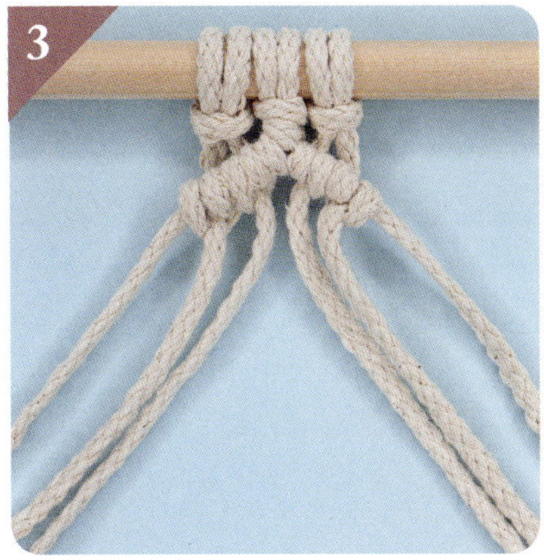

Anleitung:

Befestige die 3 Stränge mit dem Ankerknoten an deinem Holzstab.

1. Teile die Stränge so auf, dass sich auf der linken Seite 4 Stränge und auf der rechten 2 Stränge befinden. Lege den rechten Strang der linken Stränge in einem 45-Grad-Winkel über die linken Stränge. Dieser dient als Führungsfaden. Um diesen wird geknüpft.
2. Knote 3 Rippenknoten von rechts nach links.
3. Teile die Stränge in der Mitte auf, sodass sich auf jeder Seite 3 Stränge befinden. Lege den linken Strang der rechten Stränge in einem 45-Grad-Winkel über die rechten Stränge. Dieser dient als Führungsfaden. Um diesen wird geknüpft. Knote 2 Rippenknoten von links nach rechts.

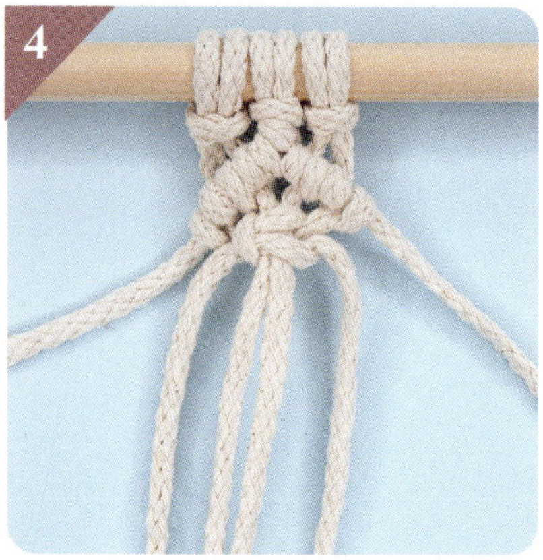

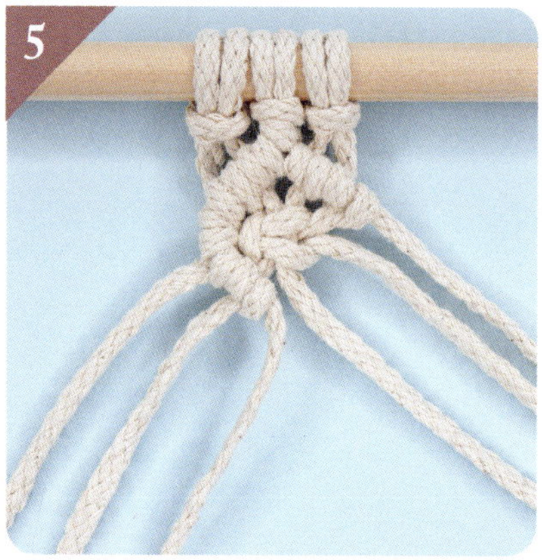

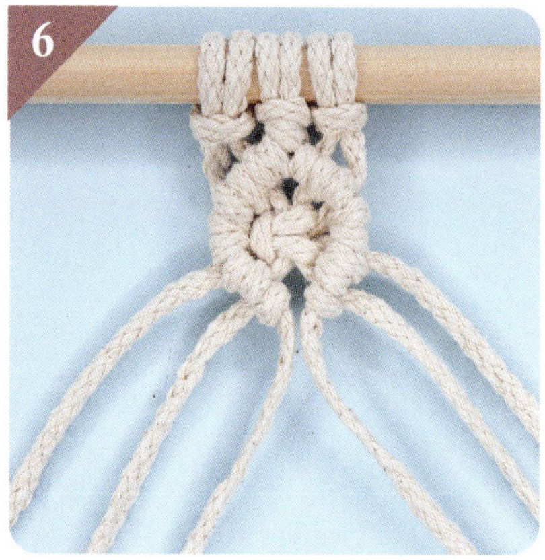

4. Knote mit den mittleren 4 Strängen einen Kreuzknoten.
5. Teile die Stränge in der Mitte so auf, dass sich auf jeder Seite 3 Stränge befinden. Lege den äußeren linken Strang der linken Stränge in einem 45-Grad-Winkel über die restlichen linken Stränge. Dieser fungiert als Führungsfaden. Um diesen wird geknüpft. Knote 2 Rippenknoten von links nach rechts.
6. Teile die Stränge in der Mitte auf, sodass sich auf jeder Seite 3 Stränge befinden. Lege den äußeren rechten Strang der rechten Stränge in einem 45-Grad-Winkel über die restlichen rechten Stränge. Dieser fungiert als Führungsfaden. Um diesen wird geknüpft. Knote 2 Rippenknoten von rechts nach links.

Knüpfe die Schritte 1–6 erneut, um das Muster zu wiederholen. Auf dem Vorschaubild wurde der Mustersatz 3-mal geknüpft. Wenn du das Muster abschließen möchtest, knote am Ende von Schritt 6 noch einen extra Rippenknoten.

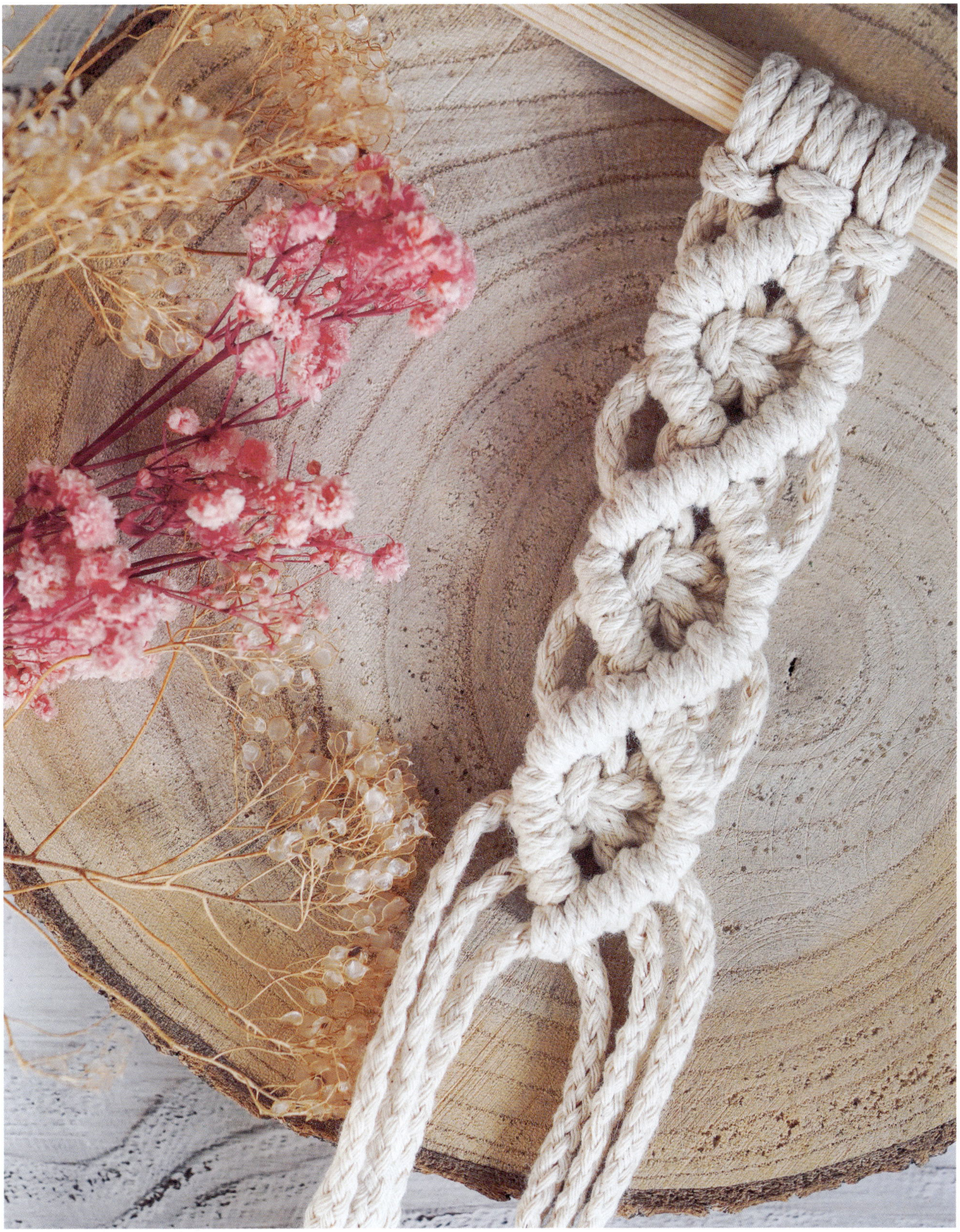

Muster 23

Saphir

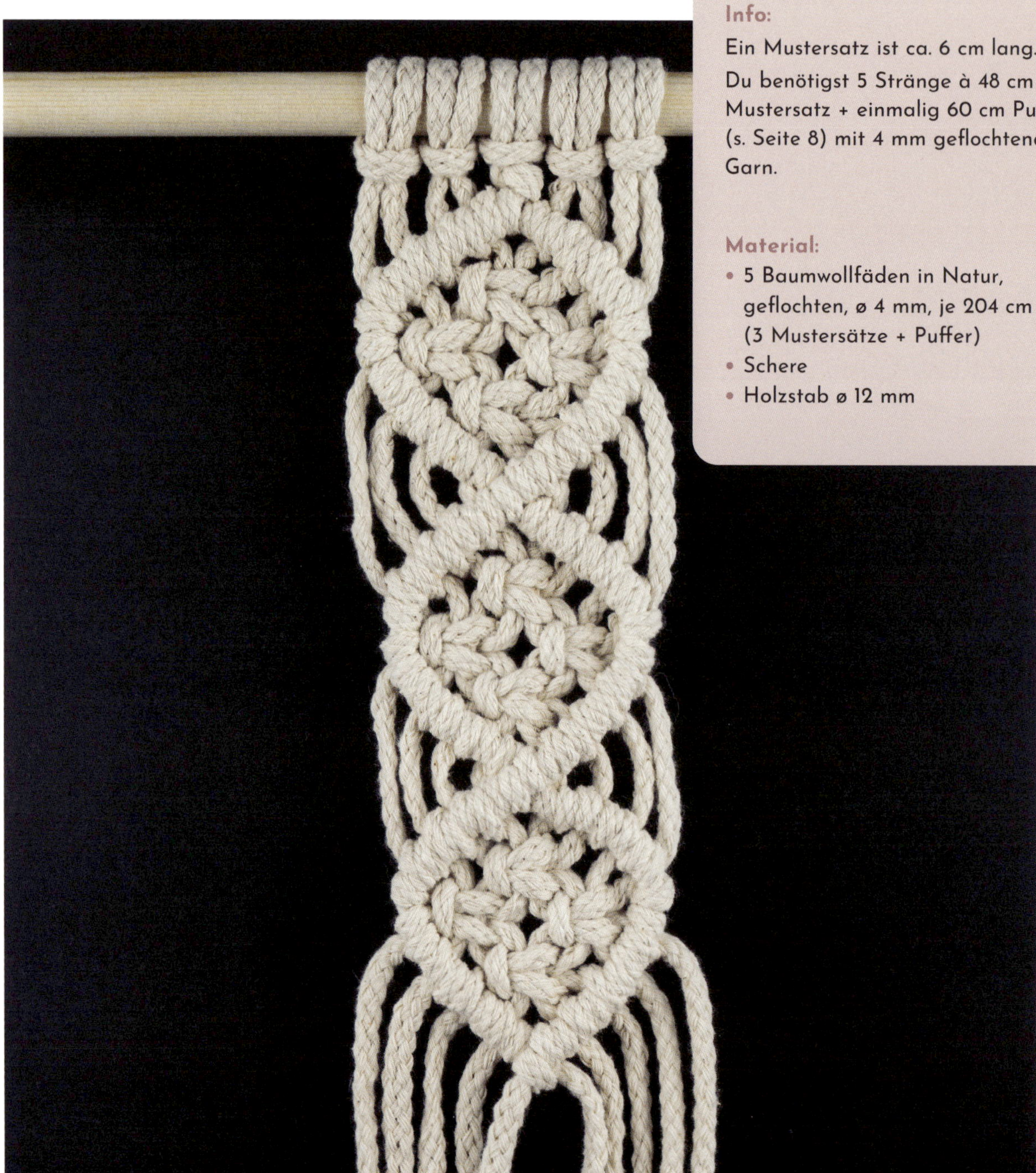

Info:

Ein Mustersatz ist ca. 6 cm lang.

Du benötigst 5 Stränge à 48 cm pro Mustersatz + einmalig 60 cm Puffer (s. Seite 8) mit 4 mm geflochtenem Garn.

Material:

- 5 Baumwollfäden in Natur, geflochten, ø 4 mm, je 204 cm (3 Mustersätze + Puffer)
- Schere
- Holzstab ø 12 mm

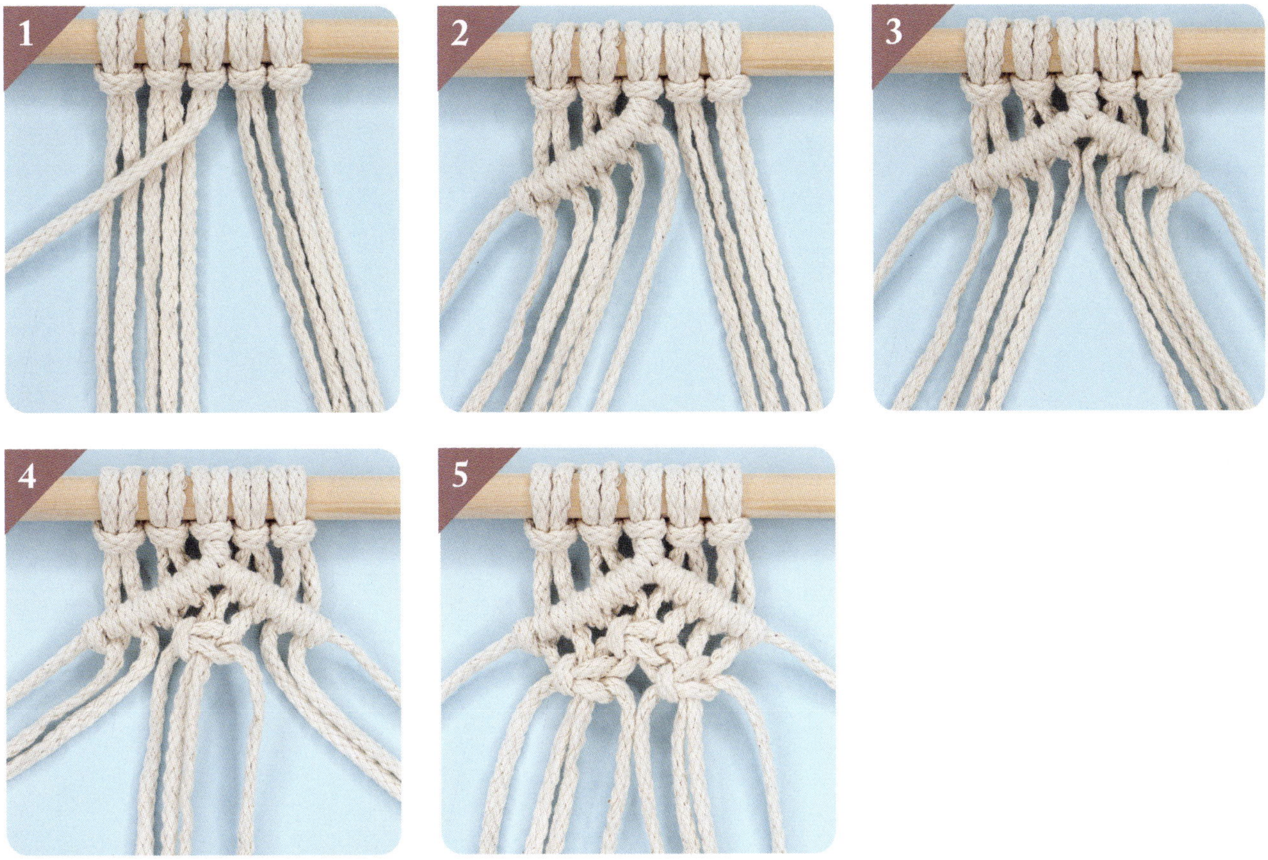

Anleitung:

Befestige die 5 Stränge mit dem Ankerknoten an deinem Holzstab.

1. Teile die Stränge so auf, dass sich auf der linken Seite 6 Stränge und auf der rechten 4 Stränge befinden. Lege den rechten Strang der linken Stränge in einem 45-Grad-Winkel über die linken Stränge. Dieser dient als Führungsfaden. Um diesen wird geknüpft.
2. Knote 5 Rippenknoten von rechts nach links.
3. Teile die Stränge in der Mitte auf, sodass sich auf jeder Seite 5 Stränge befinden. Lege den linken Strang der rechten Stränge in einem 45-Grad-Winkel über die rechten Stränge. Dieser dient als Führungsfaden. Um diesen wird geknüpft. Knote 4 Rippenknoten von links nach rechts.
4. Knote mit den mittleren 4 Strängen einen Kreuzknoten.
5. Knote mit den mittleren 8 Strängen 2 Kreuzknoten nebeneinander.

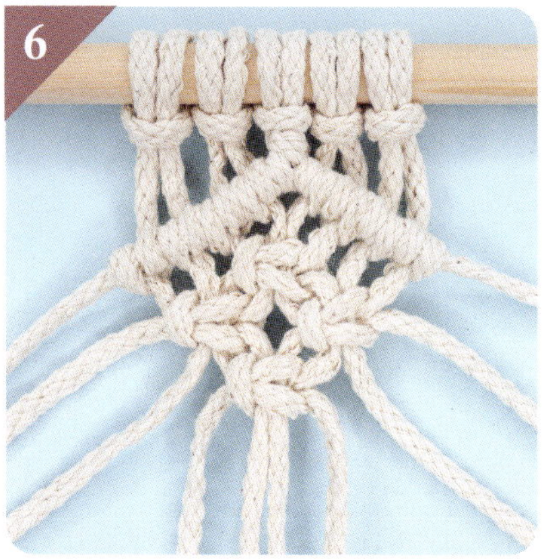

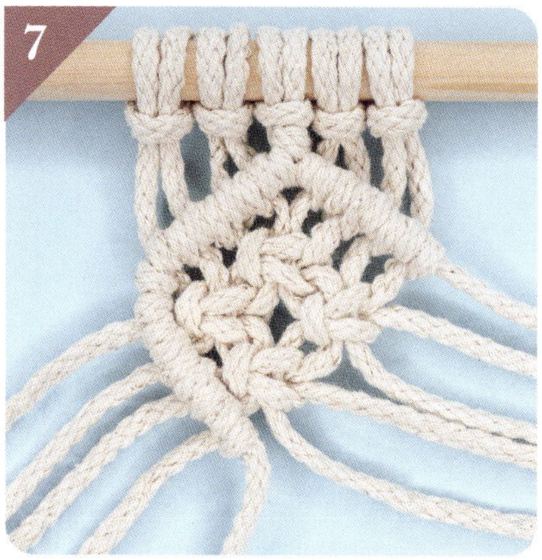

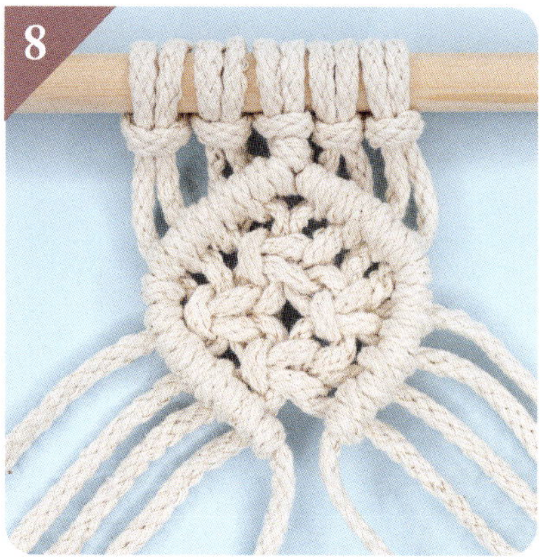

6. Knote mit den mittleren 4 Strängen einen Kreuzknoten.
7. Teile die Stränge in der Mitte auf, sodass sich auf jeder Seite 5 Stränge befinden. Lege den äußeren linken Strang der linken Stränge in einem 45-Grad-Winkel über die restlichen linken Stränge. Dieser dient als Führungsfaden. Um diesen wird geknüpft. Knote 4 Rippenknoten von links nach rechts.
8. Teile die Stränge in der Mitte auf, sodass sich auf jeder Seite 5 Stränge befinden. Lege den äußeren rechten Strang der rechten Stränge in einem 45-Grad-Winkel über die anderen rechten Stränge. Dieser dient als Führungsfaden. Um diesen wird geknüpft. Knote 4 Rippenknoten von rechts nach links.

Knüpfe Schritt 1–8 erneut, um das Muster zu wiederholen. Auf dem Vorschaubild wurde der Mustersatz 3-mal geknüpft. Wenn du das Muster abschließen möchtest, knote am Ende von Schritt 8 noch einen extra Rippenknoten.

Muster 24

Knospen

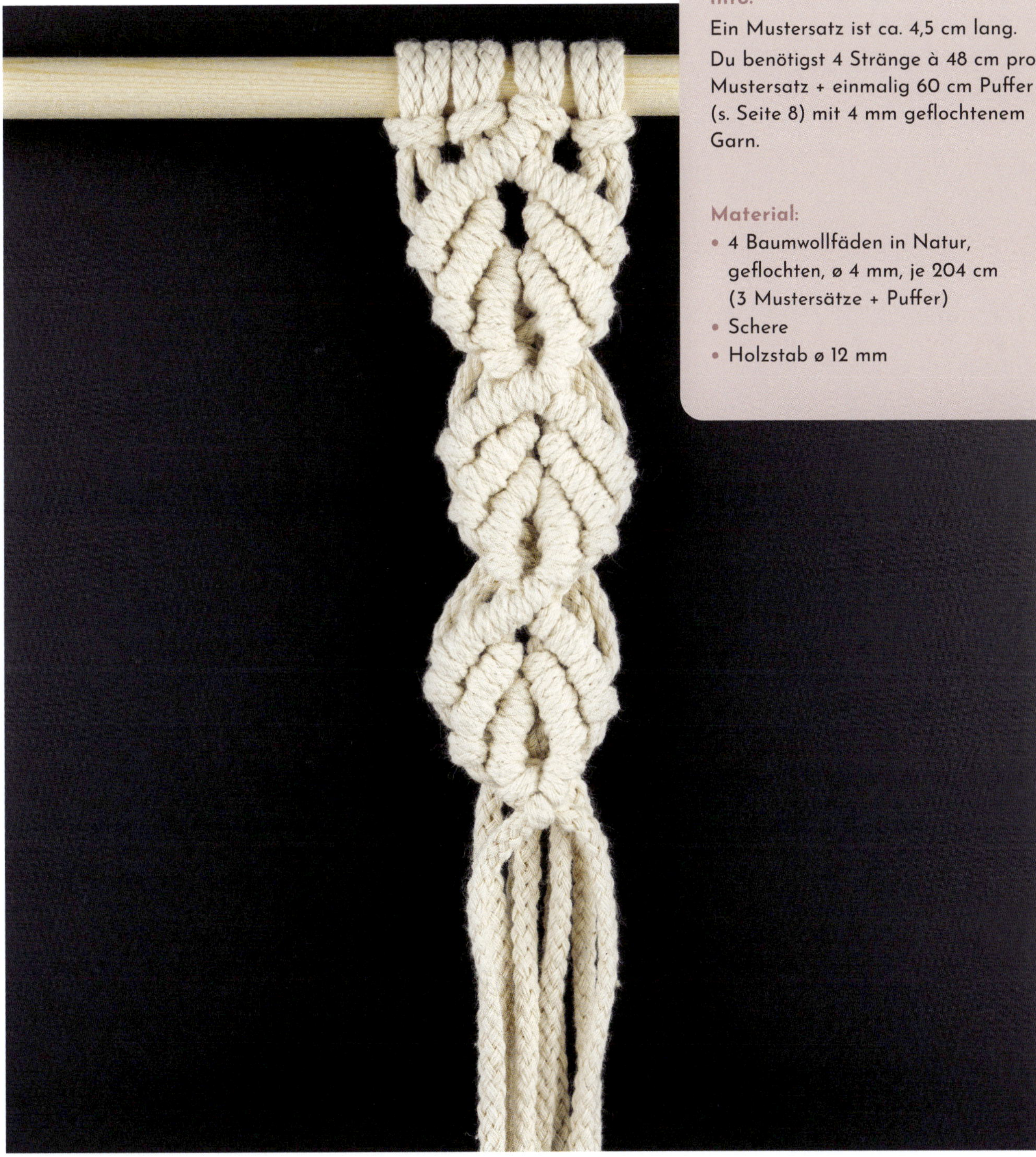

Info:

Ein Mustersatz ist ca. 4,5 cm lang.

Du benötigst 4 Stränge à 48 cm pro Mustersatz + einmalig 60 cm Puffer (s. Seite 8) mit 4 mm geflochtenem Garn.

Material:

- 4 Baumwollfäden in Natur, geflochten, ø 4 mm, je 204 cm (3 Mustersätze + Puffer)
- Schere
- Holzstab ø 12 mm

Anleitung:

Befestige die 4 Stränge mit dem Ankerknoten an deinem Holzstab.

1. Teile die Stränge so auf, dass sich auf der linken Seite 5 Stränge und auf der rechten 3 Stränge befinden. Lege den rechten Strang der linken Stränge in einem 45-Grad-Winkel über die linken Stränge. Dieser dient als Führungsfaden. Um diesen wird geknüpft.
2. Knote 4 Rippenknoten von rechts nach links.
3. Teile die Stränge in der Mitte auf, sodass sich auf jeder Seite 4 Stränge befinden. Lege den linken Strang der rechten Stränge in einem 45-Grad-Winkel über die rechten Stränge. Dieser dient als Führungsfaden. Um diesen wird geknüpft. Knote 3 Rippenknoten von links nach rechts.
4. Teile die Stränge in der Mitte auf, sodass sich auf jeder Seite 4 Stränge befinden. Lege den rechten Strang der linken Stränge in einem 45-Grad-Winkel über die linken Stränge. Dieser dient als Führungsfaden. Um diesen wird geknüpft. Knote 3 Rippenknoten von rechts nach links.
5. Wiederhole Schritt 4.
6. Wiederhole Schritt 3 2-mal.
7. Teile die Stränge in der Mitte auf und tausche die beiden innen liegenden Stränge miteinander. Dabei wird erst der linke Strang nach rechts gelegt. Und anschließend der rechte Strang über den bereits liegenden Strang nach links gelegt.
8. Fahre in diesem Schema fort, bis alle Fäden getauscht sind. Arbeite dich von innen nach außen durch. Dabei liegen die Fäden, die von rechts nach links gelegt werden, immer oben auf.
9. Ziehe die Fäden fest.

Knüpfe die Schritte 1–9 erneut, um das Muster zu wiederholen. Achtung: Der oben liegende Faden in Schritt 9 bleibt bei der Wiederholung von Schritt 1 der Führungsfaden. Wenn du das Muster abschließen möchtest, knüpfe nach Schritt 9 noch einen weiteren Rippenknoten. Auf dem Vorschaubild wurde der Mustersatz 3-mal geknüpft.

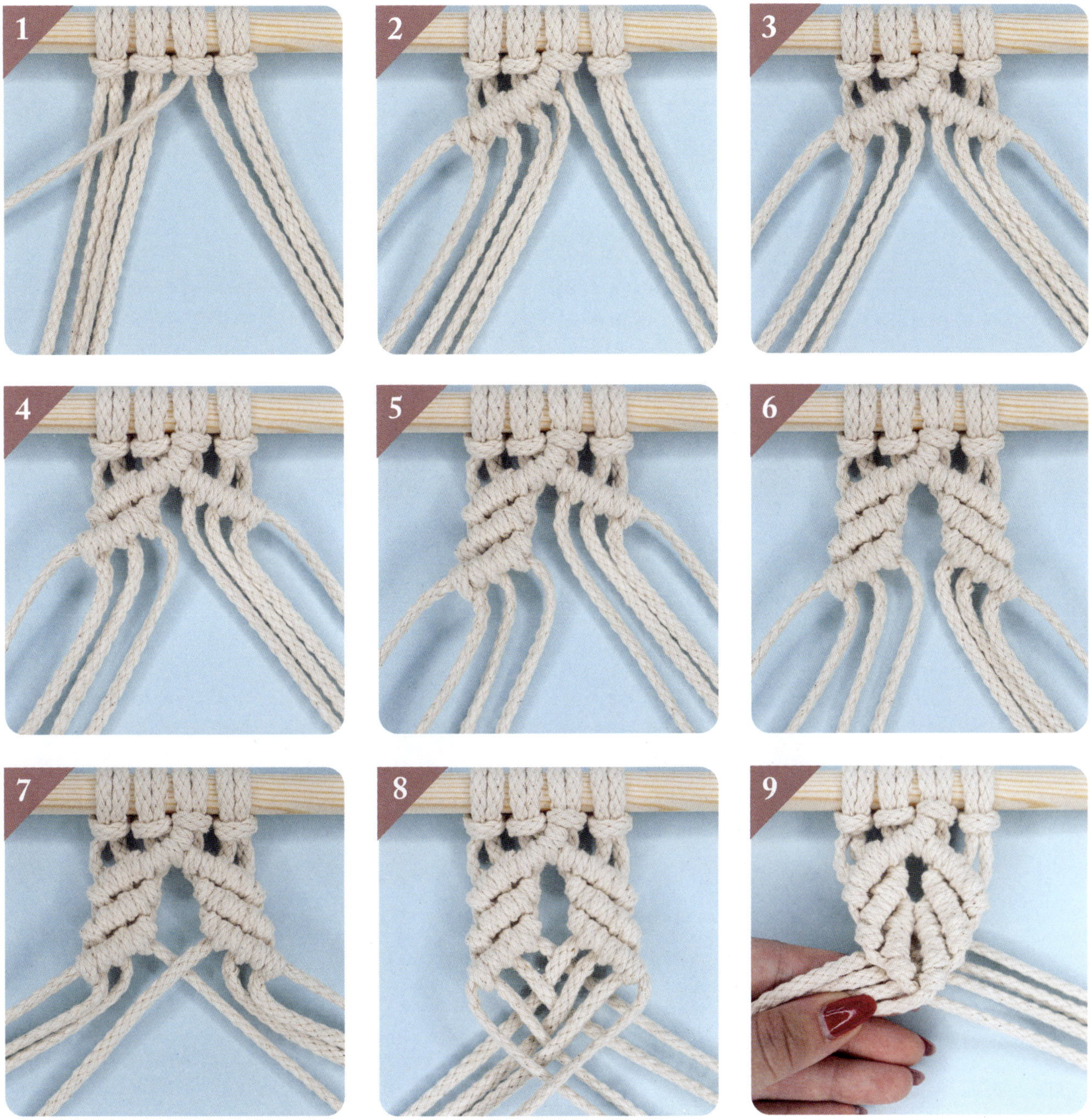
1
2
3
4
5
6
7
8
9

Muster 25

Dreieck

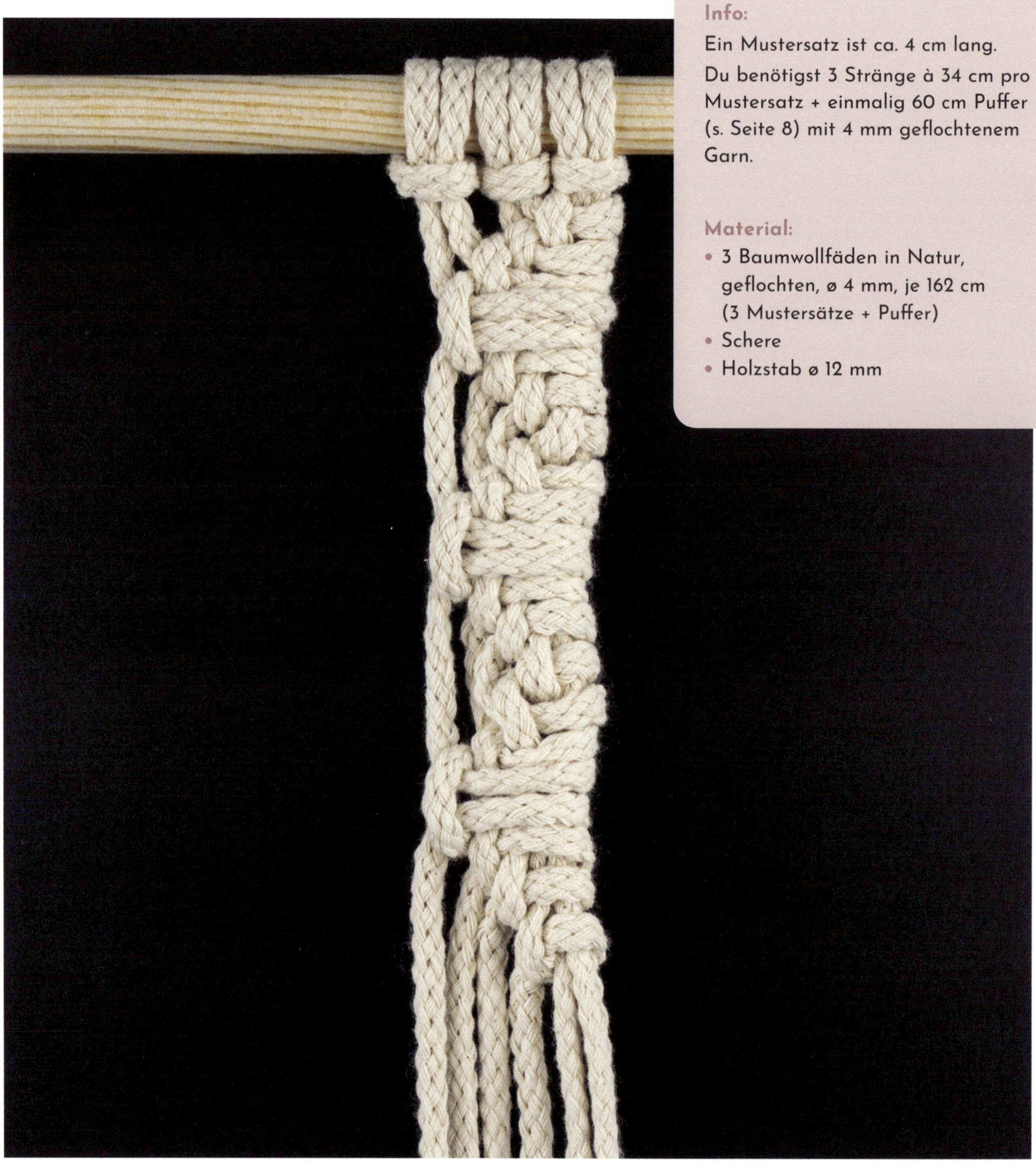

Info:

Ein Mustersatz ist ca. 4 cm lang.

Du benötigst 3 Stränge à 34 cm pro Mustersatz + einmalig 60 cm Puffer (s. Seite 8) mit 4 mm geflochtenem Garn.

Material:

- 3 Baumwollfäden in Natur, geflochten, ø 4 mm, je 162 cm (3 Mustersätze + Puffer)
- Schere
- Holzstab ø 12 mm

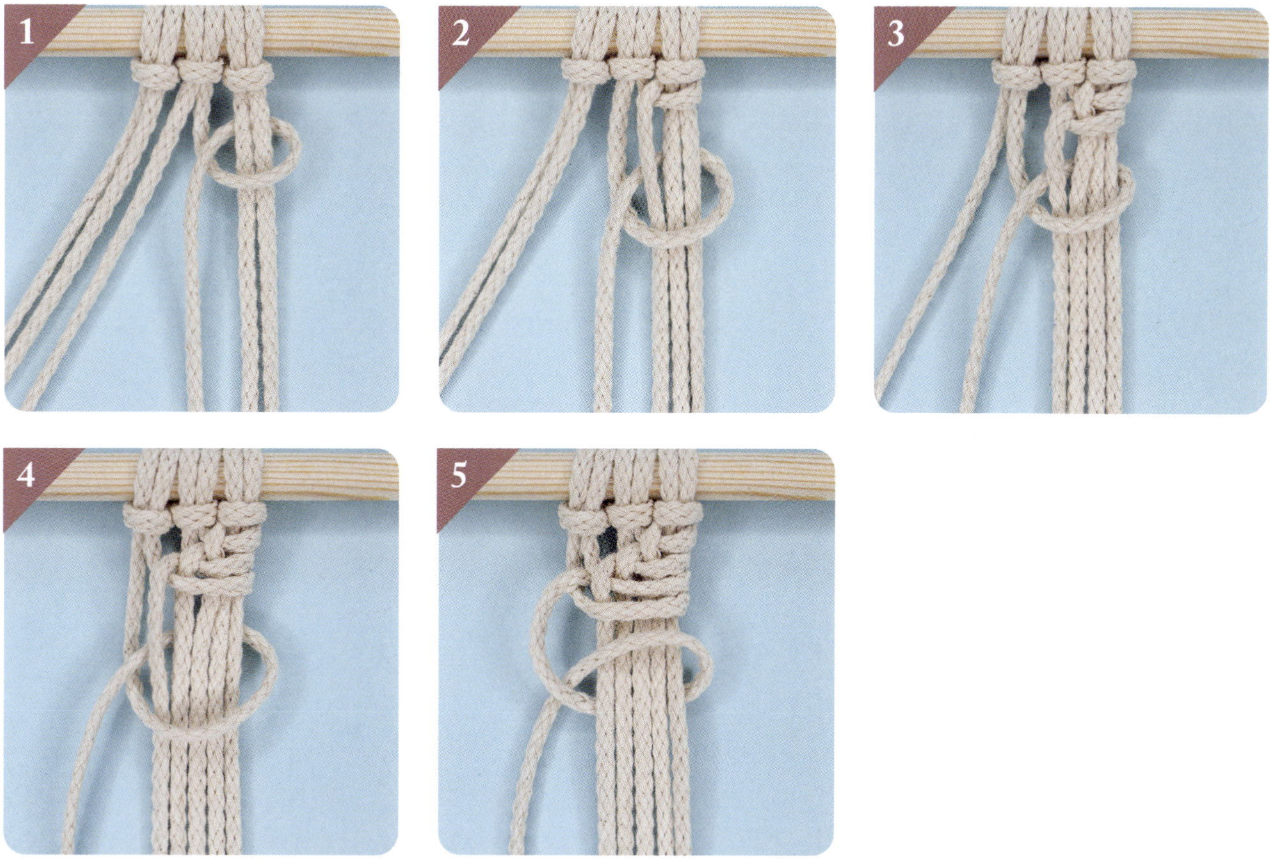

Anleitung:

Befestige die 3 Stränge mit dem Ankerknoten an deinem Holzstab.

1. Führe den 4. Strang von links über die 2 rechts danebenliegenden Stränge. Bilde mit diesem eine Schlaufe um die 2 Stränge und führe ihn über dem Arbeitsfaden wieder heraus.
2. Festziehen. Führe den 3. Strang von links über die 3 rechts danebenliegenden Stränge. Bilde mit diesem eine Schlaufe um die 3 Stränge und führe ihn über dem Arbeitsfaden wieder heraus.
3. Festziehen. Führe den 2. Strang von links über die 4 rechts danebenliegenden Stränge. Bilde mit diesem eine Schlaufe um die 4 Stränge und führe ihn über dem Arbeitsfaden wieder heraus.
4. Festziehen. Führe den 1. Strang von links über die 5 rechts danebenliegenden Stränge. Bilde mit diesem eine Schlaufe um die 5 Stränge und führe ihn über dem Arbeitsfaden wieder heraus.
5. Festziehen. Führe den 1. Strang von links unter die 5 rechts danebenliegenden Stränge. Bilde mit diesem eine Schlaufe um die 5 Stränge und führe ihn unter dem Arbeitsfaden wieder heraus.

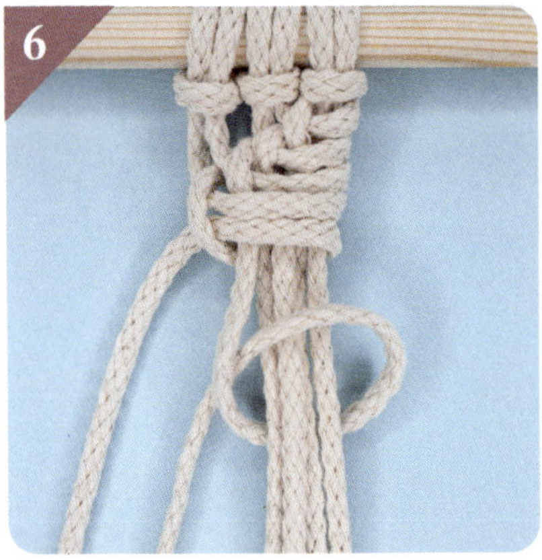

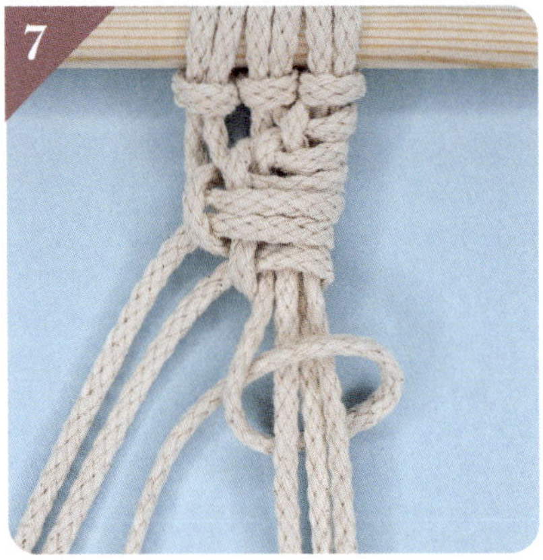

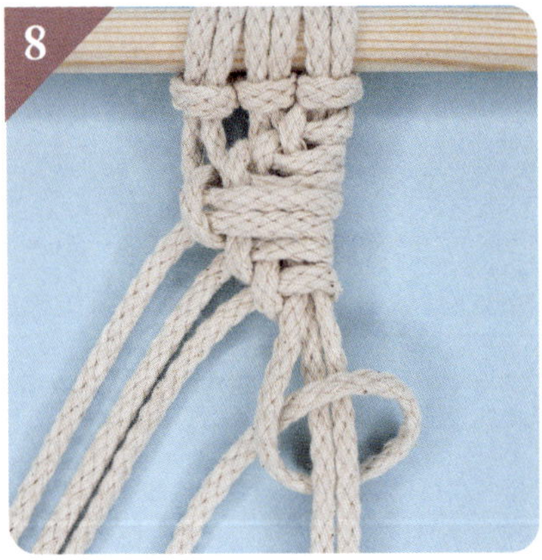

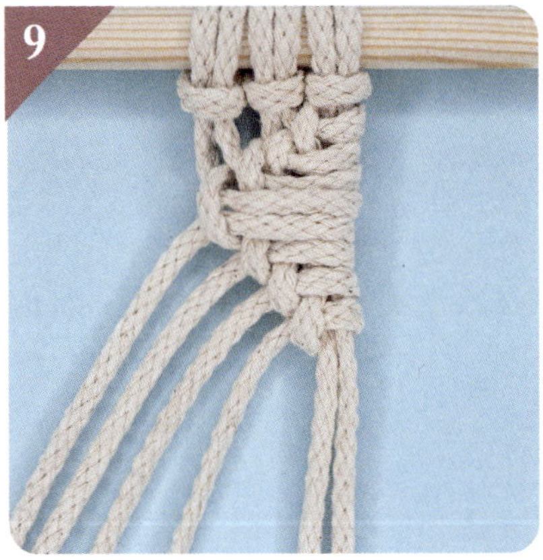

6. Festziehen. Führe den 2. Strang von links unter die 4 rechts danebenliegenden Stränge. Bilde mit diesem eine Schlaufe um die 4 Stränge und führe ihn unter dem Arbeitsfaden wieder heraus.
7. Festziehen. Führe den 3. Strang von links unter die 3 rechts danebenliegenden Stränge. Bilde mit diesem eine Schlaufe um die 3 Stränge und führe ihn unter dem Arbeitsfaden wieder heraus.
8. Festziehen. Führe den 4. Strang von links unter die 2 rechts danebenliegenden Stränge. Bilde mit diesem eine Schlaufe um die 2 Stränge und führe ihn unter dem Arbeitsfaden wieder heraus.
9. Festziehen.

Knüpfe die Schritte 2–9 erneut, um das Muster zu wiederholen. Auf dem Vorschaubild wurde der Mustersatz 3-mal geknüpft.

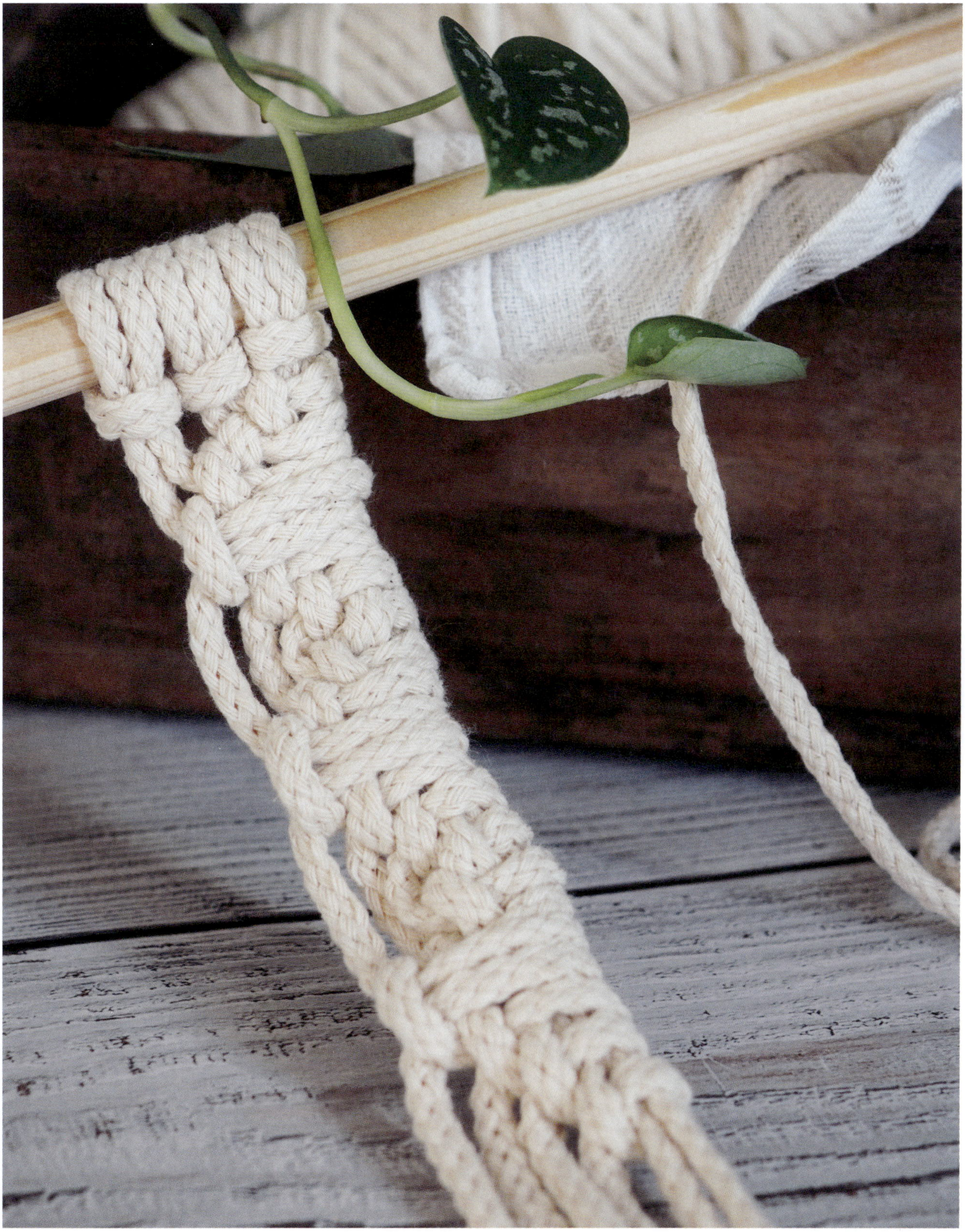

Muster 26

Leinen

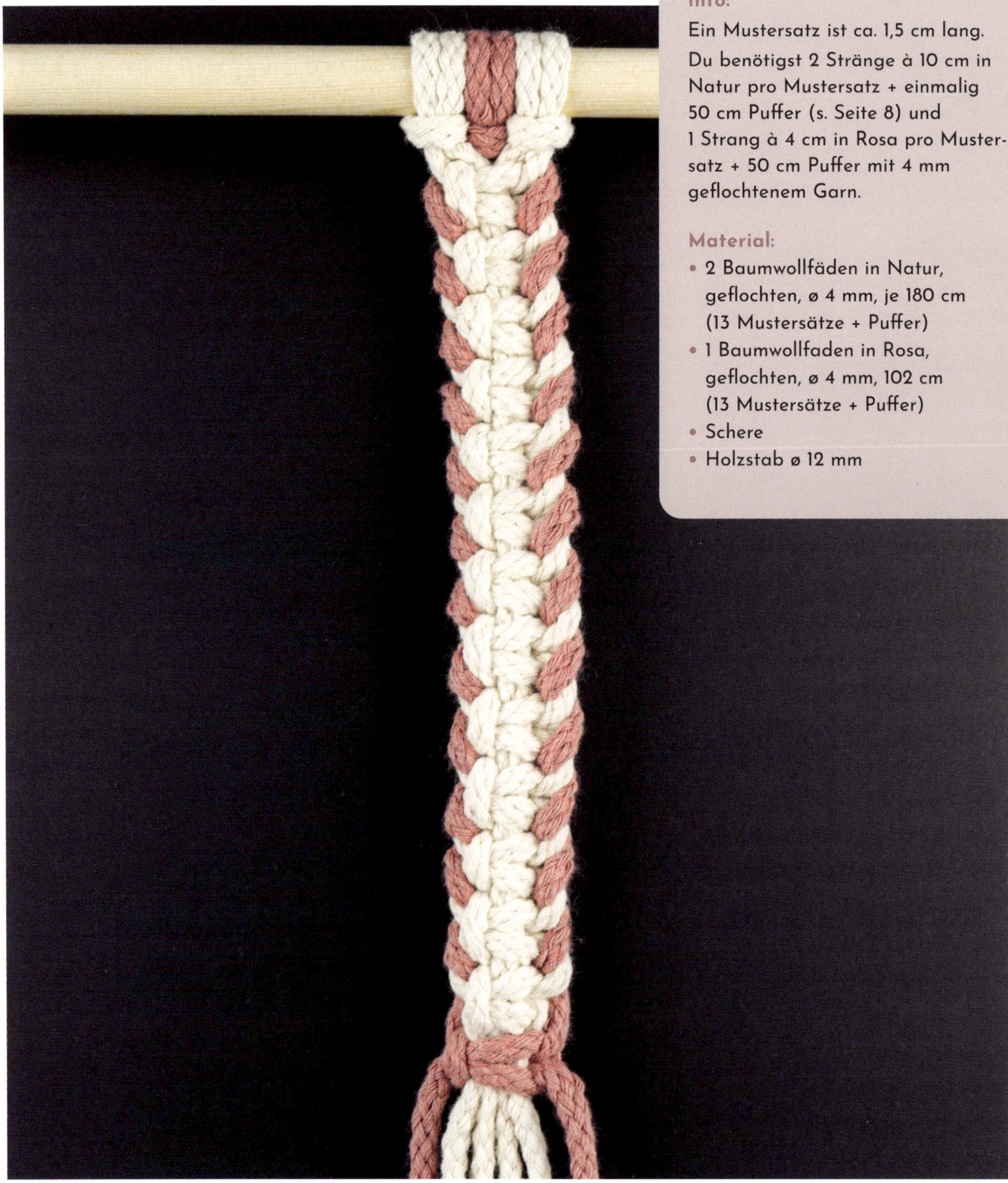

Info:

Ein Mustersatz ist ca. 1,5 cm lang.
Du benötigst 2 Stränge à 10 cm in Natur pro Mustersatz + einmalig 50 cm Puffer (s. Seite 8) und 1 Strang à 4 cm in Rosa pro Mustersatz + 50 cm Puffer mit 4 mm geflochtenem Garn.

Material:

- 2 Baumwollfäden in Natur, geflochten, ø 4 mm, je 180 cm (13 Mustersätze + Puffer)
- 1 Baumwollfaden in Rosa, geflochten, ø 4 mm, 102 cm (13 Mustersätze + Puffer)
- Schere
- Holzstab ø 12 mm

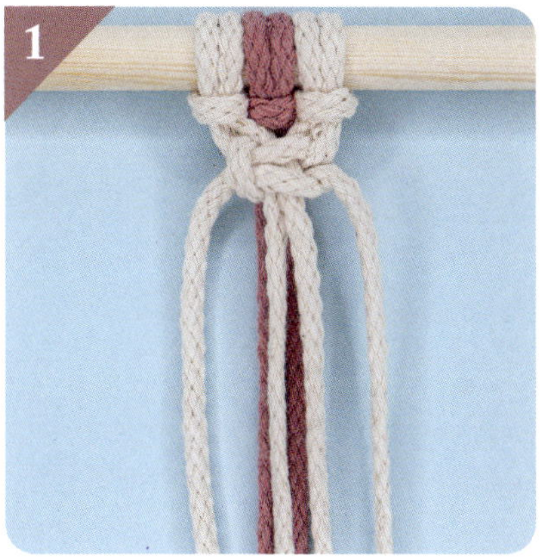

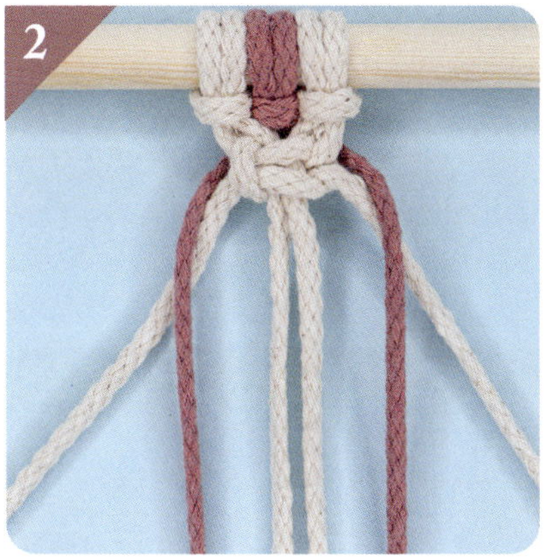

Anleitung:

Befestige die 3 Stränge mit dem Ankerknoten an deinem Holzstab. Dabei befindet sich das rosafarbene Garn in der Mitte.

1. Führe das naturfarbene Garn über das rosafarbene. Knote mit den naturfarbenen Strängen einen Kreuzknoten.
2. Führe das rosafarbene Garn links und rechts über die Arbeitsfäden der Kreuzknoten aus Schritt 1.

Knüpfe die Schritte 1–2 erneut, um das Muster zu wiederholen. Auf dem Vorschaubild wurde der Mustersatz 13-mal geknüpft. Wenn du das Muster abschließen möchtest, knote am Ende von Schritt 2 noch einen extra Kreuzknoten mit dem rosafarbenen Garn.

TIPP: Dieses Muster ist sehr robust. Daraus lässt sich beispielsweise eine Hundeleine knüpfen.

Muster 27

Doppelte Stufen

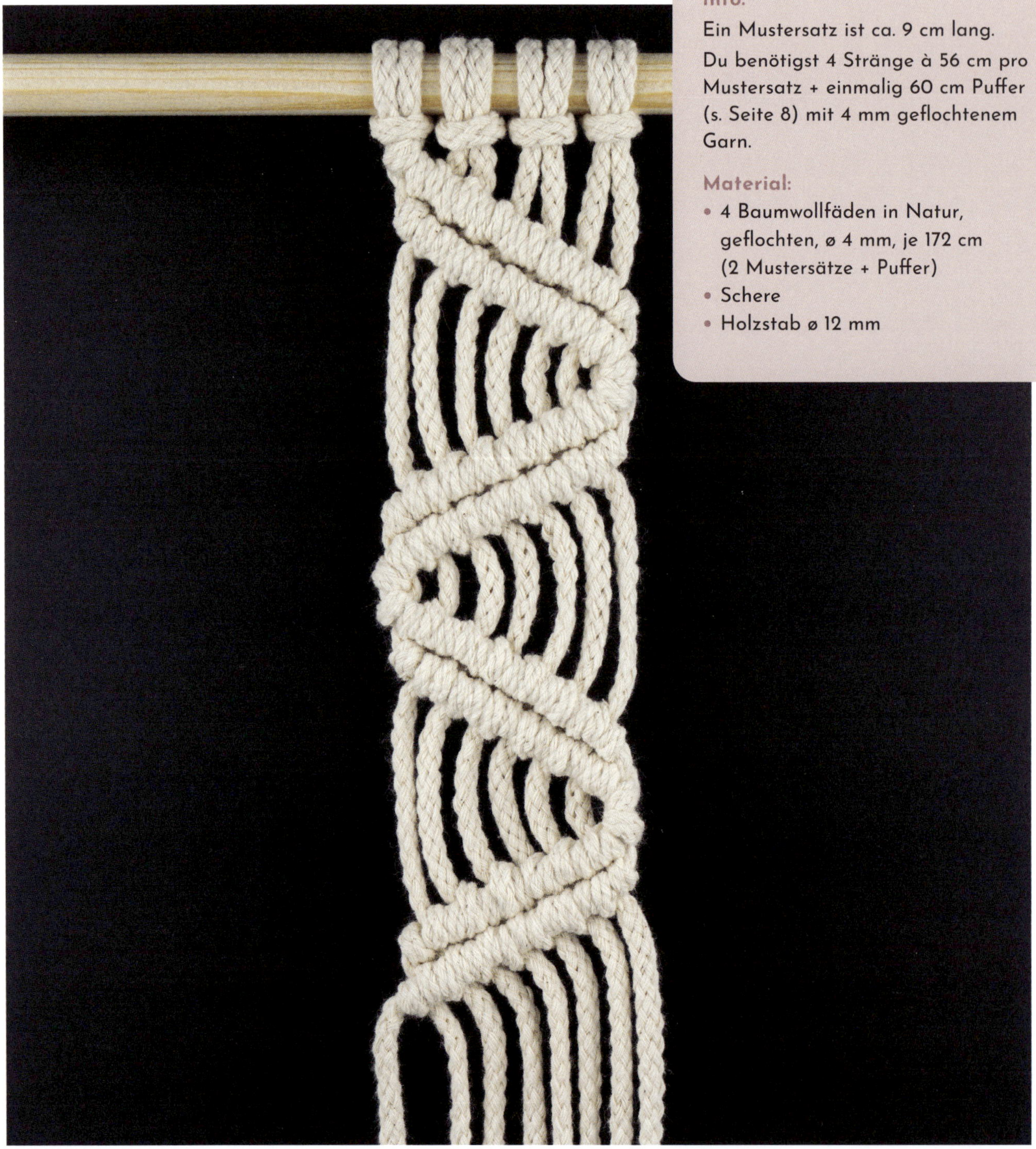

Info:

Ein Mustersatz ist ca. 9 cm lang.

Du benötigst 4 Stränge à 56 cm pro Mustersatz + einmalig 60 cm Puffer (s. Seite 8) mit 4 mm geflochtenem Garn.

Material:

- 4 Baumwollfäden in Natur, geflochten, ø 4 mm, je 172 cm (2 Mustersätze + Puffer)
- Schere
- Holzstab ø 12 mm

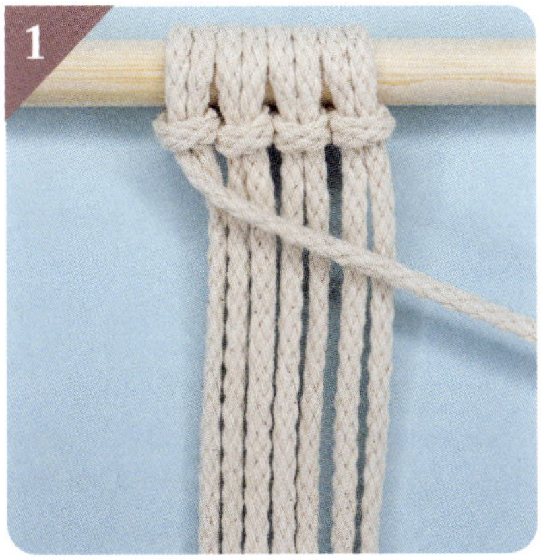

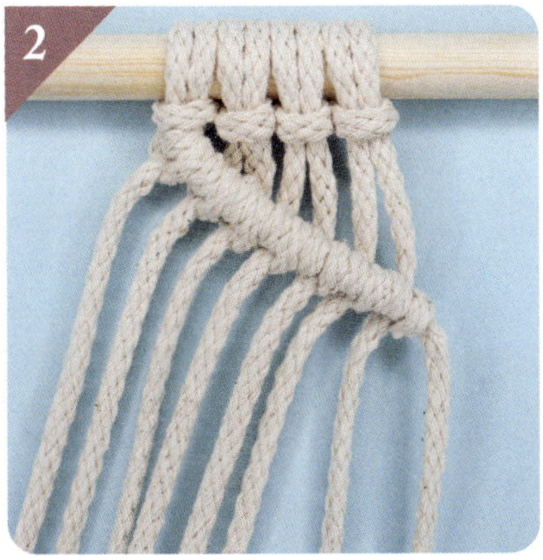

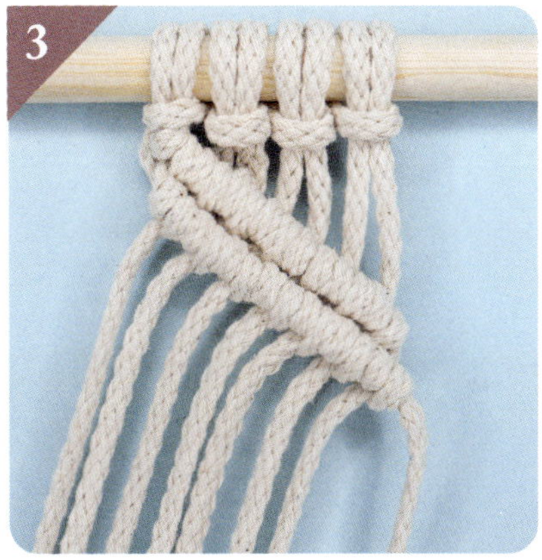

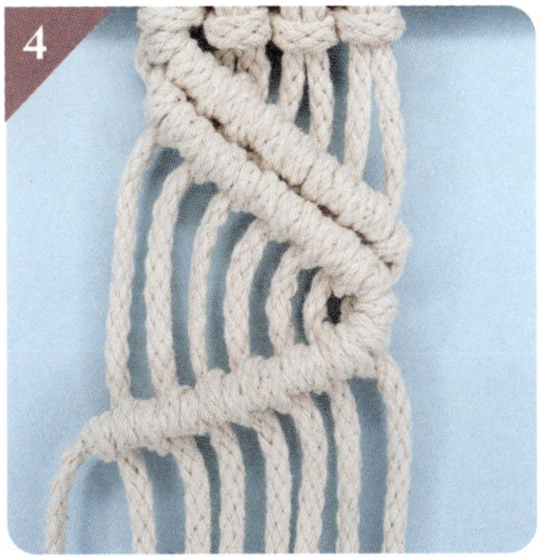

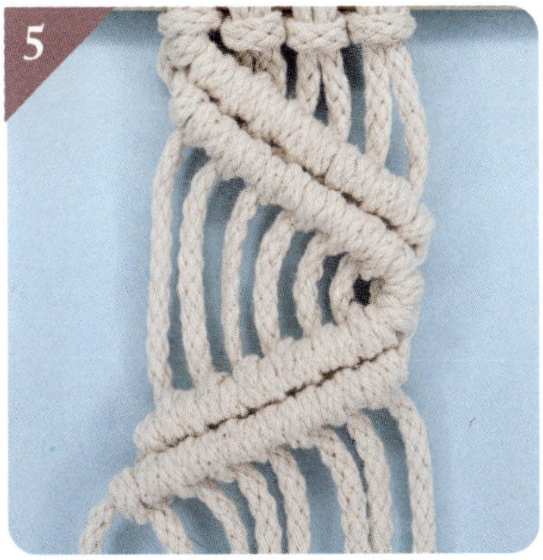

Anleitung:

Befestige die 4 Stränge mit dem Ankerknoten an deinem Holzstab.

1. Lege den linken Strang in einem 45-Grad-Winkel über die restlichen Stränge. Dieser dient als Führungsfaden. Um diesen wird geknüpft.
2. Knote 7 Rippenknoten von links nach rechts.
3. Wiederhole die Schritte 1 und 2.
4. Lege den rechten Strang in einem 45-Grad-Winkel über die restlichen Stränge. Dieser dient als Führungsfaden. Um diesen wird geknüpft. Knote 7 Rippenknoten von rechts nach links.
5. Wiederhole Schritt 4.

Knüpfe die Schritte 1–5 erneut, um das Muster zu wiederholen. Auf dem Vorschaubild wurde der Mustersatz 2-mal geknüpft.

Muster 28

Stufen

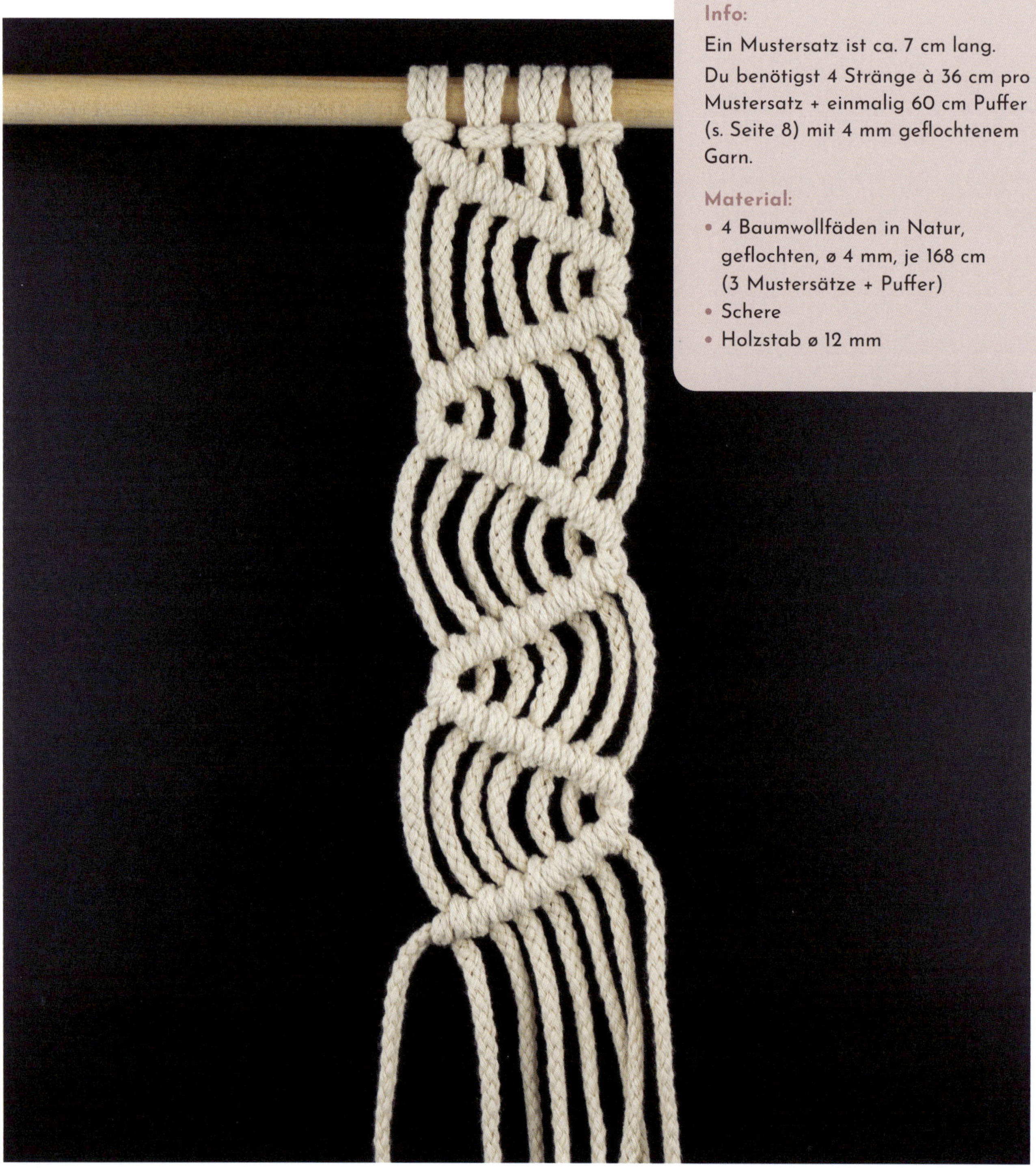

Info:

Ein Mustersatz ist ca. 7 cm lang.

Du benötigst 4 Stränge à 36 cm pro Mustersatz + einmalig 60 cm Puffer (s. Seite 8) mit 4 mm geflochtenem Garn.

Material:

- 4 Baumwollfäden in Natur, geflochten, ø 4 mm, je 168 cm (3 Mustersätze + Puffer)
- Schere
- Holzstab ø 12 mm

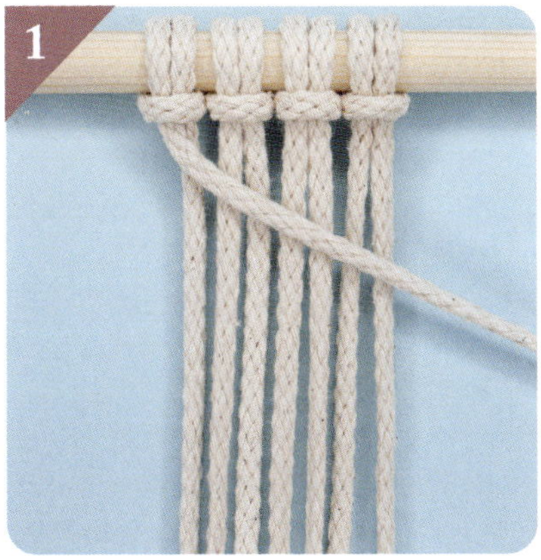

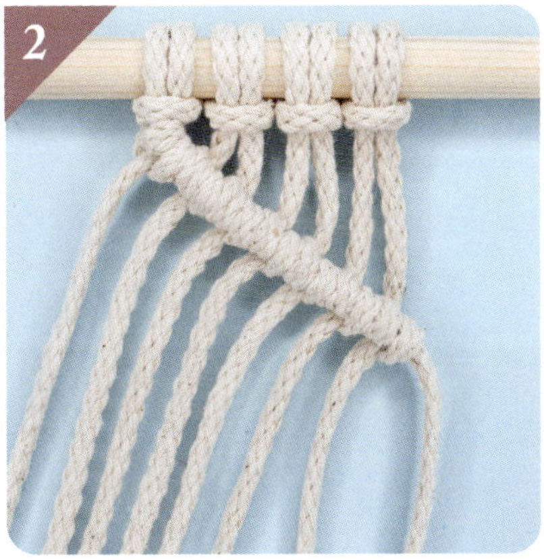

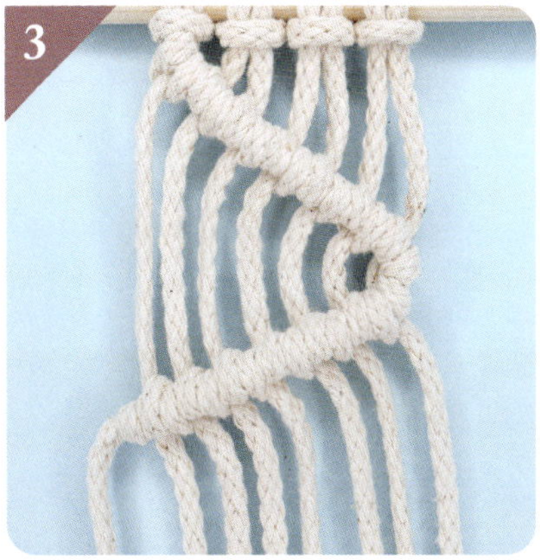

Anleitung:

Befestige die 4 Stränge mit dem Ankerknoten an deinem Holzstab.

1. Lege den linken Strang in einem 45-Grad-Winkel über die restlichen Stränge. Dieser dient als Führungsfaden. Um diesen wird geknüpft.
2. Knote 7 Rippenknoten von links nach rechts.
3. Lege den rechten Strang in einem 45-Grad-Winkel über die restlichen Stränge. Dieser dient als Führungsfaden. Um diesen wird geknüpft. Knote 7 Rippenknoten von rechts nach links.

Knüpfe die Schritte 1–3 erneut, um das Muster zu wiederholen. Auf dem Vorschaubild wurde der Mustersatz 3-mal geknüpft.

Muster 29

Amethyst

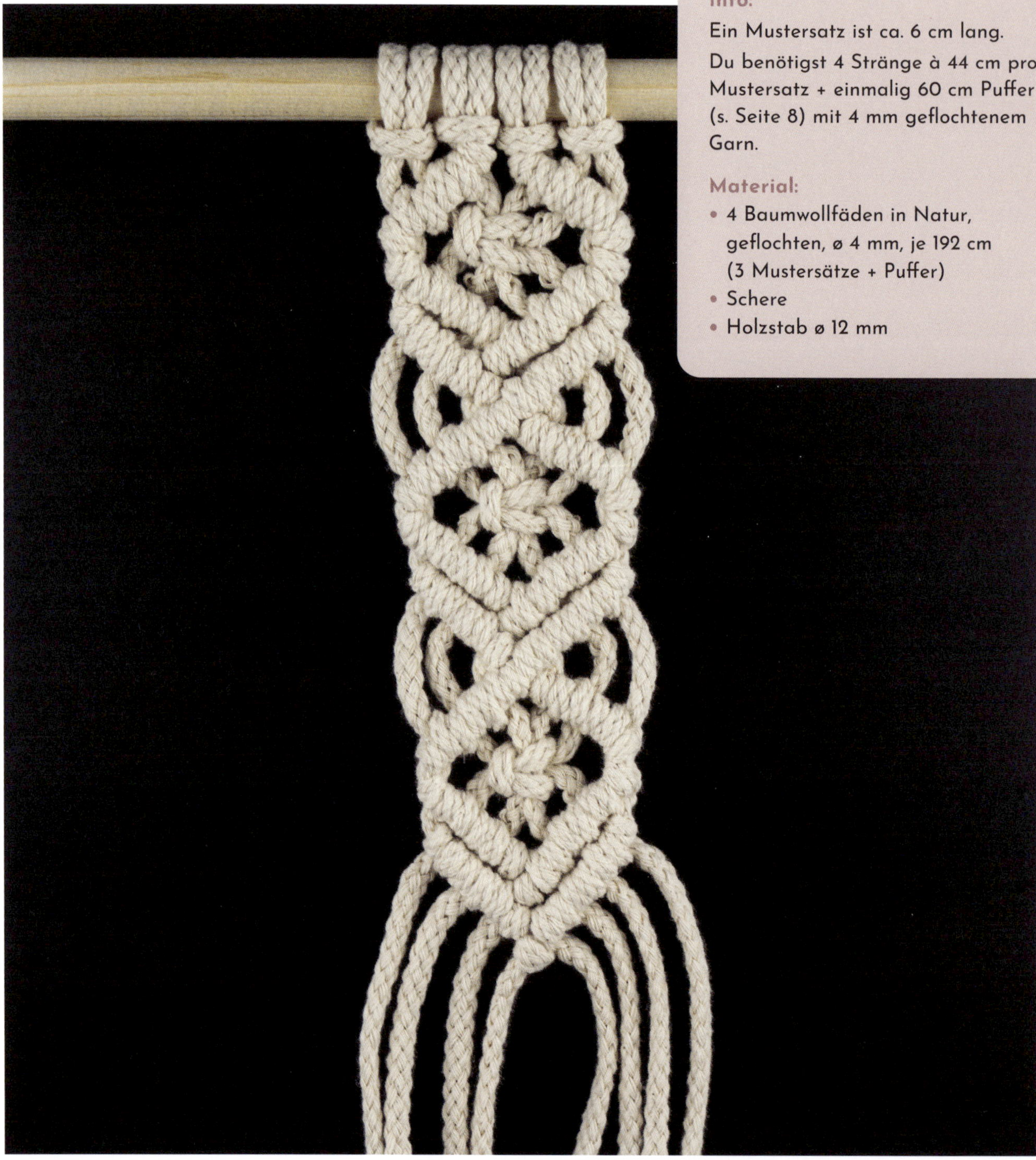

Info:

Ein Mustersatz ist ca. 6 cm lang.

Du benötigst 4 Stränge à 44 cm pro Mustersatz + einmalig 60 cm Puffer (s. Seite 8) mit 4 mm geflochtenem Garn.

Material:

- 4 Baumwollfäden in Natur, geflochten, ø 4 mm, je 192 cm (3 Mustersätze + Puffer)
- Schere
- Holzstab ø 12 mm

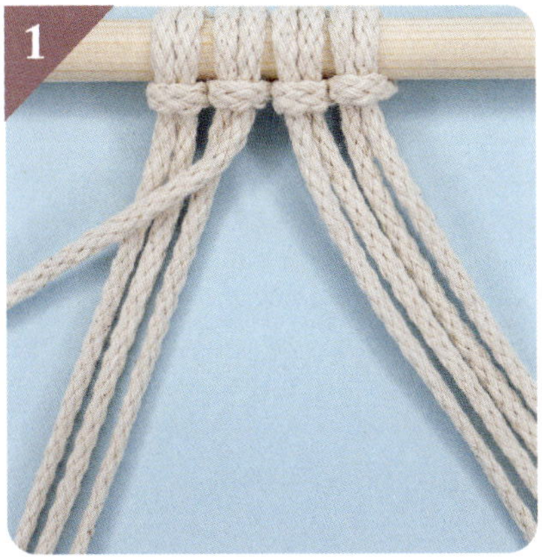

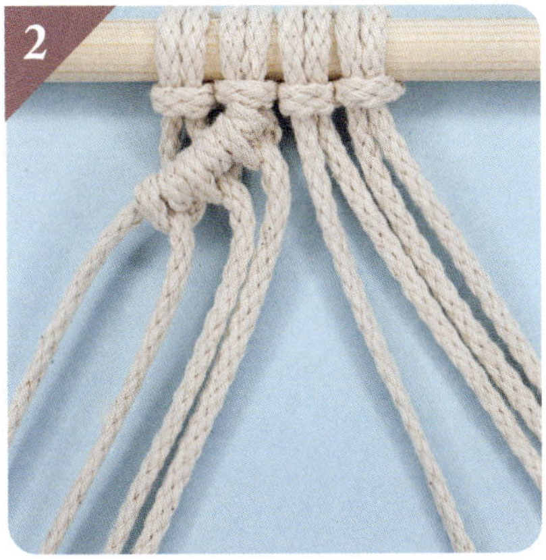

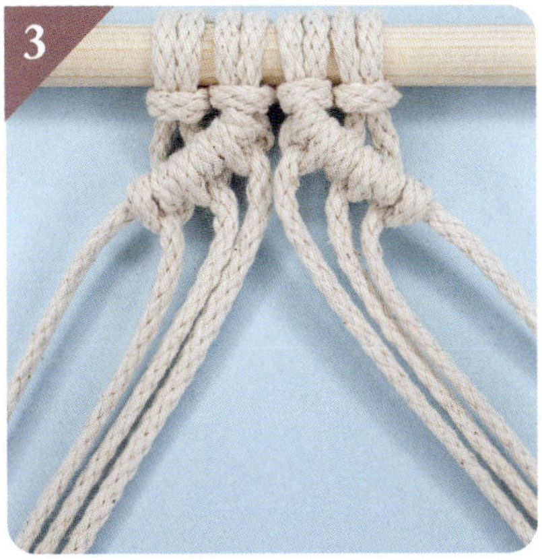

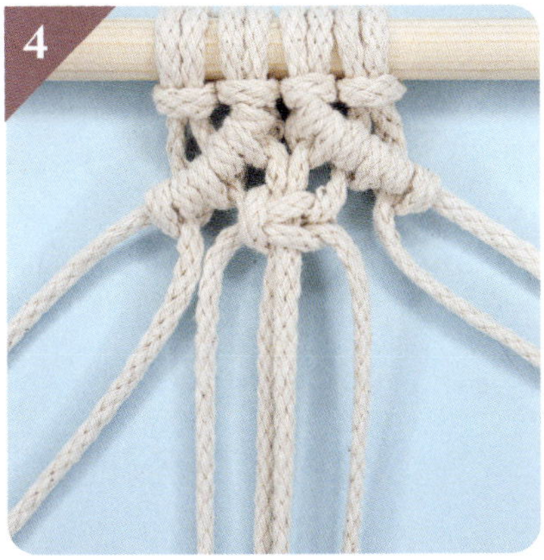

Anleitung:

Befestige die 4 Stränge mit dem Ankerknoten an deinem Holzstab.

1. Teile die Stränge in der Mitte auf, sodass sich auf jeder Seite 4 Stränge befinden. Lege den äußeren rechten Strang der linken Stränge in einem 45-Grad-Winkel über die anderen linken Stränge. Dieser dient als Führungsfaden. Um diesen wird geknüpft.
2. Knote 3 Rippenknoten von rechts nach links.
3. Teile die Stränge in der Mitte auf, sodass sich auf jeder Seite 4 Stränge befinden. Lege den äußeren linken Strang der rechten Stränge in einem 45-Grad-Winkel über die anderen rechten Stränge. Dieser dient als Führungsfaden. Um diesen wird geknüpft. Knote 3 Rippenknoten von links nach rechts.
4. Knote mit den mittleren 4 Strängen einen Kreuzknoten.

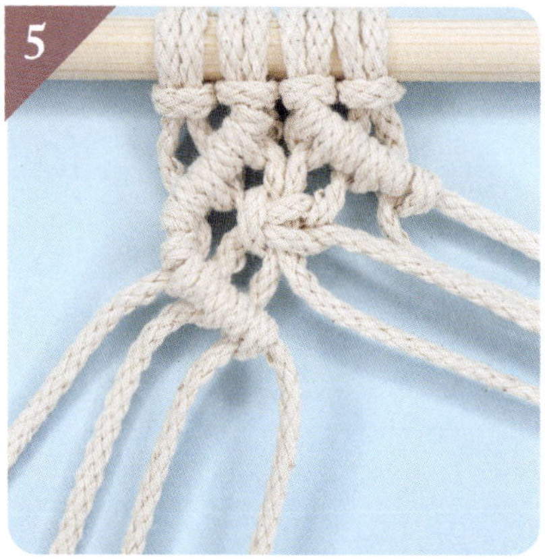

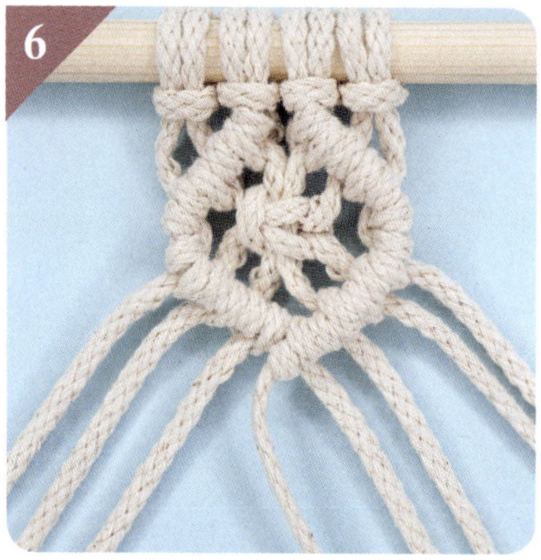

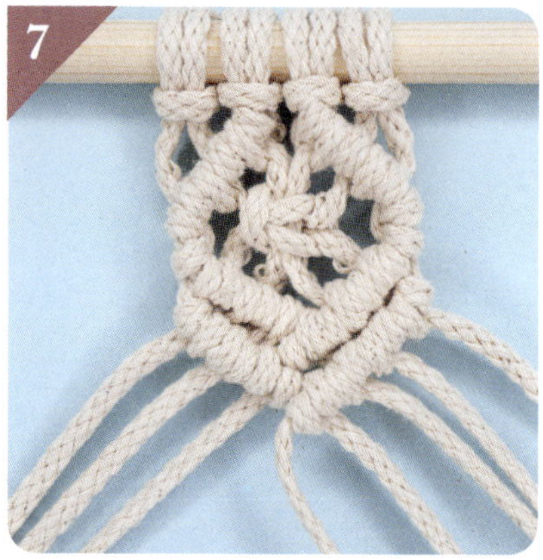

5. Teile die Stränge in der Mitte auf, sodass sich auf jeder Seite 4 Stränge befinden. Lege den äußeren linken Strang der linken Stränge in einem 45-Grad-Winkel über die anderen linken Stränge. Dieser dient als Führungsfaden. Um diesen wird geknüpft. Knote 3 Rippenknoten von links nach rechts.
6. Teile die Stränge so auf, dass sich auf der linken Seite 3 Stränge und auf der rechten 5 Stränge befinden. Lege den äußeren rechten Strang der rechten Stränge in einem 45-Grad-Winkel über die anderen rechten Stränge. Dieser dient als Führungsfaden. Um diesen wird geknüpft. Knote 4 Rippenknoten von rechts nach links.
7. Wiederhole die Schritte 5 und 6.

Knüpfe die Schritte 1–7 erneut, um das Muster zu wiederholen. Auf dem Vorschaubild wurde der Mustersatz 3-mal geknüpft.

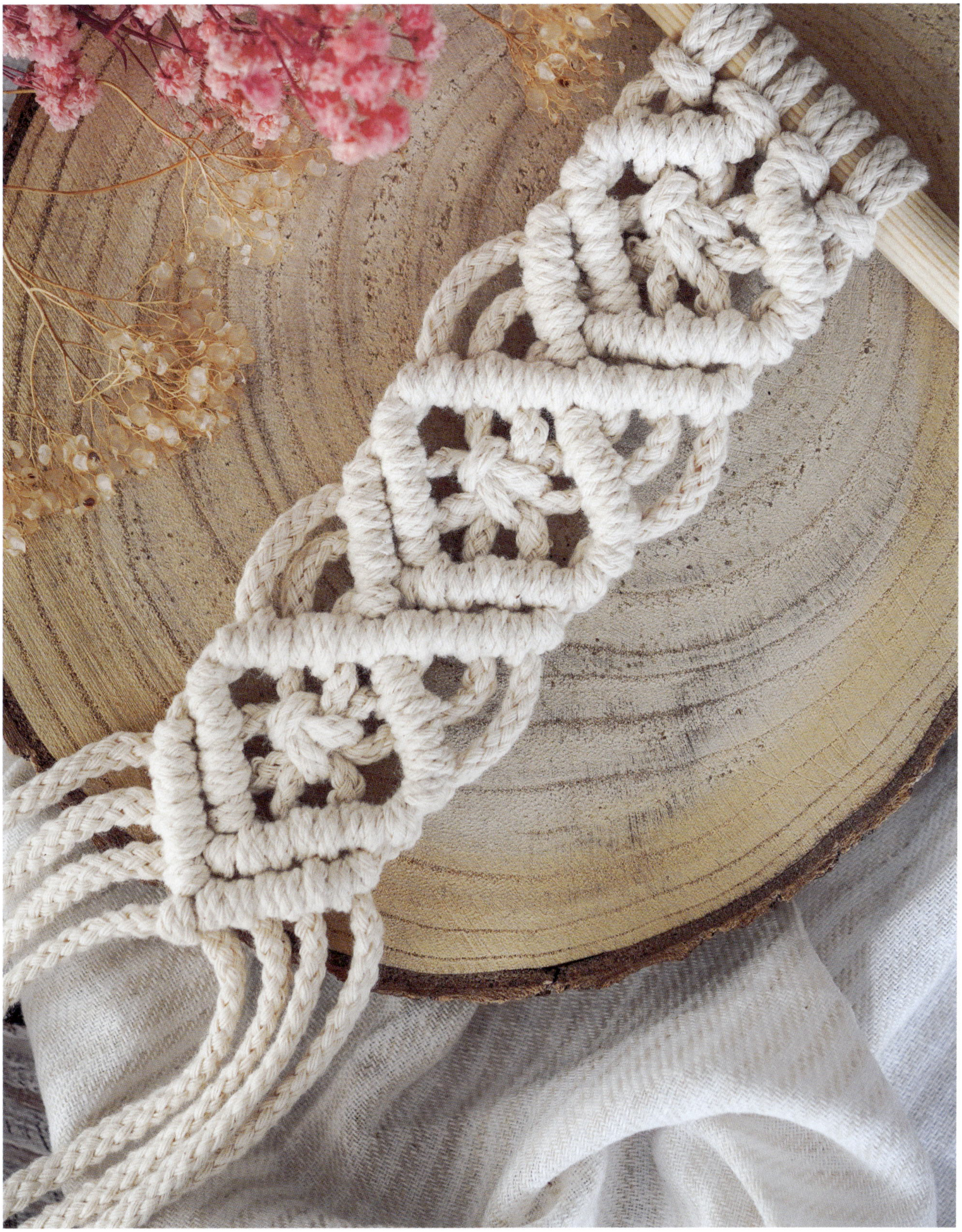

Muster 30

Pfau

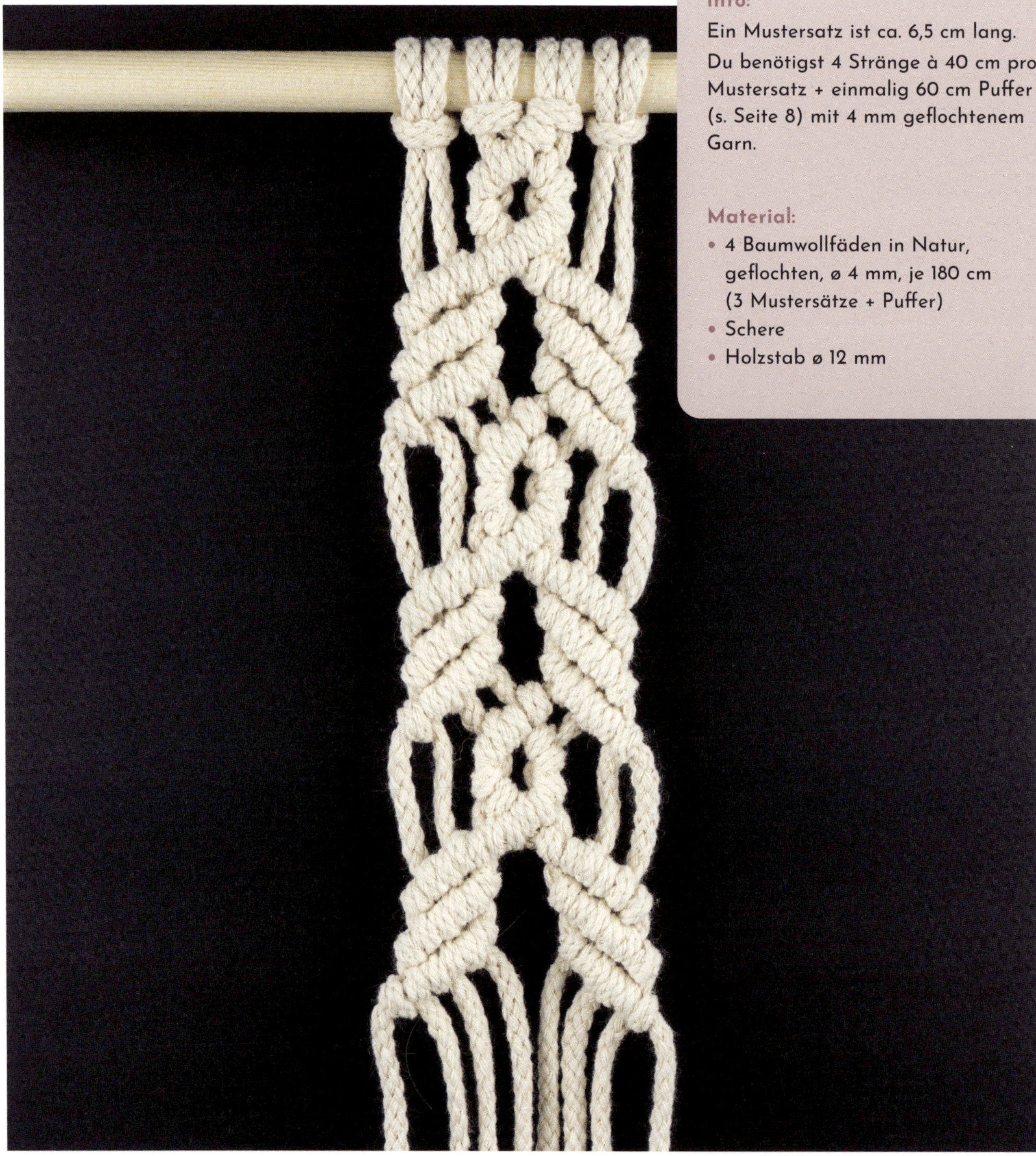

Info:

Ein Mustersatz ist ca. 6,5 cm lang.

Du benötigst 4 Stränge à 40 cm pro Mustersatz + einmalig 60 cm Puffer (s. Seite 8) mit 4 mm geflochtenem Garn.

Material:

- 4 Baumwollfäden in Natur, geflochten, ø 4 mm, je 180 cm (3 Mustersätze + Puffer)
- Schere
- Holzstab ø 12 mm

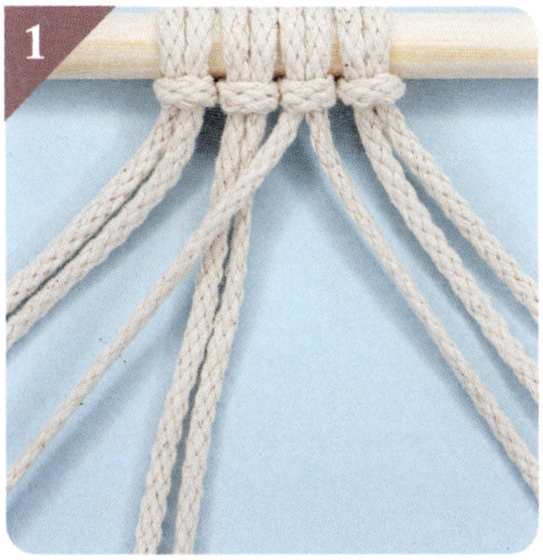

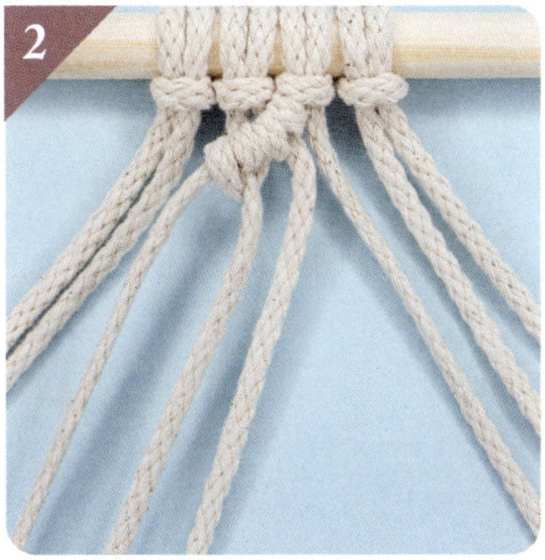

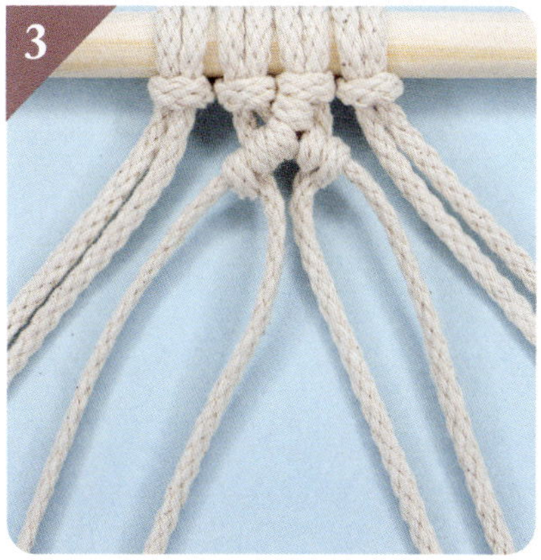

Anleitung:

Befestige die 4 Stränge mit dem Ankerknoten an deinem Holzstab.

1. Teile die Stränge so auf, dass sich auf der linken Seite 5 Stränge und auf der rechten 3 Stränge befinden. Lege den äußeren rechten Strang der linken Stränge in einem 45-Grad-Winkel über die zwei danebenliegenden linken Stränge. Dieser dient als Führungsfaden. Um diesen wird geknüpft.
2. Knote 2 Rippenknoten von rechts nach links.
3. Teile die Stränge in der Mitte auf, sodass sich auf jeder Seite 4 Stränge befinden. Lege den äußeren linken Strang der rechten Stränge in einem 45-Grad-Winkel über den nächsten rechten Strang. Dieser dient als Führungsfaden. Um diesen wird geknüpft. Knote 1 Rippenknoten von links nach rechts.

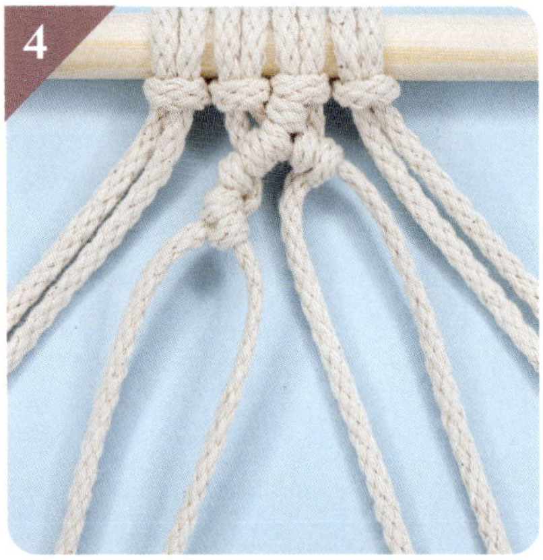
4

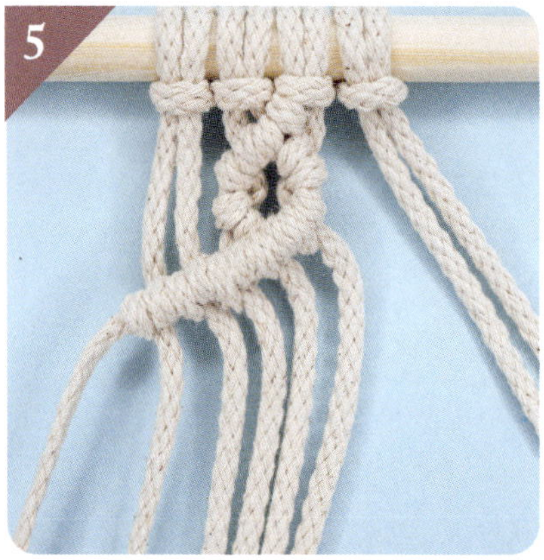
5

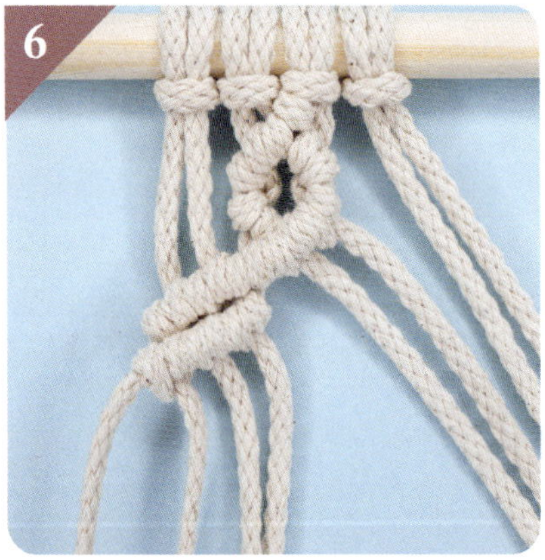
6

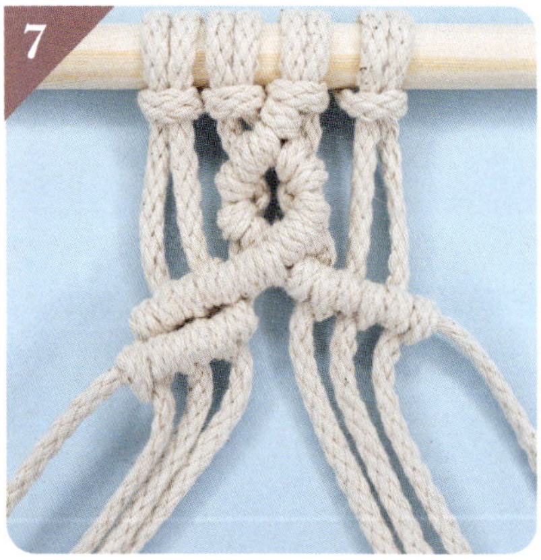
7

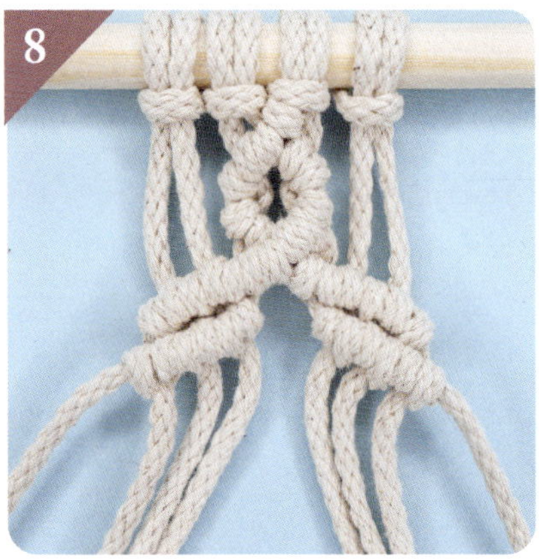
8

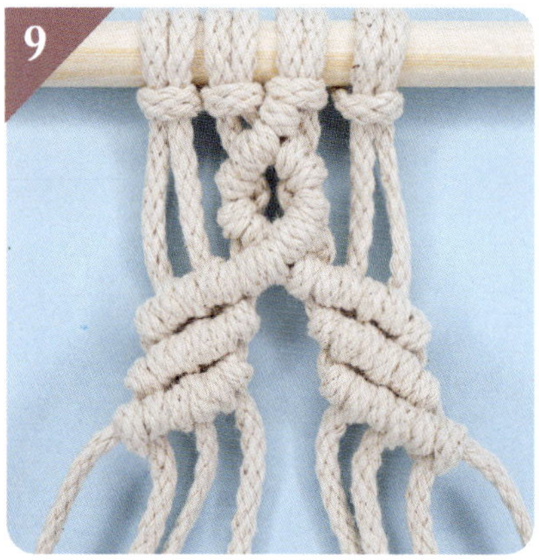
9

4. Lege die beiden links und rechts außen liegenden Stränge zur Seite, sodass sich noch 4 Stränge in der Mitte befinden. Teile die 4 Stränge in der Mitte auf, sodass sich auf jeder Seite 2 Stränge befinden. Lege den äußeren linken Strang der linken Stränge in einem 45-Grad-Winkel über den nächsten Strang. Dieser fungiert als Führungsfaden. Um diesen wird geknüpft. Knote 1 Rippenknoten von links nach rechts.
5. Nimm die beiden links außen liegenden Stränge wieder dazu. Die beiden rechten Stränge werden weiterhin nicht berücksichtigt. Lege den äußeren rechten Strang in einem 45-Grad-Winkel über die restlichen Stränge. Dieser dient als Führungsfaden. Um diesen wird geknüpft. Knote 5 Rippenknoten von rechts nach links.
6. Nimm die beiden rechts liegenden Stränge wieder dazu. Teile die Stränge in der Mitte auf, sodass sich auf jeder Seite 4 Stränge befinden. Lege den äußeren rechten Strang der linken Stränge in einem 45-Grad-Winkel über die anderen linken Stränge. Dieser dient als Führungsfaden. Um diesen wird geknüpft. Knote 3 Rippenknoten von rechts nach links.
7. Teile die Stränge in der Mitte auf, sodass sich auf jeder Seite 4 Stränge befinden. Lege den äußeren linken Strang der rechten Stränge in einem 45-Grad-Winkel über die rechten Stränge. Dieser dient als Führungsfaden. Um diesen wird geknüpft. Knote 3 Rippenknoten von links nach rechts.
8. Wiederhole Schritt 7 einmal.
9. Wiederhole die Schritte 6 und 7 einmal.

Knüpfe die Schritte 1–9 erneut, um das Muster zu wiederholen. Baue vor dem neuen Mustersatz einen kleinen Abstand mit ein. Auf dem Vorschaubild wurde der Mustersatz 3-mal geknüpft.

Muster 31

Tanne

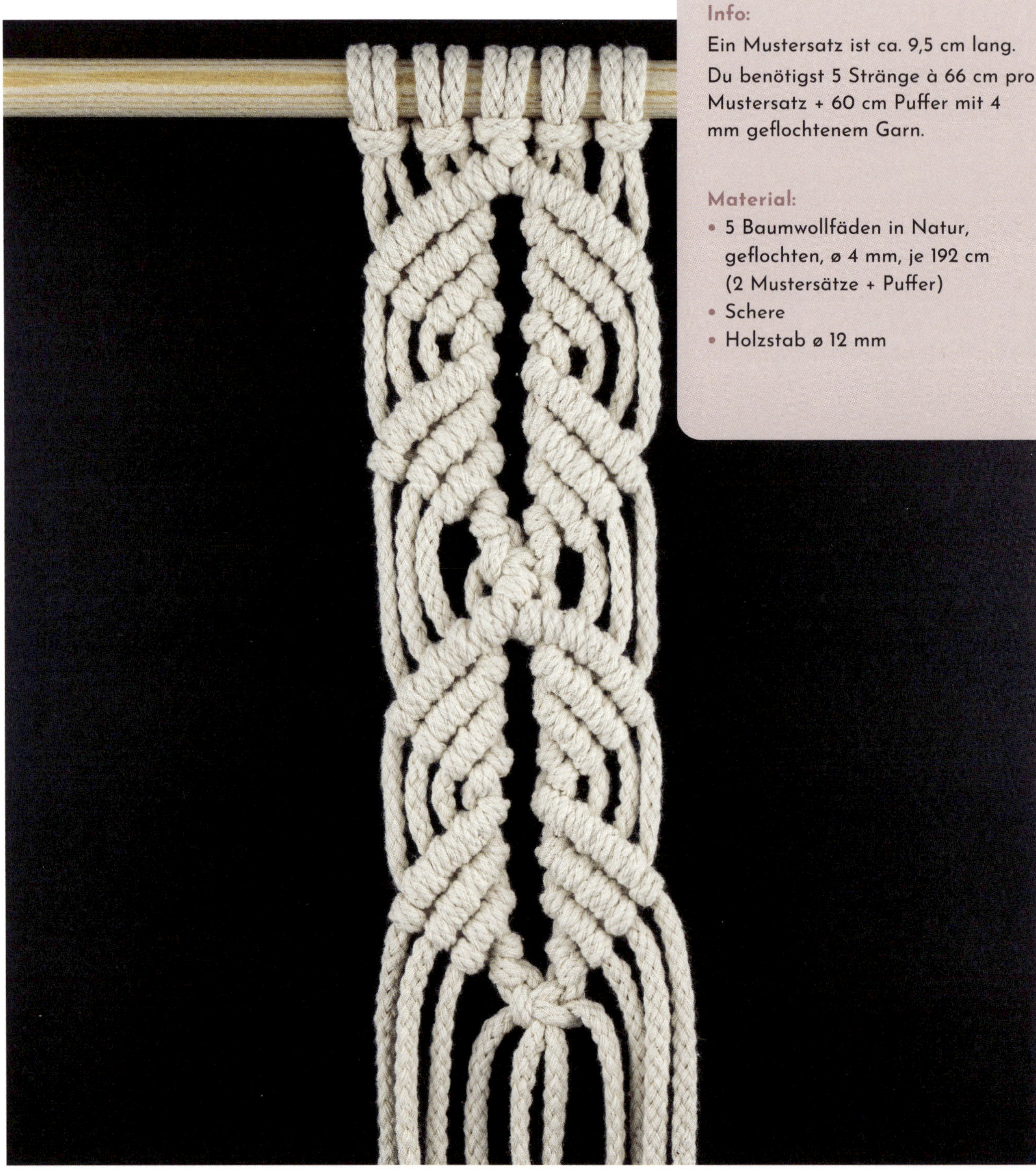

Info:

Ein Mustersatz ist ca. 9,5 cm lang.

Du benötigst 5 Stränge à 66 cm pro Mustersatz + 60 cm Puffer mit 4 mm geflochtenem Garn.

Material:

- 5 Baumwollfäden in Natur, geflochten, ø 4 mm, je 192 cm (2 Mustersätze + Puffer)
- Schere
- Holzstab ø 12 mm

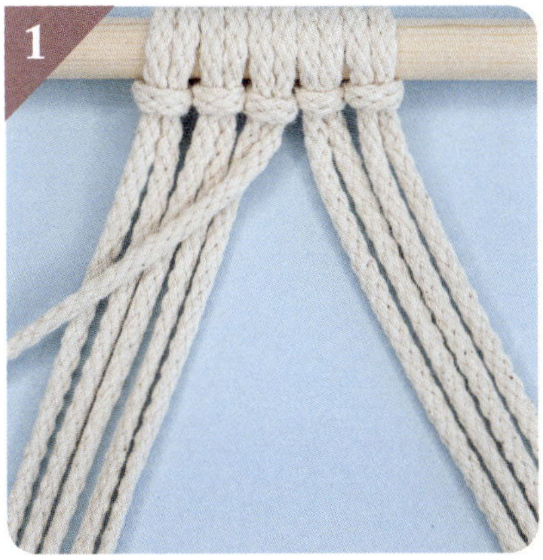

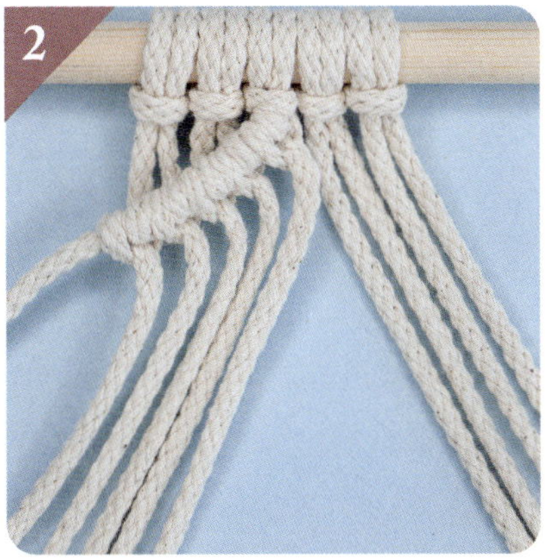

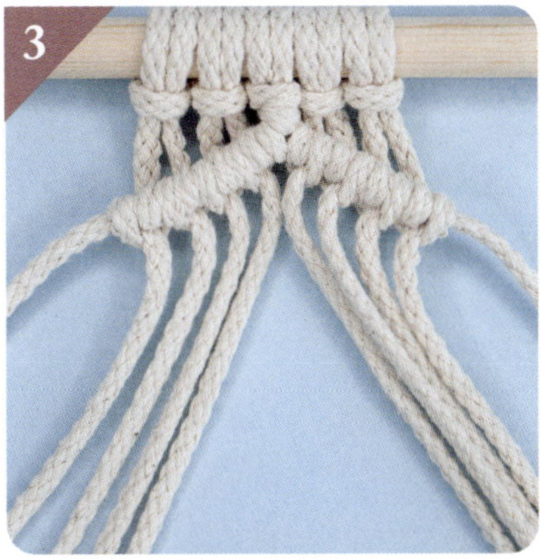

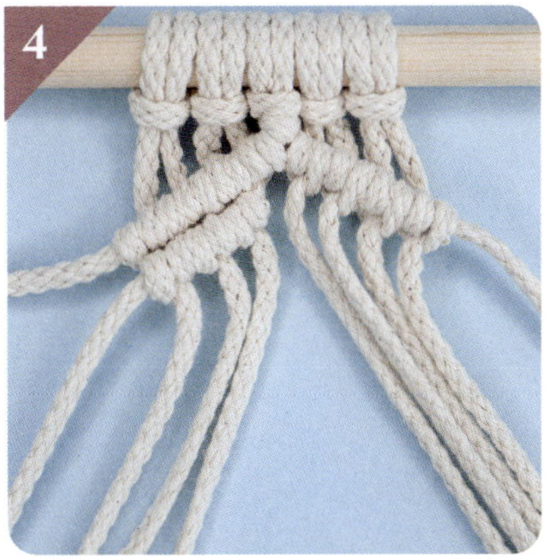

Anleitung:

Befestige die 5 Stränge mit dem Ankerknoten an deinem Holzstab.

1. Teile die Stränge in der Mitte auf, sodass sich auf der linken Seite 6 und auf der rechten Seite 4 Stränge befinden. Lege den äußeren rechten Strang der linken Stränge in einem 45-Grad-Winkel über die linken Stränge. Dieser dient als Führungsfaden. Um diesen wird geknüpft.
2. Knote 5 Rippenknoten von rechts nach links.
3. Teile die Stränge in der Mitte auf, sodass sich auf jeder Seite 5 Stränge befinden. Lege den äußeren linken Strang der rechten Stränge in einem 45-Grad-Winkel über die rechten Stränge. Dieser dient als Führungsfaden. Um diesen wird geknüpft. Knote 4 Rippenknoten von links nach rechts.
4. Teile die Stränge in der Mitte auf, sodass sich auf jeder Seite 5 Stränge befinden. Lege den äußeren rechten Strang der linken Stränge in einem 45-Grad-Winkel über die linken Stränge. Dieser dient als Führungsfaden. Um diesen wird geknüpft. Knote 3 Rippenknoten von rechts nach links.

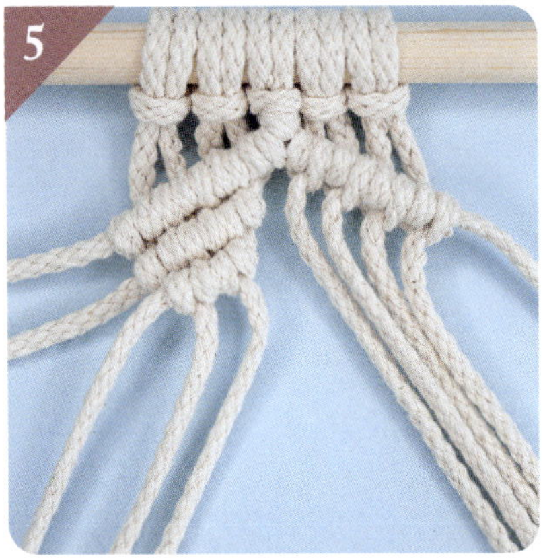
5

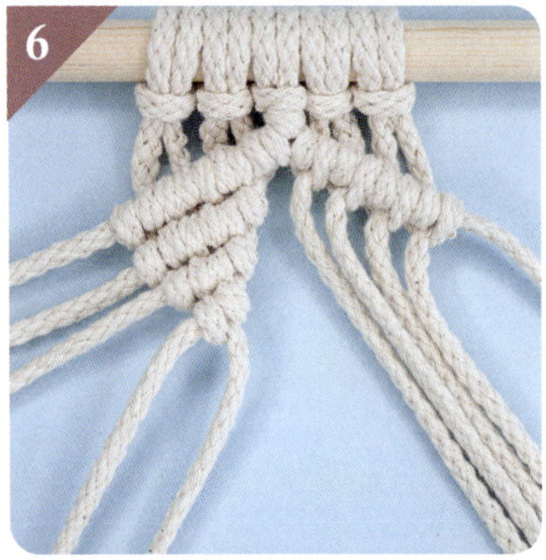
6

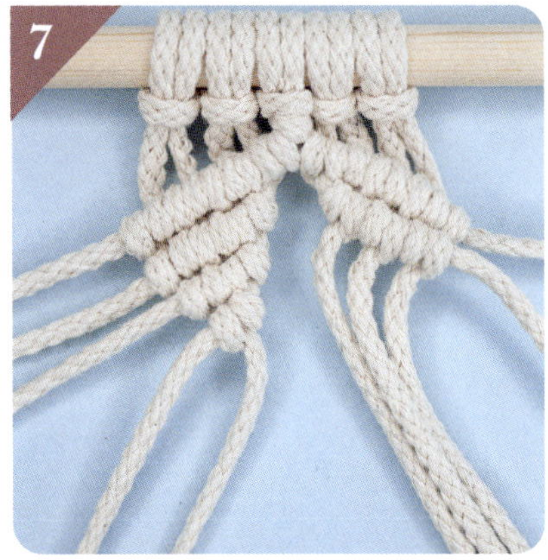
7

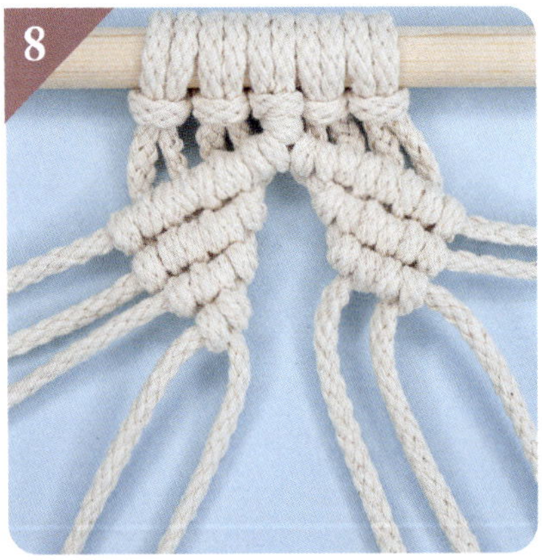
8

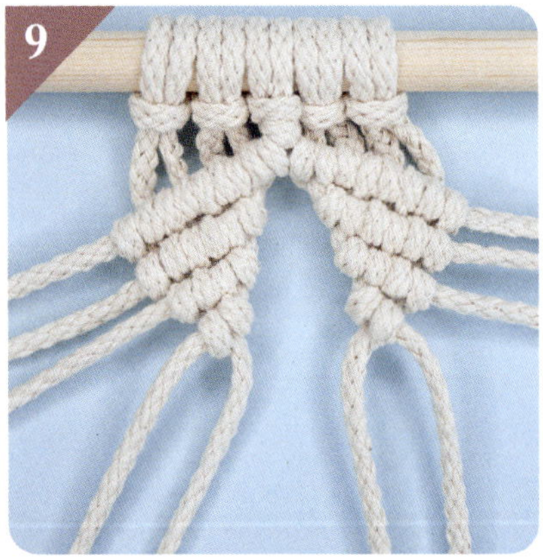
9

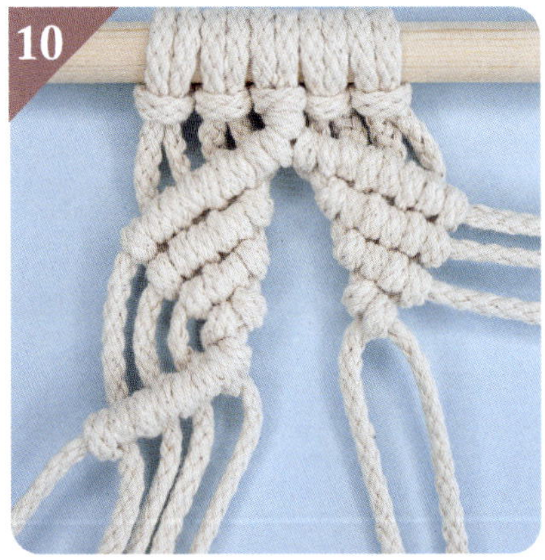
10

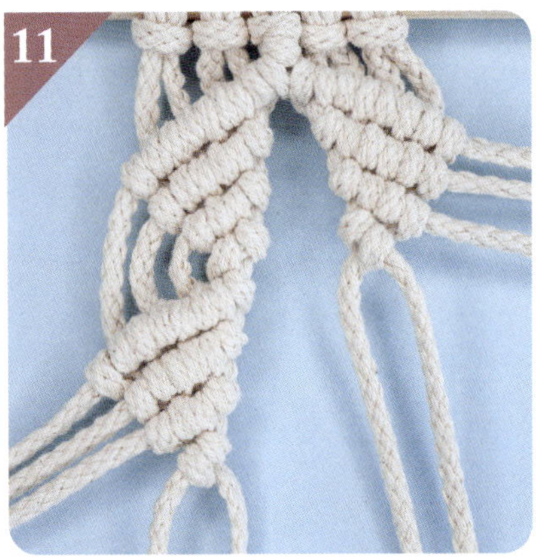
11

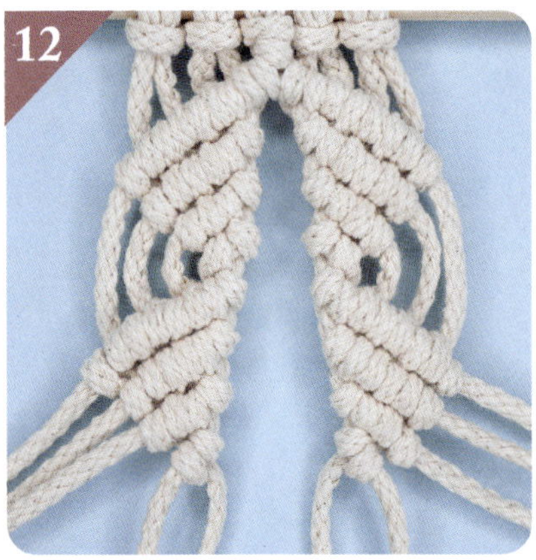
12

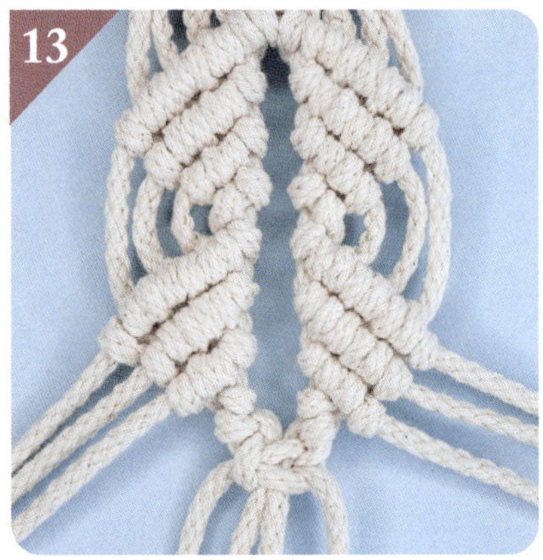
13

5. Teile die Stränge in der Mitte auf, sodass sich auf jeder Seite 5 Stränge befinden. Lege den äußeren rechten Strang der linken Stränge in einem 45-Grad-Winkel über die linken Stränge. Dieser dient als Führungsfaden. Um diesen wird geknüpft. Knote 2 Rippenknoten von rechts nach links.
6. Teile die Stränge in der Mitte auf, sodass sich auf jeder Seite 5 Stränge befinden. Lege den äußeren rechten Strang der linken Stränge in einem 45-Grad-Winkel über den linken Strang. Dieser dient als Führungsfaden. Um diesen wird geknüpft. Knote 1 Rippenknoten von rechts nach links.
7. Teile die Stränge in der Mitte auf, sodass sich auf jeder Seite 5 Stränge befinden. Lege den äußeren linken Strang der rechten Stränge in einem 45-Grad-Winkel über die rechten Stränge. Dieser dient als Führungsfaden. Um diesen wird geknüpft. Knote 3 Rippenknoten von links nach rechts.
8. Teile die Stränge in der Mitte auf, sodass sich auf jeder Seite 5 Stränge befinden. Lege den äußeren linken Strang der rechten Stränge in einem 45-Grad-Winkel über die rechten Stränge. Dieser dient als Führungsfaden. Um diesen wird geknüpft. Knote 2 Rippenknoten von links nach rechts.
9. Teile die Stränge in der Mitte auf, sodass sich auf jeder Seite 5 Stränge befinden. Lege den äußeren linken Strang der rechten Stränge in einem 45-Grad-Winkel über den rechten Strang. Dieser dient als Führungsfaden. Um diesen wird geknüpft. Knote 1 Rippenknoten von links nach rechts.
10. Teile die Stränge in der Mitte auf, sodass sich auf jeder Seite 5 Stränge befinden. Lege den rechten Strang der linken Stränge in einem 45-Grad-Winkel über die linken Stränge. Dieser dient als Führungsfaden. Um diesen wird geknüpft. Knote 4 Rippenknoten von rechts nach links.
11. Wiederhole die Schritte 4, 5 und 6 einmal.
12. Wiederhole die Schritte 3, 7, 8 und 9 einmal.
13. Knüpfe mit den mittleren 4 Strängen 1 Kreuzknoten.

Knüpfe die Schritte 1–13 erneut, um das Muster zu wiederholen. Auf dem Vorschaubild wurde der Mustersatz 2-mal geknüpft.

Muster 32

Zopf

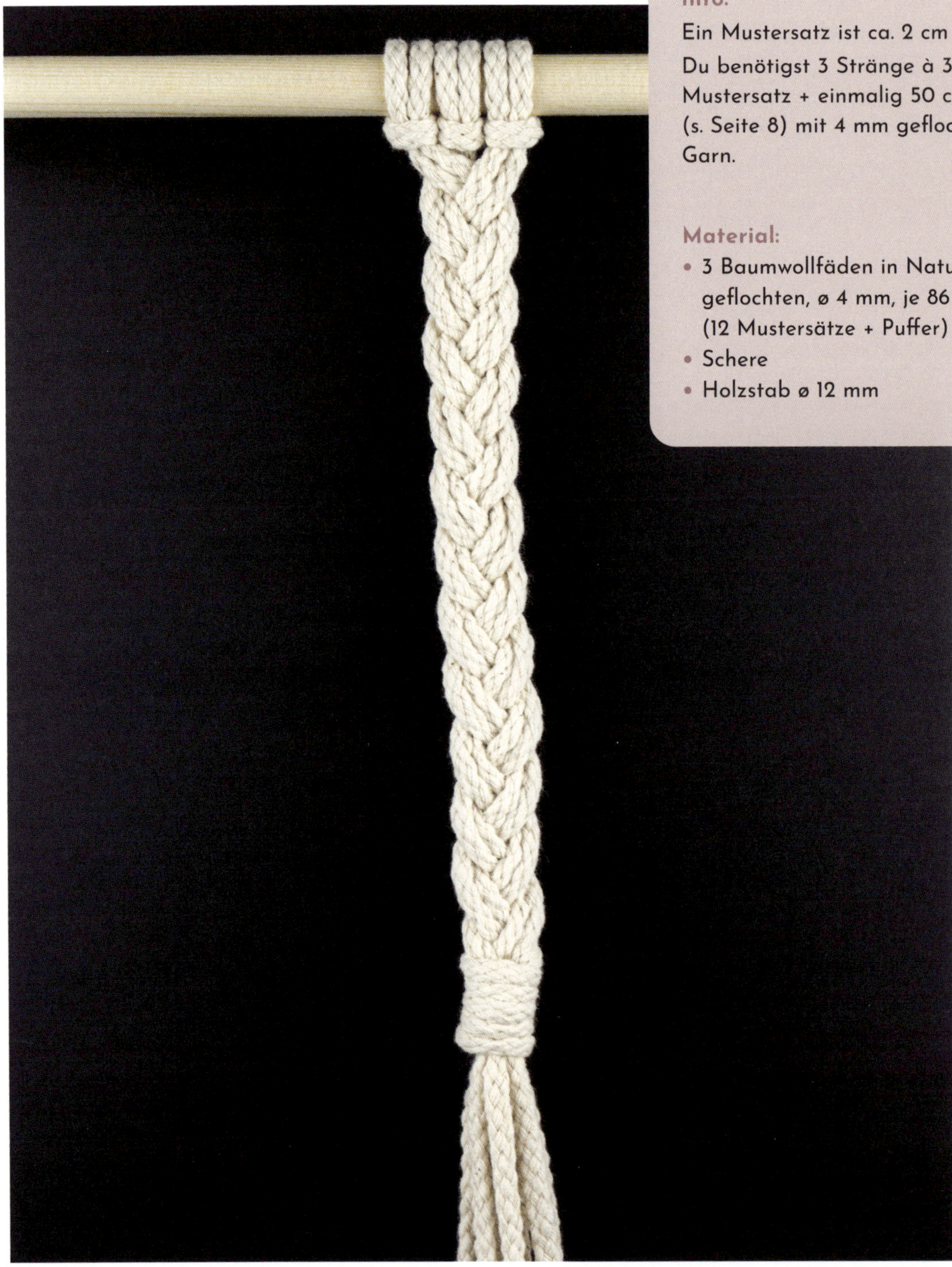

Info:

Ein Mustersatz ist ca. 2 cm lang.

Du benötigst 3 Stränge à 3 cm pro Mustersatz + einmalig 50 cm Puffer (s. Seite 8) mit 4 mm geflochtenem Garn.

Material:

- 3 Baumwollfäden in Natur, geflochten, ø 4 mm, je 86 cm (12 Mustersätze + Puffer)
- Schere
- Holzstab ø 12 mm

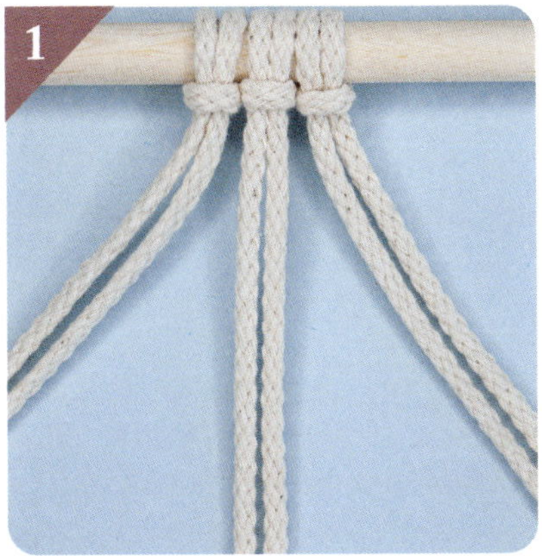

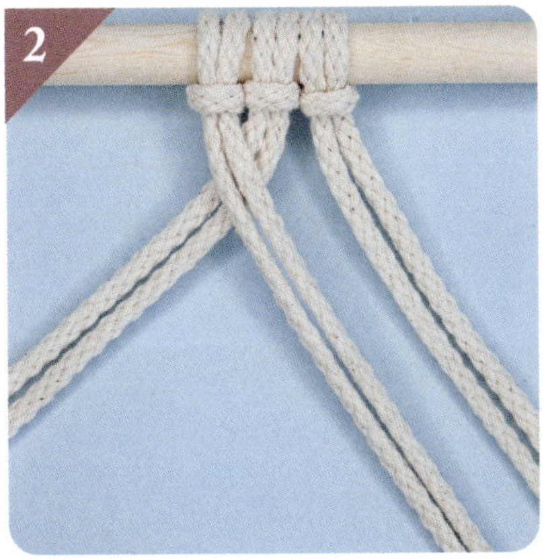

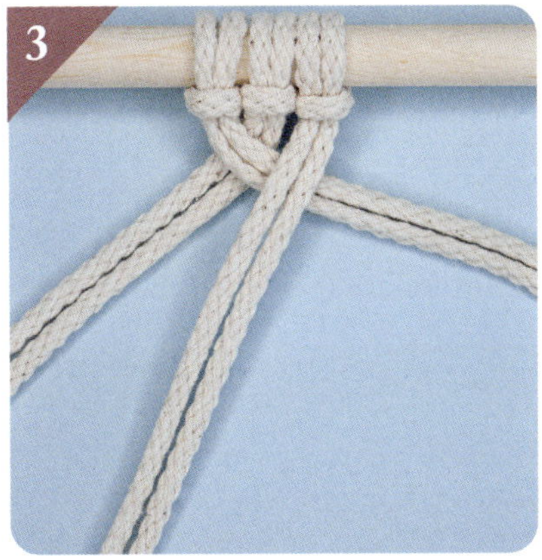

Anleitung:

Befestige die 3 Stränge mit dem Ankerknoten an deinem Holzstab.

1. Teile die 6 Stränge in drei 2-er Gruppen auf.
2. Führe die linke 2-er Gruppe über die mittlere.
3. Führe die rechte 2-er Gruppe über die mittlere.

Knüpfe die Schritte 1–3 erneut, um das Muster zu wiederholen. Achte dabei darauf, die Stränge stramm zu halten. Auf dem Vorschaubild wurde der Mustersatz 12-mal geknüpft. Bringe unter dem letzten Mustersatz einen Wickelknoten an, um das Muster zu beenden.

Muster 33

Koralle

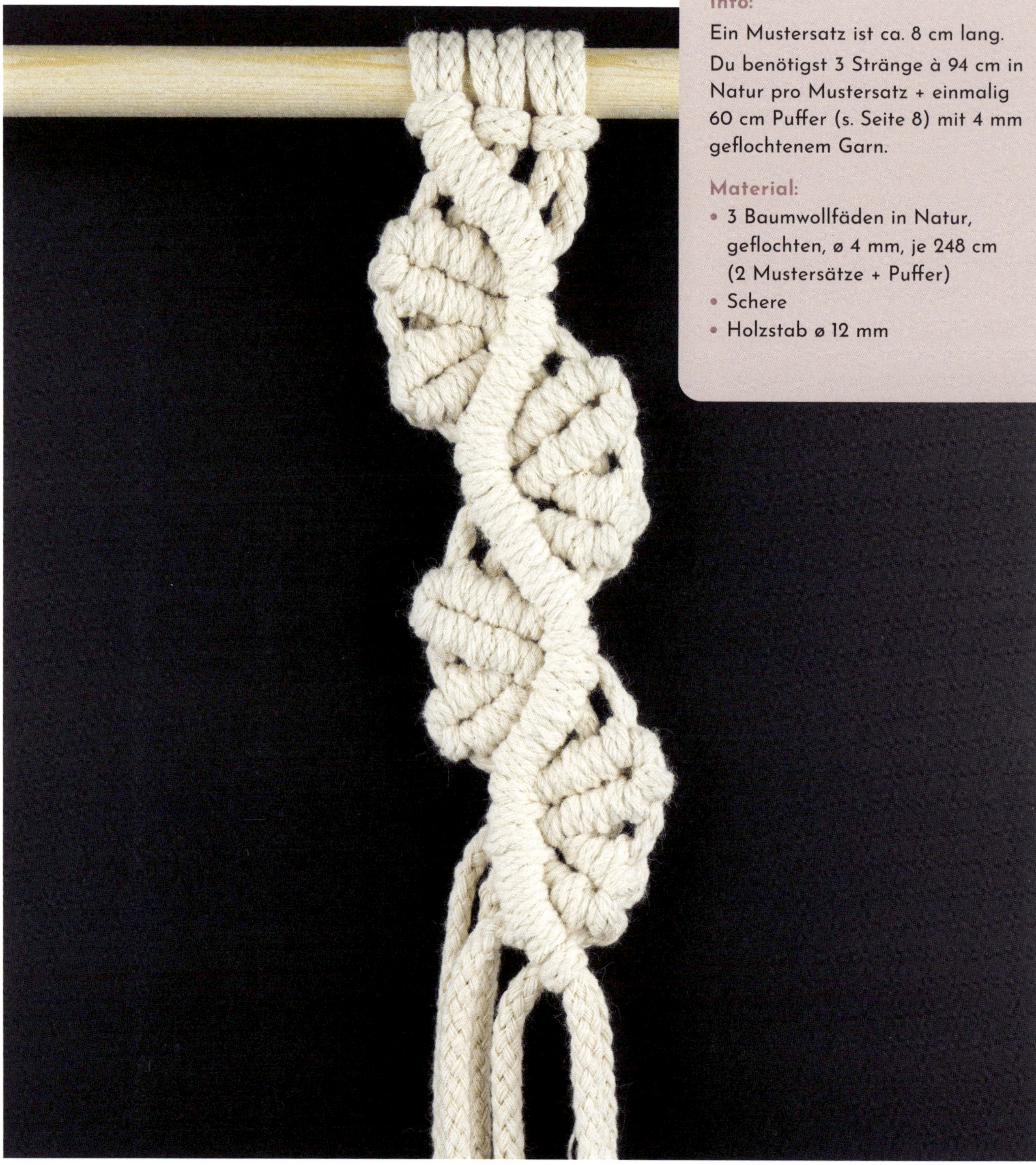

Info:

Ein Mustersatz ist ca. 8 cm lang.

Du benötigst 3 Stränge à 94 cm in Natur pro Mustersatz + einmalig 60 cm Puffer (s. Seite 8) mit 4 mm geflochtenem Garn.

Material:

- 3 Baumwollfäden in Natur, geflochten, ø 4 mm, je 248 cm (2 Mustersätze + Puffer)
- Schere
- Holzstab ø 12 mm

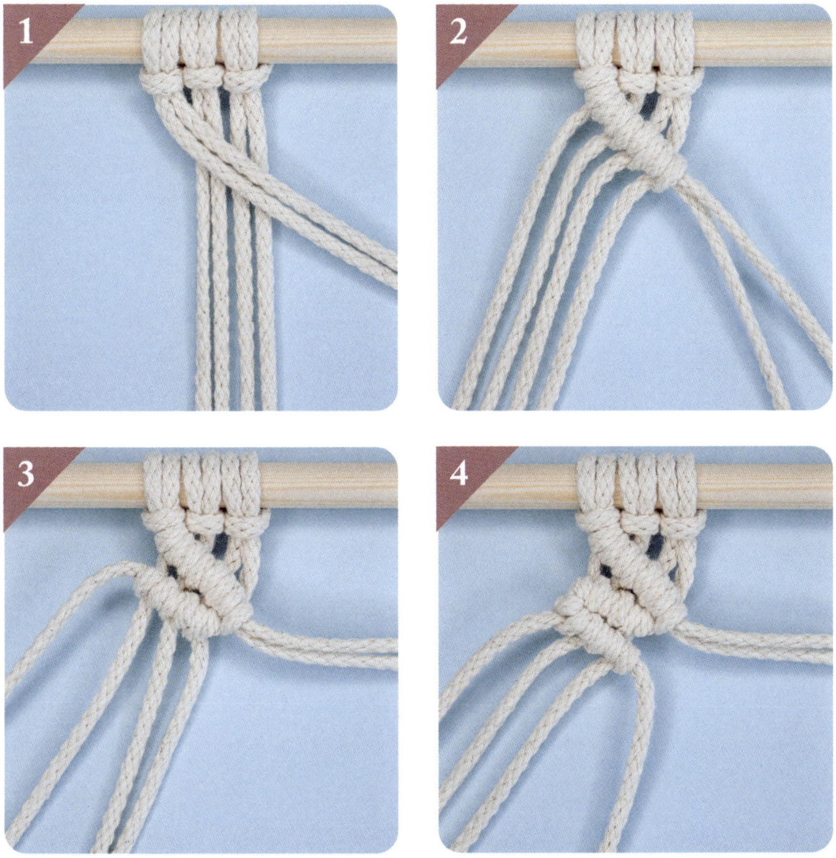

Anleitung:

Befestige die 3 Stränge mit dem Ankerknoten an deinem Holzstab. Dabei wird der kurze Strang auf der linken Seite befestigt und die beiden langen Stränge rechts daneben.

1. Lege die 2 linken Stränge in einem 45-Grad-Winkel über die restlichen Stränge. Diese dienen als Führungsfäden. Um diese beiden wird geknüpft.
2. Knote 4 Rippenknoten von links nach rechts.
3. Lege die beiden rechten Stränge, die eben als Führungsfäden gedient haben, vorerst zu Seite. Lege den rechten Strang an der Kante der Rippenknoten der vorherigen Reihe über die restlichen Stränge. Dieser dient als Führungsfaden. Um diesen wird geknüpft. Knote 3 Rippenknoten von rechts nach links.
4. Lege den linken Strang an der Kante der Rippenknoten der vorherigen Reihe über die restlichen Stränge. Dieser fungiert als Führungsfaden. Um diesen wird geknüpft. Knote 3 Rippenknoten von links nach rechts.

5. Lege den rechten Strang, der eben als Führungsfaden gedient hat, vorerst zur Seite. Lege den rechten Strang an der Kante der Rippenknoten der vorherigen Reihe über die restlichen Stränge. Dieser dient als Führungsfaden. Um diesen wird geknüpft. Knote 2 Rippenknoten von rechts nach links.
6. Lege den linken Strang an der Kante der Rippenknoten der vorherigen Reihe über die restlichen Stränge. Dieser dient als Führungsfaden. Um diesen wird geknüpft. Knote 2 Rippenknoten von links nach rechts.
7. Nimm wieder alle Stränge zur Hand. Lege die 2 rechten Stränge in einem 45-Grad-Winkel über die restlichen Stränge. Diese dienen als Führungsfäden. Um diese beiden wird geknüpft. Knote 4 Rippenknoten von rechts nach links.
8. Lege die beiden linken Stränge, die eben als Führungsfäden gedient haben, vorerst zur Seite. Lege den linken Strang an der Kante der Rippenknoten der vorherigen Reihe über die restlichen Stränge. Dieser dient als Führungsfaden. Um diesen wird geknüpft. Knote 3 Rippenknoten von links nach rechts.
9. Lege den rechten Strang an der Kante der Rippenknoten der vorherigen Reihe über die restlichen Stränge. Dieser dient als Führungsfaden. Um diesen wird geknüpft. Knote 3 Rippenknoten von rechts nach links.
10. Lege den linken Strang, der eben als Führungsfaden fungiert hat, vorerst zur Seite. Lege den linken Strang an der Kante der Rippenknoten der vorherigen Reihe über die restlichen Stränge. Dieser dient als Führungsfaden. Um diesen wird geknüpft. Knote 2 Rippenknoten von links nach rechts.
11. Lege den rechten Strang an der Kante der Rippenknoten der vorherigen Reihe über die restlichen Stränge. Dieser dient als Führungsfaden. Um diesen wird geknüpft. Knote 2 Rippenknoten von rechts nach links.

Knüpfe die Schritte 1–11 erneut, um das Muster zu wiederholen. Wenn du das Muster abschließen möchtest, knüpfe nach Schritt 9 Schritt 1 erneut. Auf dem Vorschaubild wurde der Mustersatz 2-mal geknüpft.

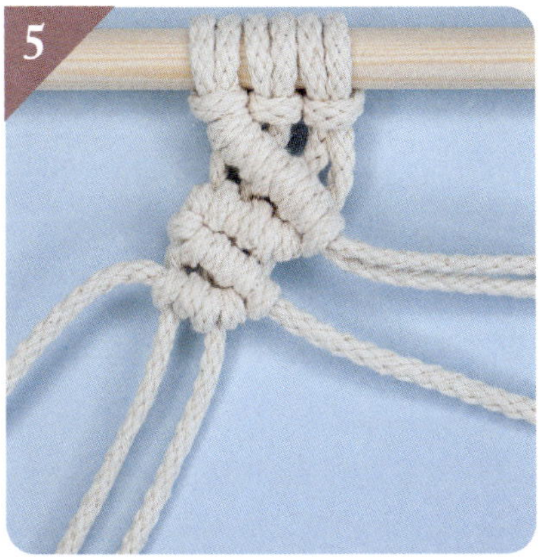
5

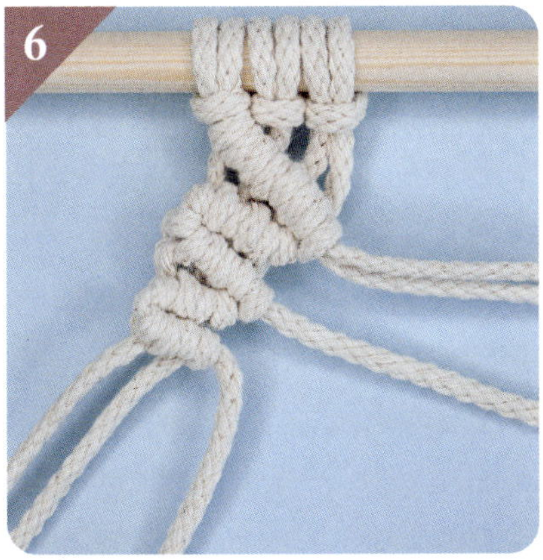
6

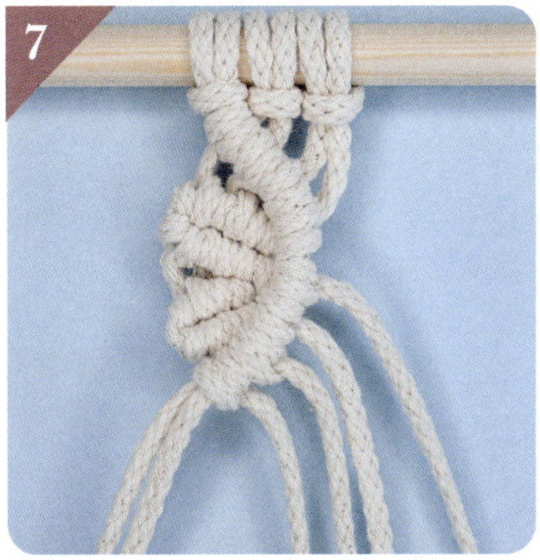
7

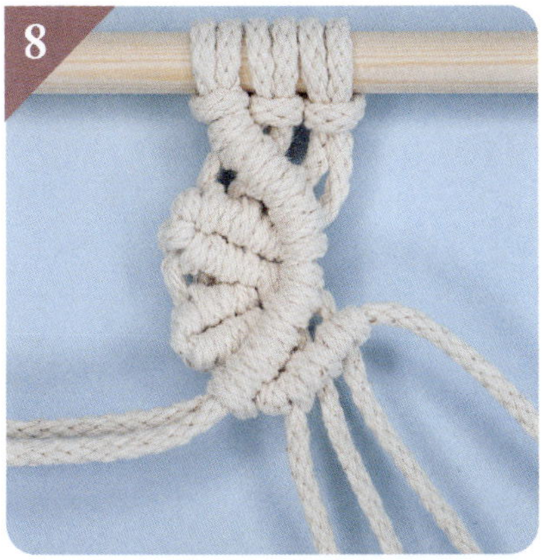
8

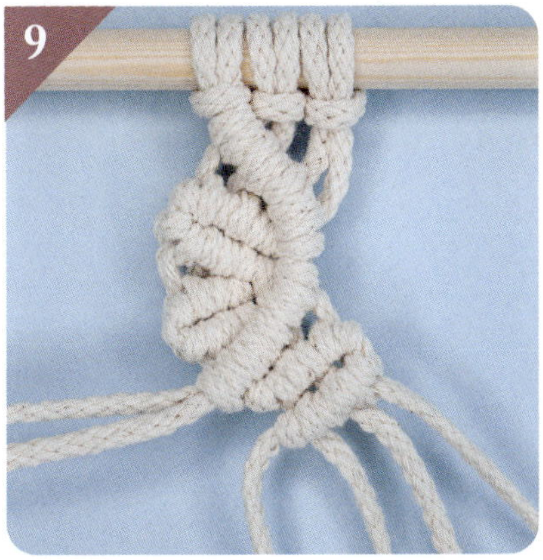
9

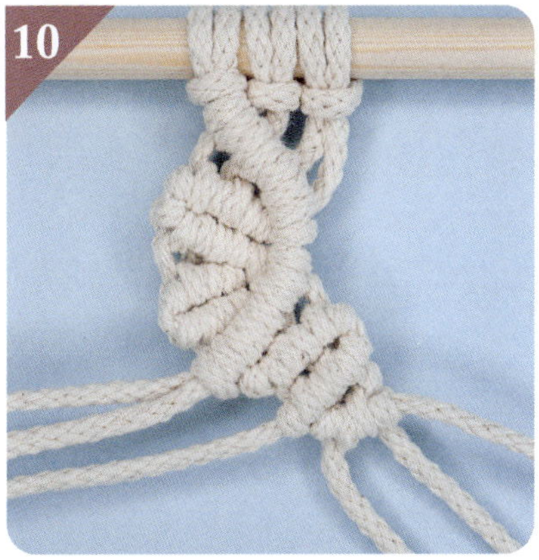
10

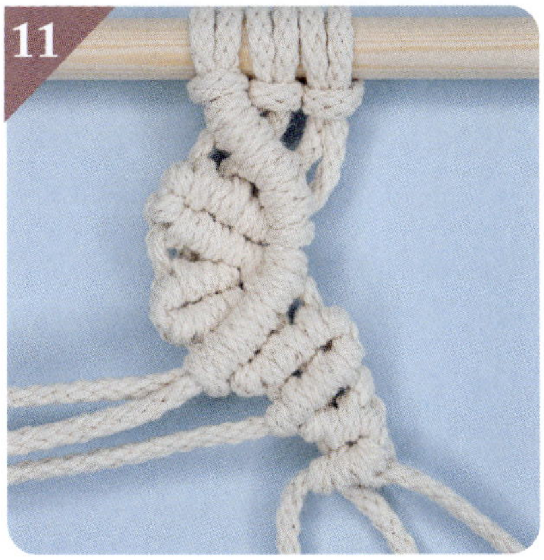
11

Muster 34

Zwiebel

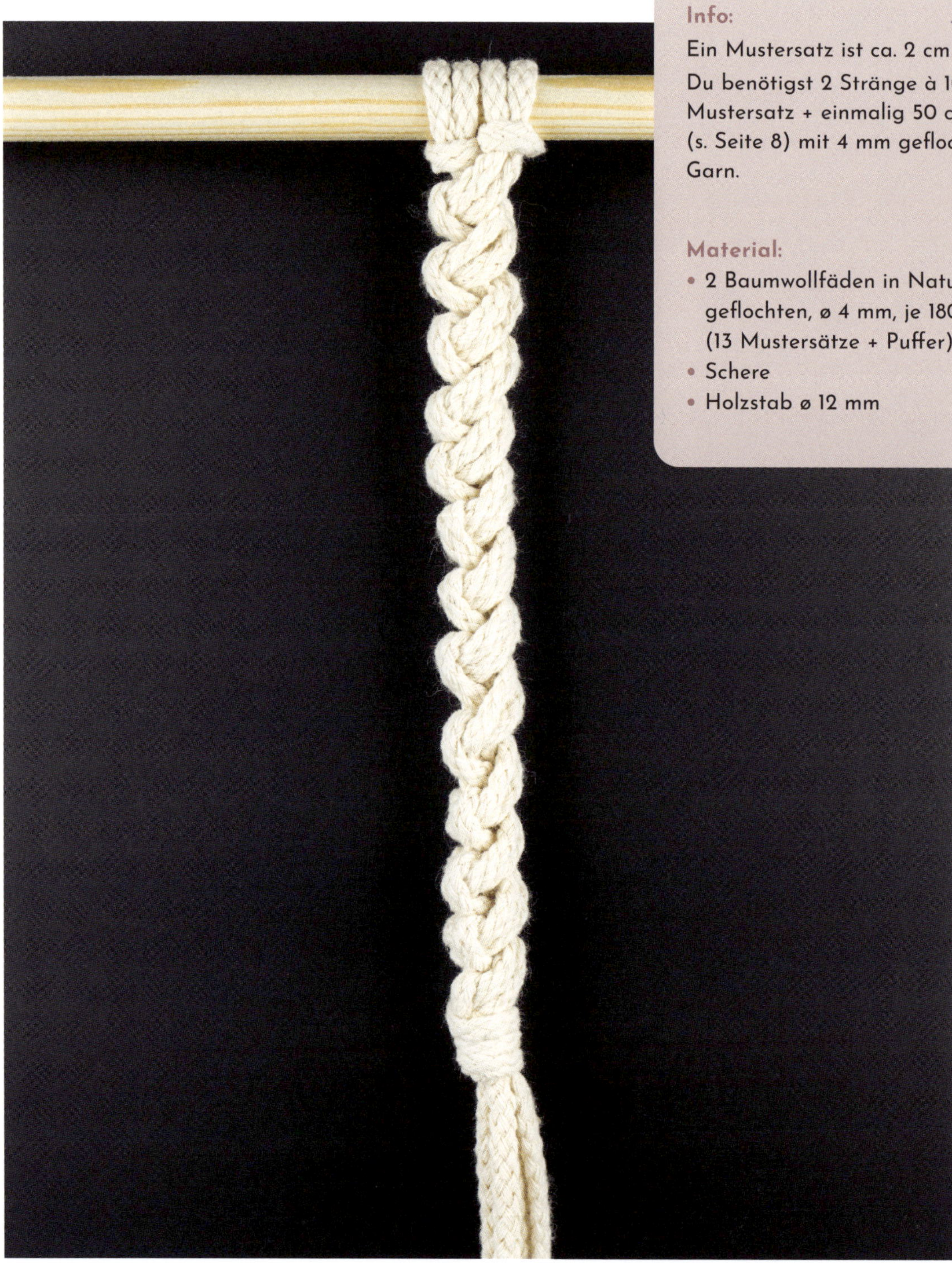

Info:

Ein Mustersatz ist ca. 2 cm lang.

Du benötigst 2 Stränge à 10 cm pro Mustersatz + einmalig 50 cm Puffer (s. Seite 8) mit 4 mm geflochtenem Garn.

Material:

- 2 Baumwollfäden in Natur, geflochten, ø 4 mm, je 180 cm (13 Mustersätze + Puffer)
- Schere
- Holzstab ø 12 mm

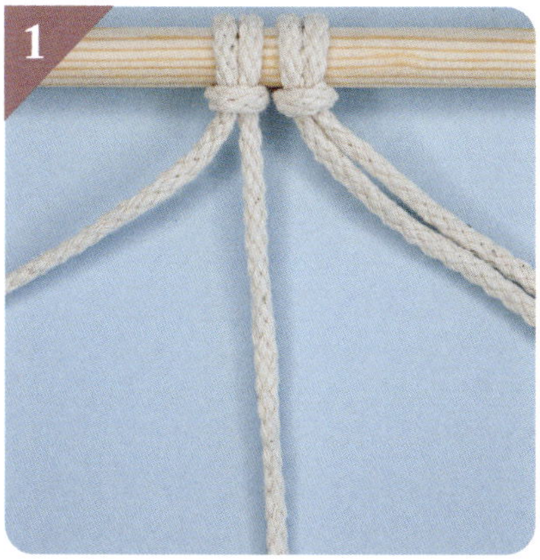

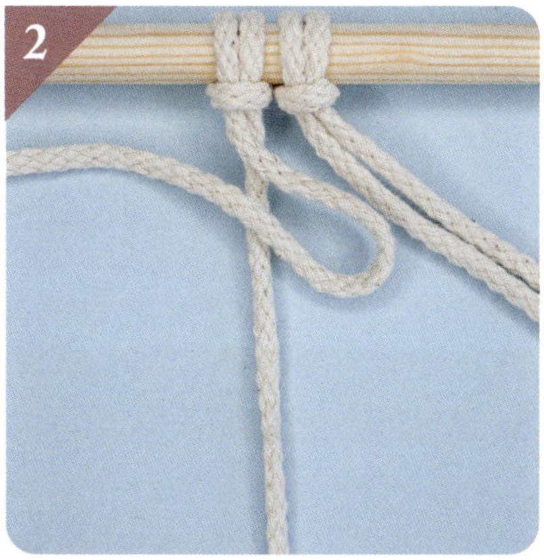

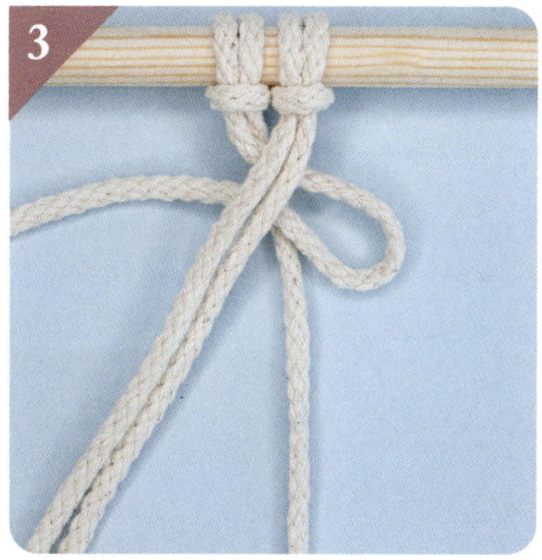

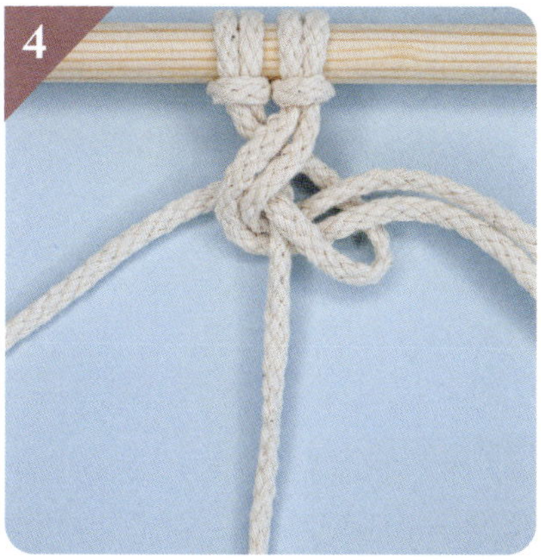

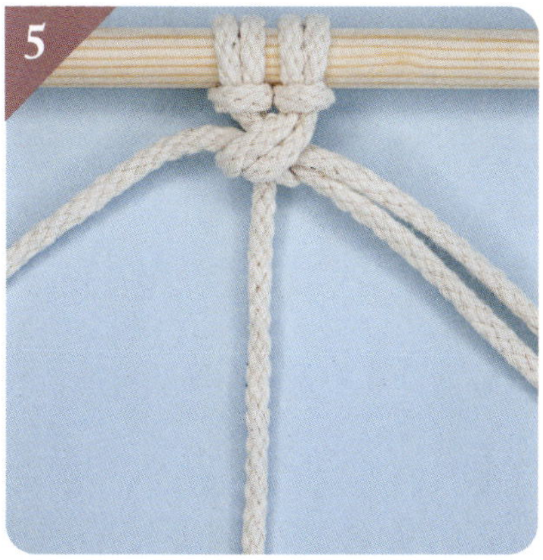

Anleitung:

Befestige die 2 Stränge mit dem Ankerknoten an deinem Holzstab.

1. Teile die Stränge so auf, dass links und in der Mitte jeweils ein einzelner Strang und auf der rechten Seite 2 Stränge zusammen liegen.
2. Führe den linken Strang über den mittleren und forme dabei eine Schlaufe.
3. Lege die beiden rechten Stränge über die Schlaufe und den mittleren Strang.
4. Führe die beiden Stränge unter dem mittleren Strang durch. Führe diesen anschließend von hinten nach vorne durch die Schlaufe.
5. Ziehe den linken Strang fest, bis sich die Schlaufe schließt.

Knüpfe die Schritte 1–5 erneut, um das Muster zu wiederholen. Auf dem Vorschaubild wurde der Mustersatz 13-mal geknüpft. Bringe unter dem letzten Mustersatz einen Wickelknoten an, um das Muster zu beenden.

Muster 35

Kreuzdiamant

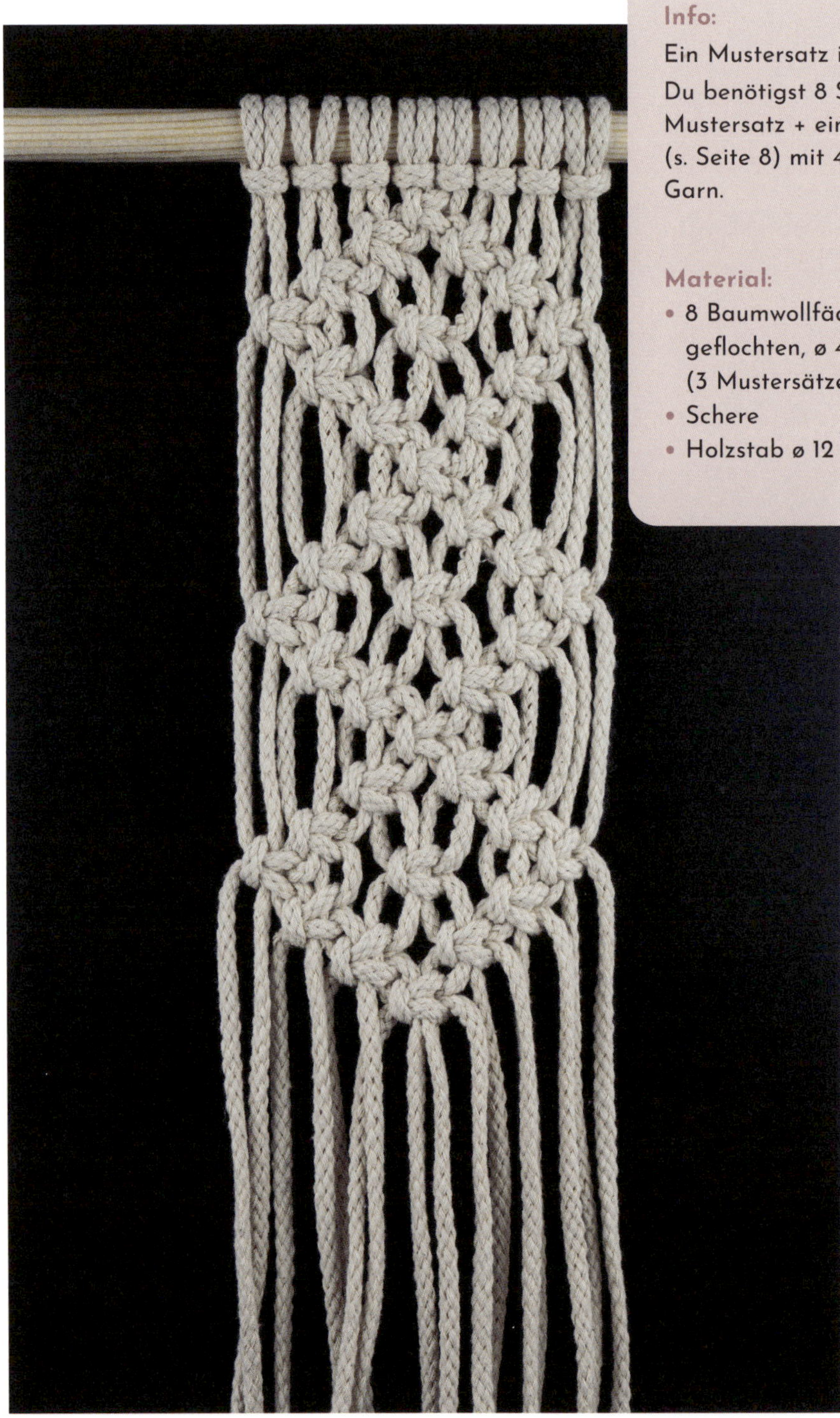

Info:

Ein Mustersatz ist ca. 7 cm lang.

Du benötigst 8 Stränge à 40 cm pro Mustersatz + einmalig 60 cm Puffer (s. Seite 8) mit 4 mm geflochtenem Garn.

Material:

- 8 Baumwollfäden in Natur, geflochten, ø 4 mm, je 180 cm (3 Mustersätze + Puffer
- Schere
- Holzstab ø 12 mm

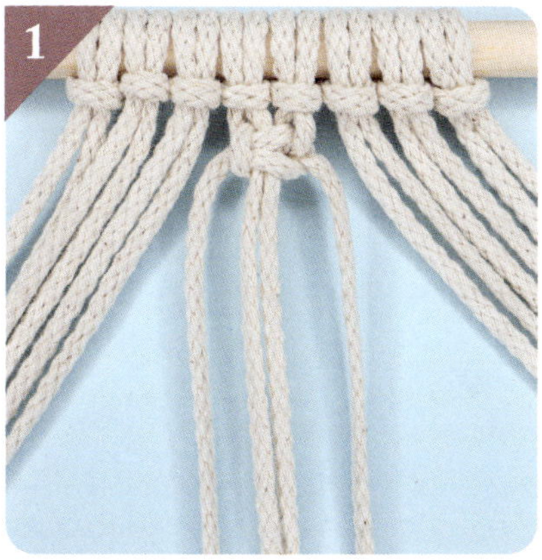

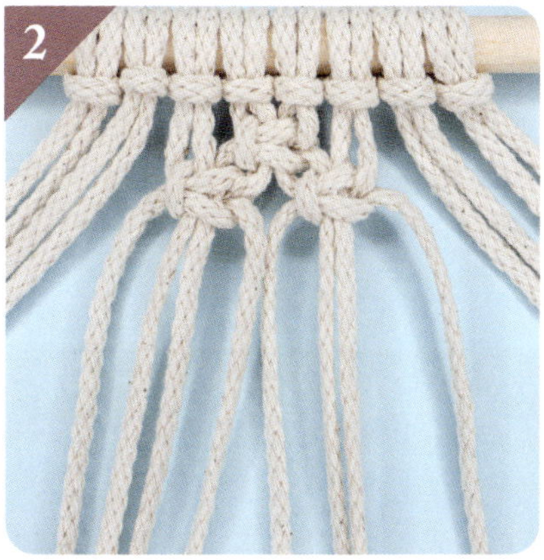

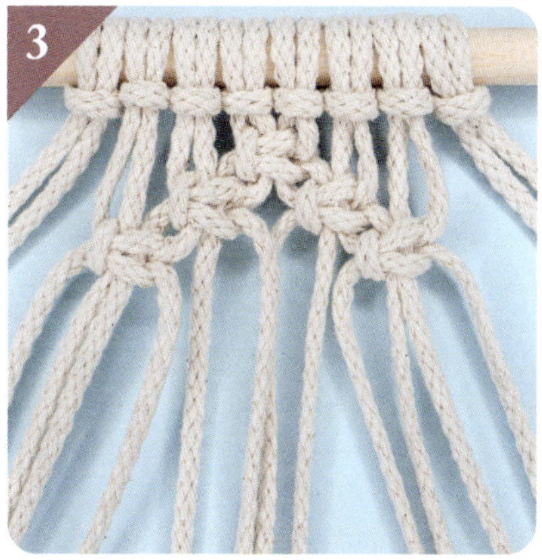

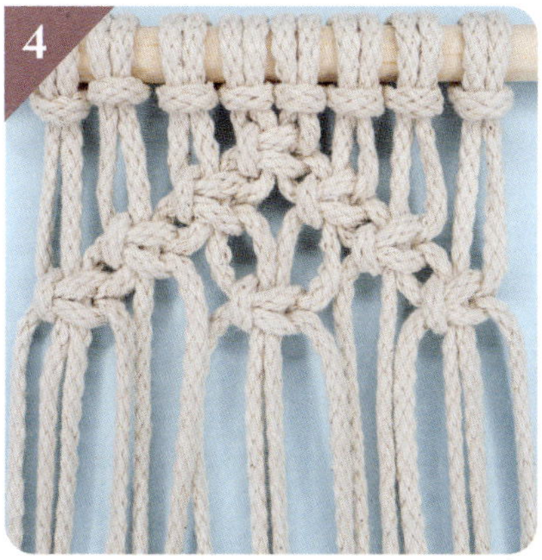

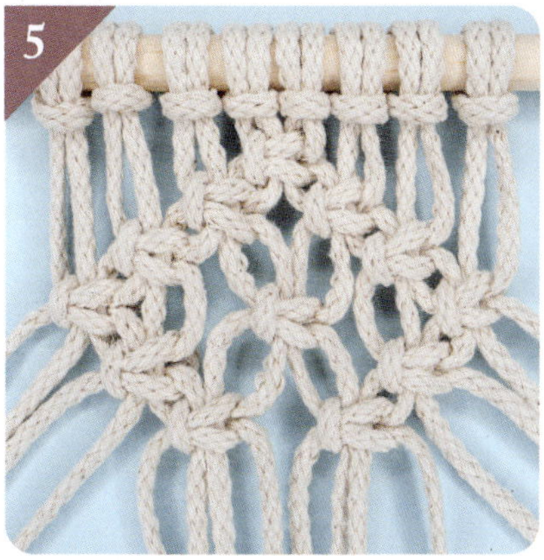

Anleitung:

Befestige die 8 Stränge mit dem Ankerknoten an deinem Holzstab.

1. Knüpfe mit den mittleren 4 Strängen einen Kreuzknoten.
2. Knüpfe mit den mittleren 8 Strängen zwei versetzte Kreuzknoten.
3. Knüpfe von links nach rechts mit den Strängen 3–6 und 11–14 zwei versetzte Kreuzknoten.
4. Knüpfe von links nach rechts mit den Strängen 1–4, 7–10 und 13–16 drei versetzte Kreuzknoten auf gleicher Höhe.
5. Wiederhole die Schritte 3 und 2.

Knüpfe die Schritte 1–5 erneut, um das Muster zu wiederholen. Auf dem Vorschaubild wurde der Mustersatz 3-mal geknüpft. Wenn du das Muster abschließen möchtest, knüpfe einen Kreuzknoten mit den mittleren 4 Strängen.

Muster 36

Kleine Kreuzrauten

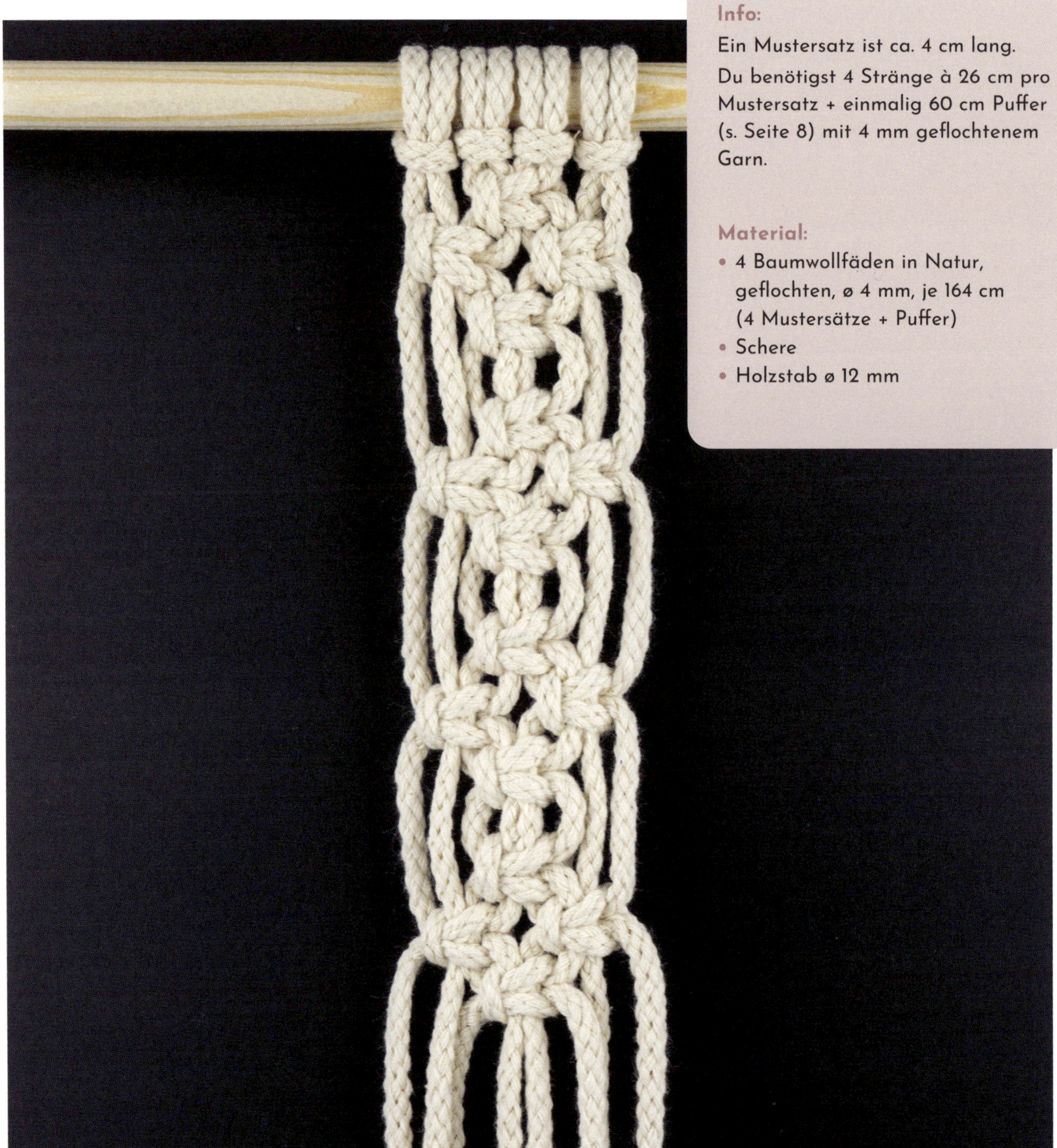

Info:

Ein Mustersatz ist ca. 4 cm lang.

Du benötigst 4 Stränge à 26 cm pro Mustersatz + einmalig 60 cm Puffer (s. Seite 8) mit 4 mm geflochtenem Garn.

Material:

- 4 Baumwollfäden in Natur, geflochten, ø 4 mm, je 164 cm (4 Mustersätze + Puffer)
- Schere
- Holzstab ø 12 mm

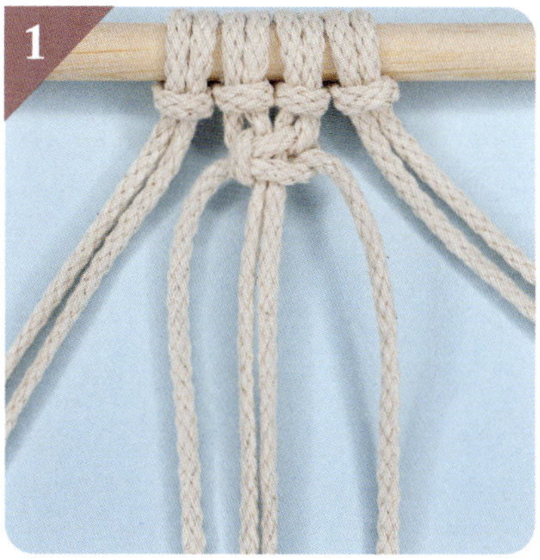

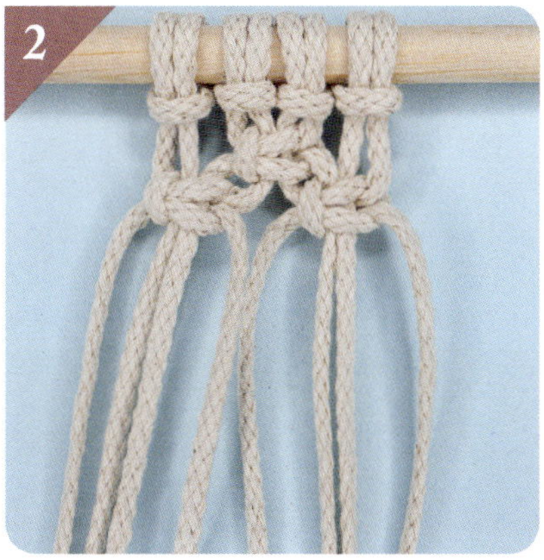

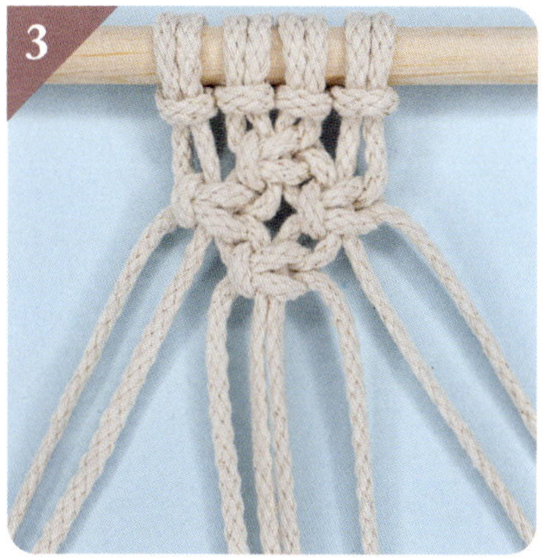

Anleitung:

Befestige die 4 Stränge mit dem Ankerknoten an deinem Holzstab.

1. Knüpfe mit den mittleren 4 Strängen einen Kreuzknoten.
2. Knüpfe zwei versetzte Kreuzknoten.
3. Wiederhole Schritt 1. Lasse 1cm Abstand, wenn du das Muster wiederholen möchtest.

Knüpfe die Schritte 1–3 erneut, um das Muster zu wiederholen. Auf dem Vorschaubild wurde der Mustersatz 4-mal geknüpft.

MUSTER 37

Kreuzdreieck

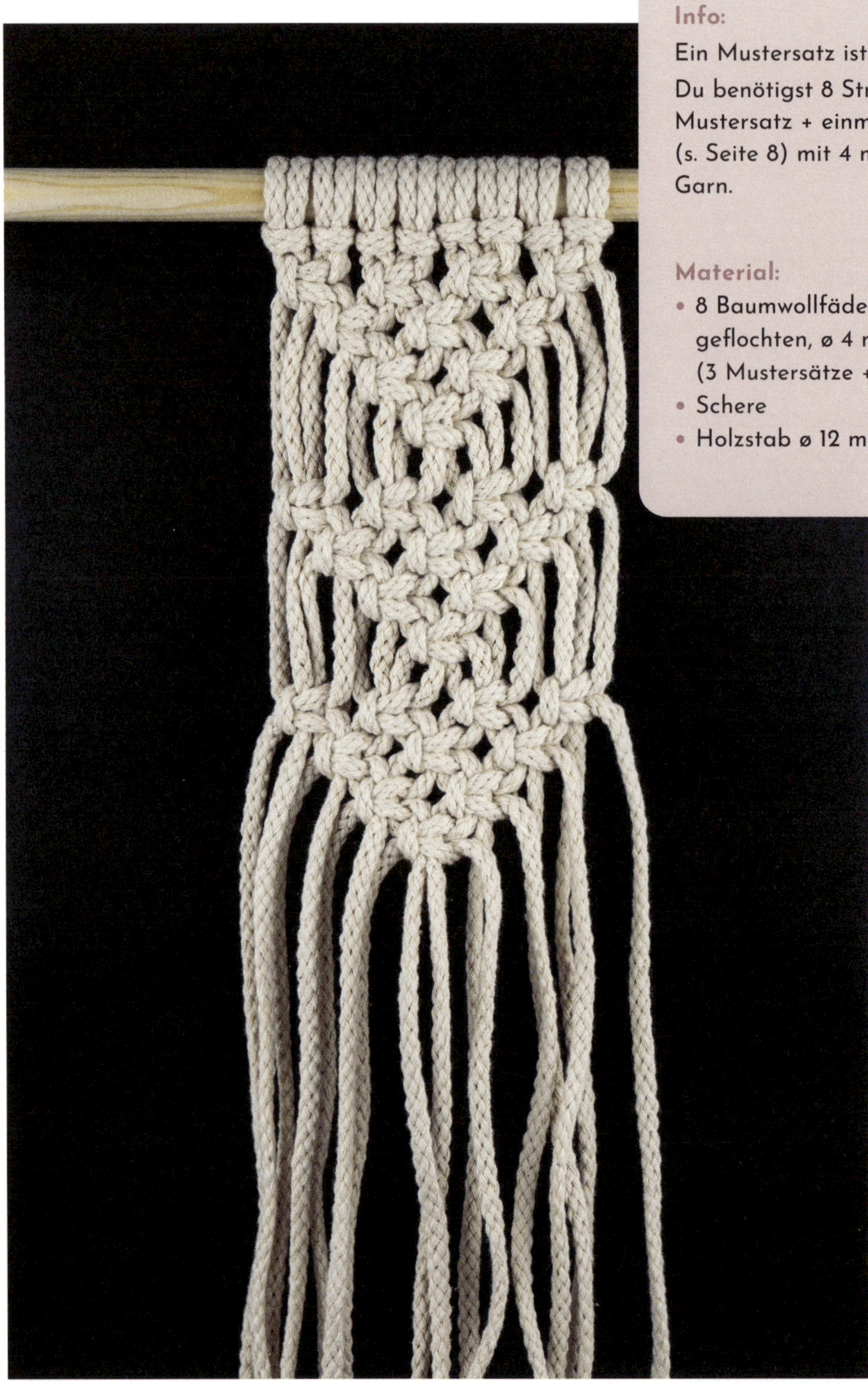

Info:

Ein Mustersatz ist ca. 5 cm lang.

Du benötigst 8 Stränge à 28 cm pro Mustersatz + einmalig 60 cm Puffer (s. Seite 8) mit 4 mm geflochtenem Garn.

Material:

- 8 Baumwollfäden in Natur, geflochten, ø 4 mm, je 144 cm (3 Mustersätze + Puffer)
- Schere
- Holzstab ø 12 mm

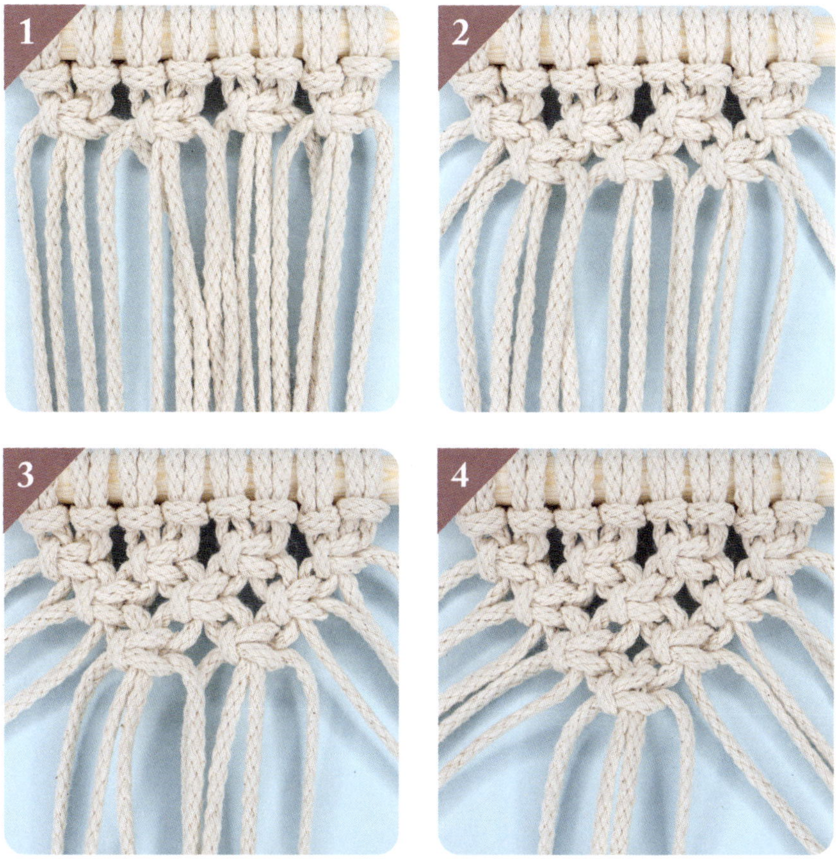

Anleitung:

Befestige die 8 Stränge mit dem Ankerknoten an deinem Holzstab.

1. Knüpfe 4 Kreuzknoten.
2. Lege die jeweils zwei äußeren Stränge zur Seite. Knüpfe drei versetzte Kreuzknoten.
3. Lege die jeweils vier äußeren Stränge zur Seite. Knüpfe zwei versetzte Kreuzknoten.
4. Knüpfe mit den mittleren 4 Strängen einen Kreuzknoten. Lass 1 cm Abstand, wenn du das Muster wiederholen möchtest.

Knüpfe die Schritte 1–4 erneut, um das Muster zu wiederholen. Auf dem Vorschaubild wurde der Mustersatz 3-mal geknüpft.

Muster 38

Kreuz-Ethno

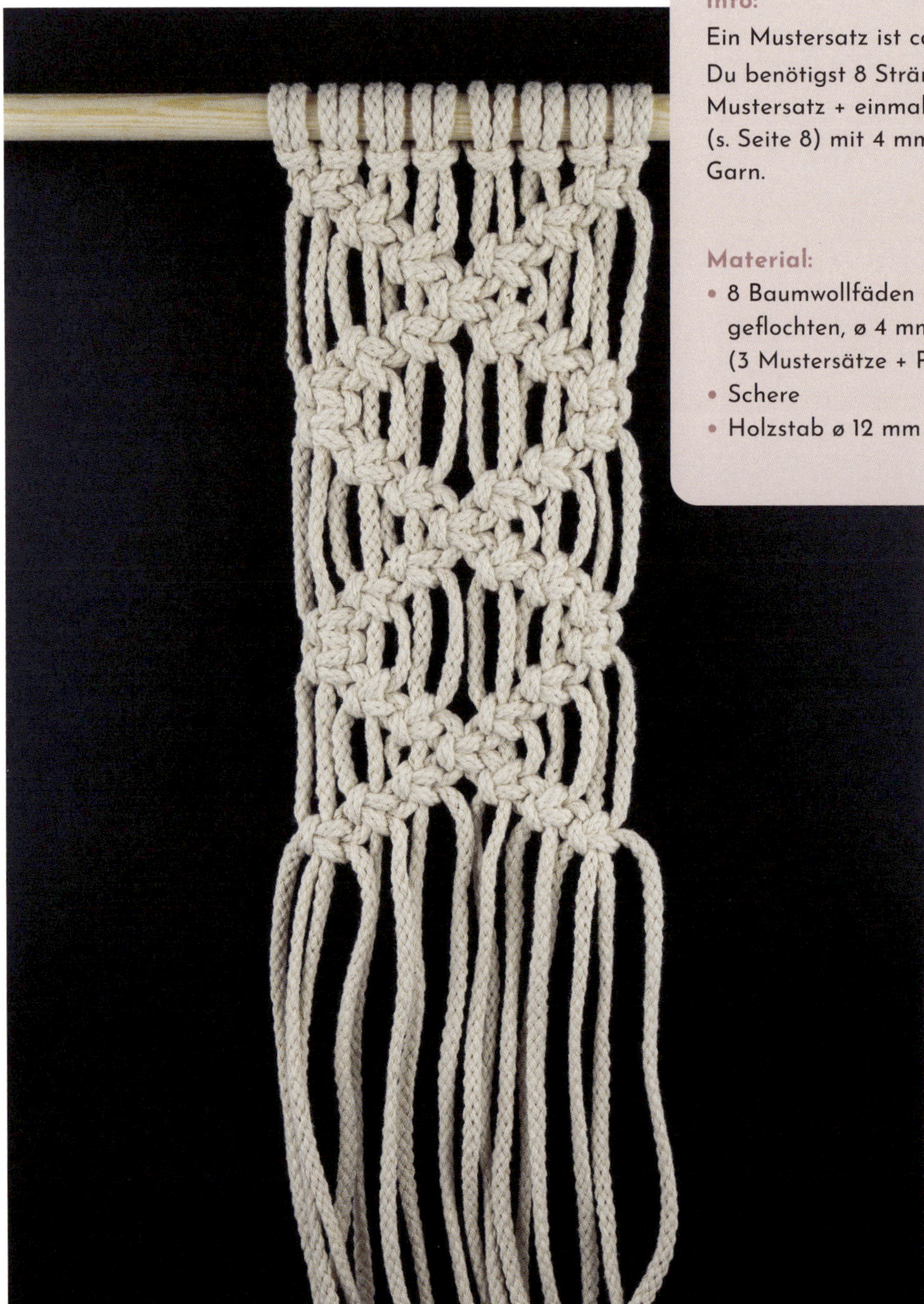

Info:

Ein Mustersatz ist ca. 6,5 cm lang.

Du benötigst 8 Stränge à 30 cm pro Mustersatz + einmalig 60 cm Puffer (s. Seite 8) mit 4 mm geflochtenem Garn.

Material:

- 8 Baumwollfäden in Natur, geflochten, ø 4 mm, je 150 cm (3 Mustersätze + Puffer)
- Schere
- Holzstab ø 12 mm

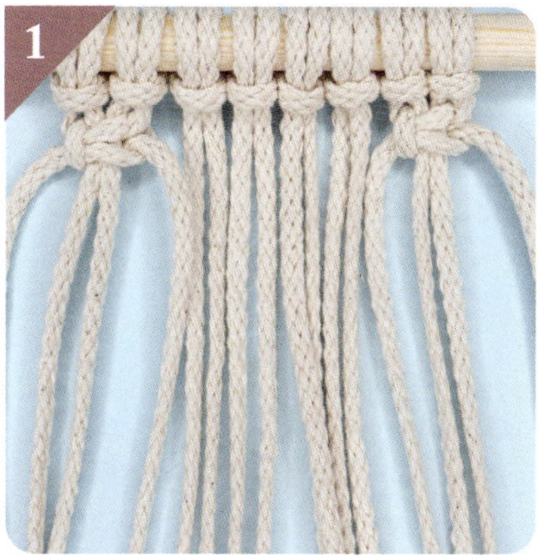

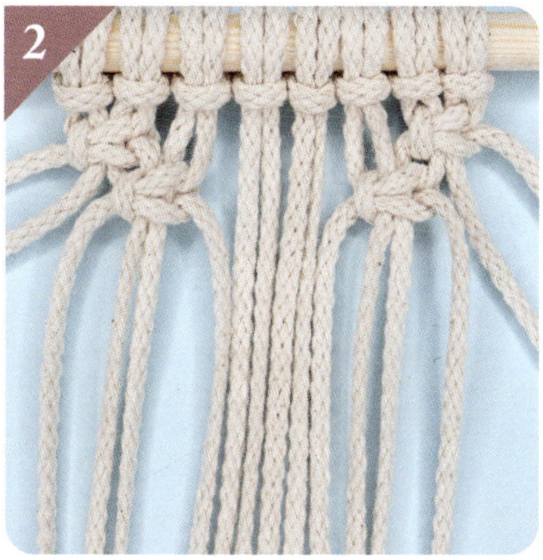

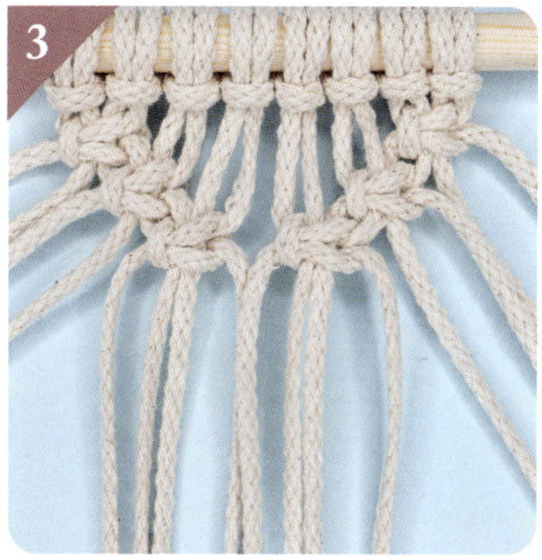

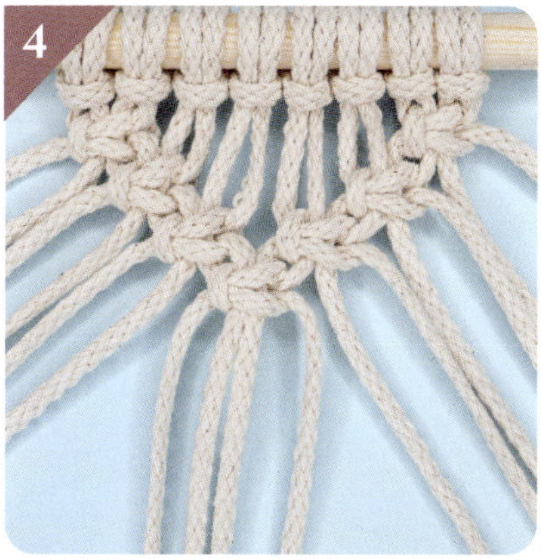

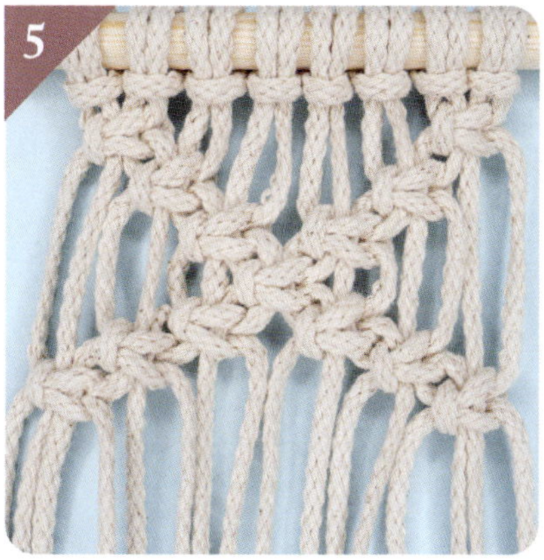

Anleitung:

Befestige die 8 Stränge mit dem Ankerknoten an deinem Holzstab.

1. Knüpfe von links nach rechts mit den Strängen 1–4 und 13–16 jeweils einen Kreuzknoten.
2. Knüpfe mit den Strängen 3–6 und 11–14 jeweils einen Kreuzknoten.
3. Knüpfe mit den Strängen 5–8 und 9–12 jeweils einen Kreuzknoten.
4. Knüpfe mit den mittleren 4 Strängen einen Kreuzknoten.
5. Wiederhole Schritt 3, Schritt 2 und Schritt 1 je einmal.

Knüpfe die Schritte 1–5 erneut, um das Muster zu wiederholen. Auf dem Vorschaubild wurde der Mustersatz 3-mal geknüpft.

Muster 39

Karogeflecht

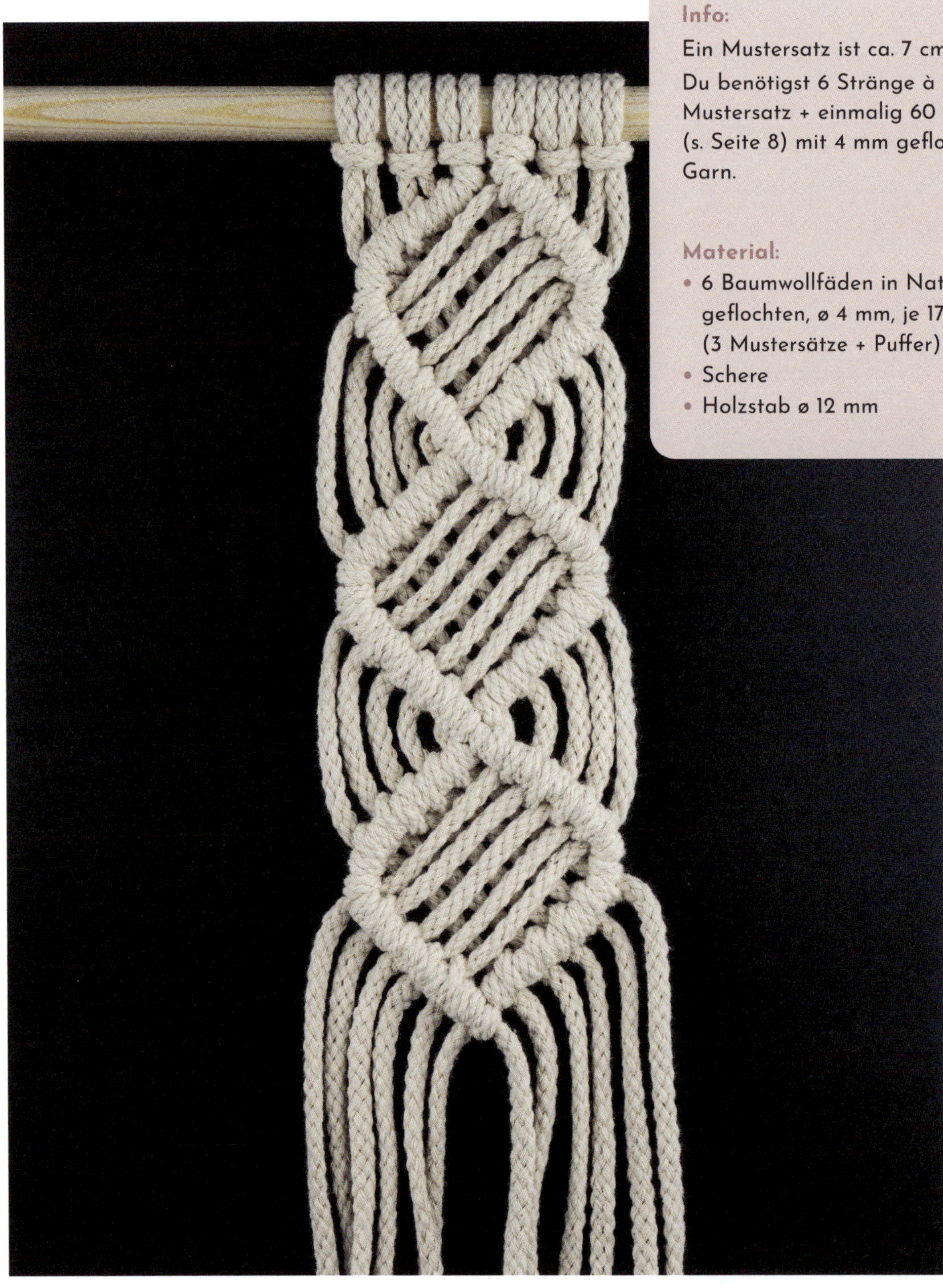

Info:

Ein Mustersatz ist ca. 7 cm lang.

Du benötigst 6 Stränge à 38 cm pro Mustersatz + einmalig 60 cm Puffer (s. Seite 8) mit 4 mm geflochtenem Garn.

Material:

- 6 Baumwollfäden in Natur, geflochten, ø 4 mm, je 174 cm (3 Mustersätze + Puffer)
- Schere
- Holzstab ø 12 mm

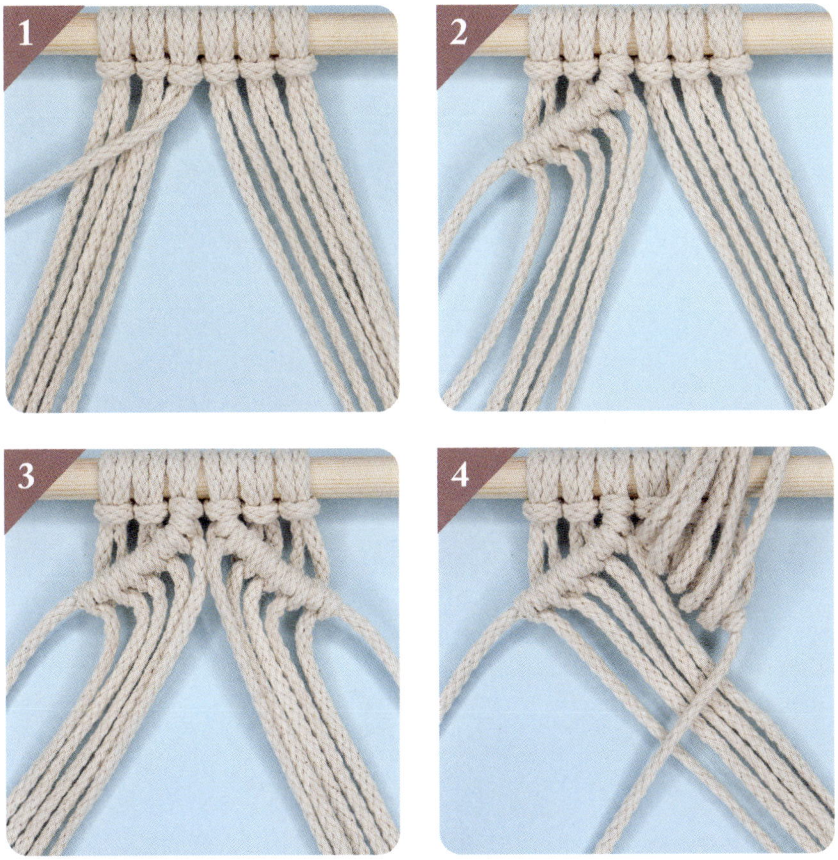

Anleitung:

Befestige die 6 Stränge mit dem Ankerknoten an deinem Holzstab.

1. Teile die Stränge in der Mitte auf, sodass sich auf jeder Seite 6 Stränge befinden. Lege den äußeren rechten Strang der linken Stränge in einem 45-Grad-Winkel über die linken Stränge. Dieser dient als Führungsfaden. Um diesen wird geknüpft.
2. Knote 5 Rippenknoten von rechts nach links.
3. Teile die Stränge in der Mitte auf, sodass sich auf jeder Seite 6 Stränge befinden. Lege den äußeren linken Strang der rechten Stränge in einem 45-Grad-Winkel über die rechten Stränge. Dieser dient als Führungsfaden. Um diesen wird geknüpft. Knote 5 Rippenknoten von links nach rechts.
4. Teile die Stränge in der Mitte auf, sodass sich auf jeder Seite 6 Stränge befinden. Lege die 5 rechten Fäden, von der Mitte gezählt, vorerst zur Seite. Lege den rechten Strang der rechten Stränge in einem 45-Grad-Winkel über die nächsten 5 linken Stränge. Dieser dient als Führungsfaden. Um diesen wird geknüpft.

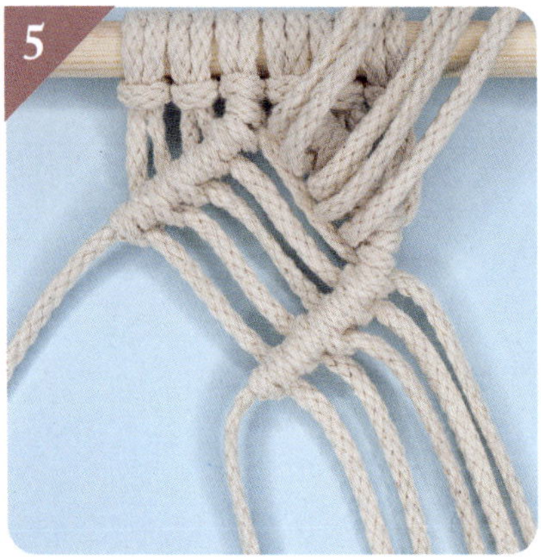

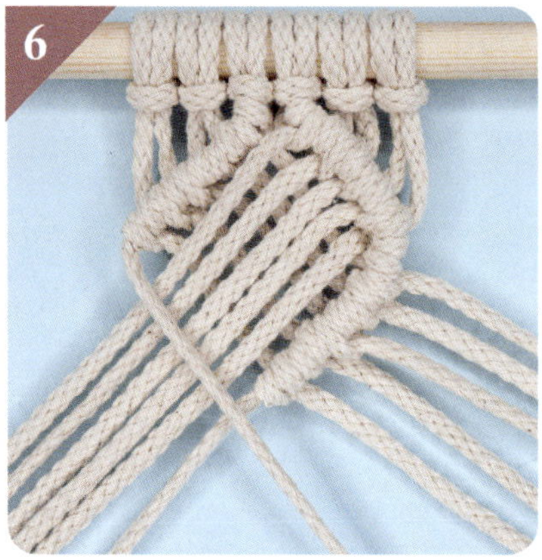

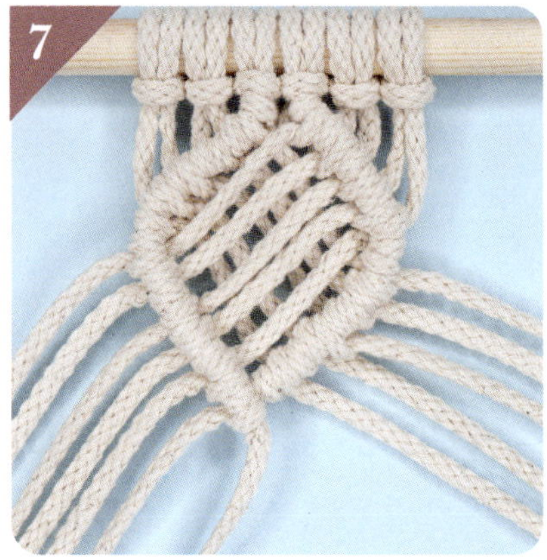

5. Knote 5 Rippenknoten von rechts nach links.
6. Lege die 5 rechten Stränge, die du vorerst zur Seite gelegt hast, über die eben geknüpften Stränge. Lege den linken Strang über die nächsten 6 Stränge. Dieser dient als Führungsfaden. Um diesen wird geknüpft.
7. Knüpfe 6 Rippenknoten von links nach rechts.

Knüpfe die Schritte 1–7 erneut, um das Muster zu wiederholen. Auf dem Vorschaubild wurde der Mustersatz 3-mal geknüpft.

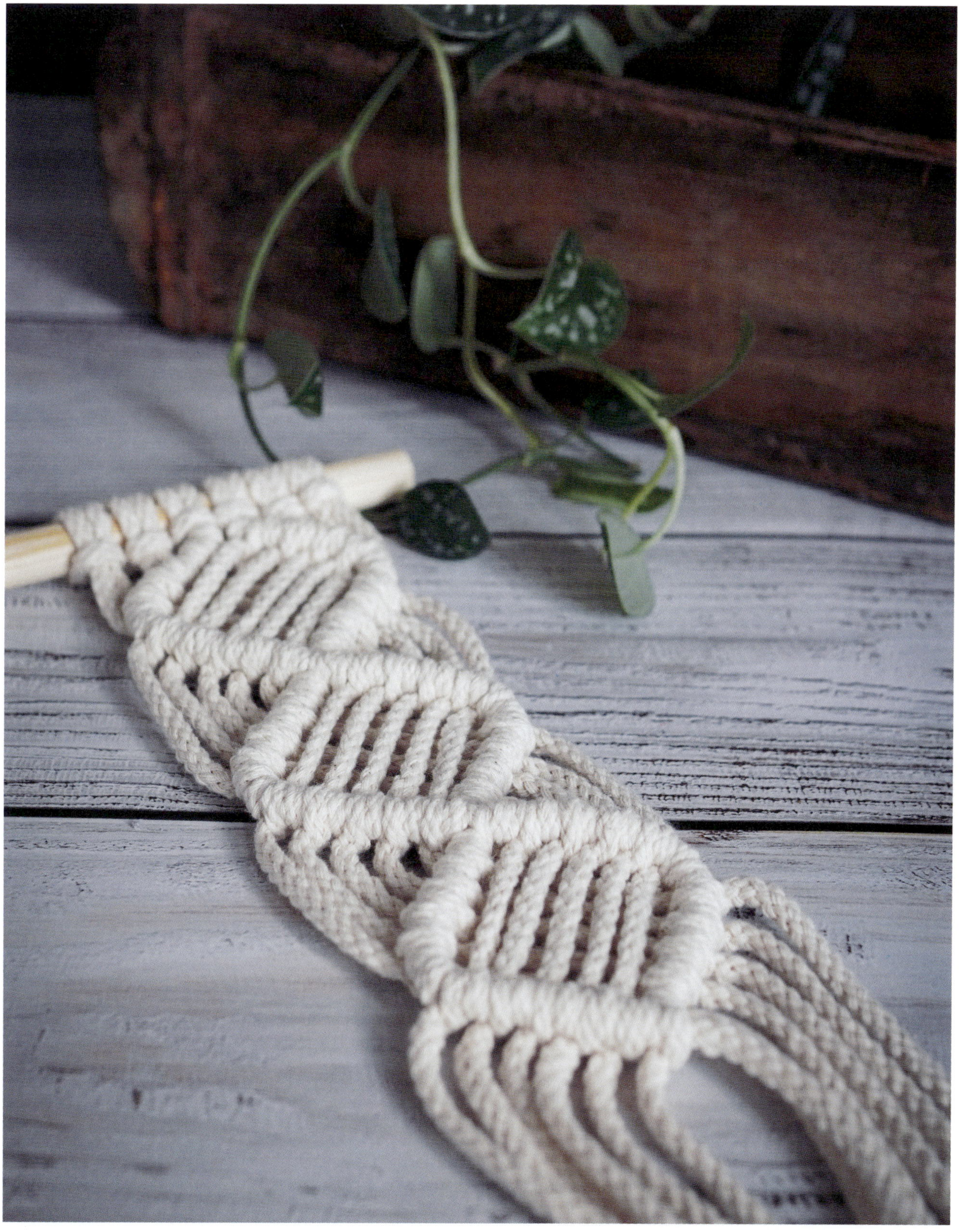

Muster 40

V-Geflecht

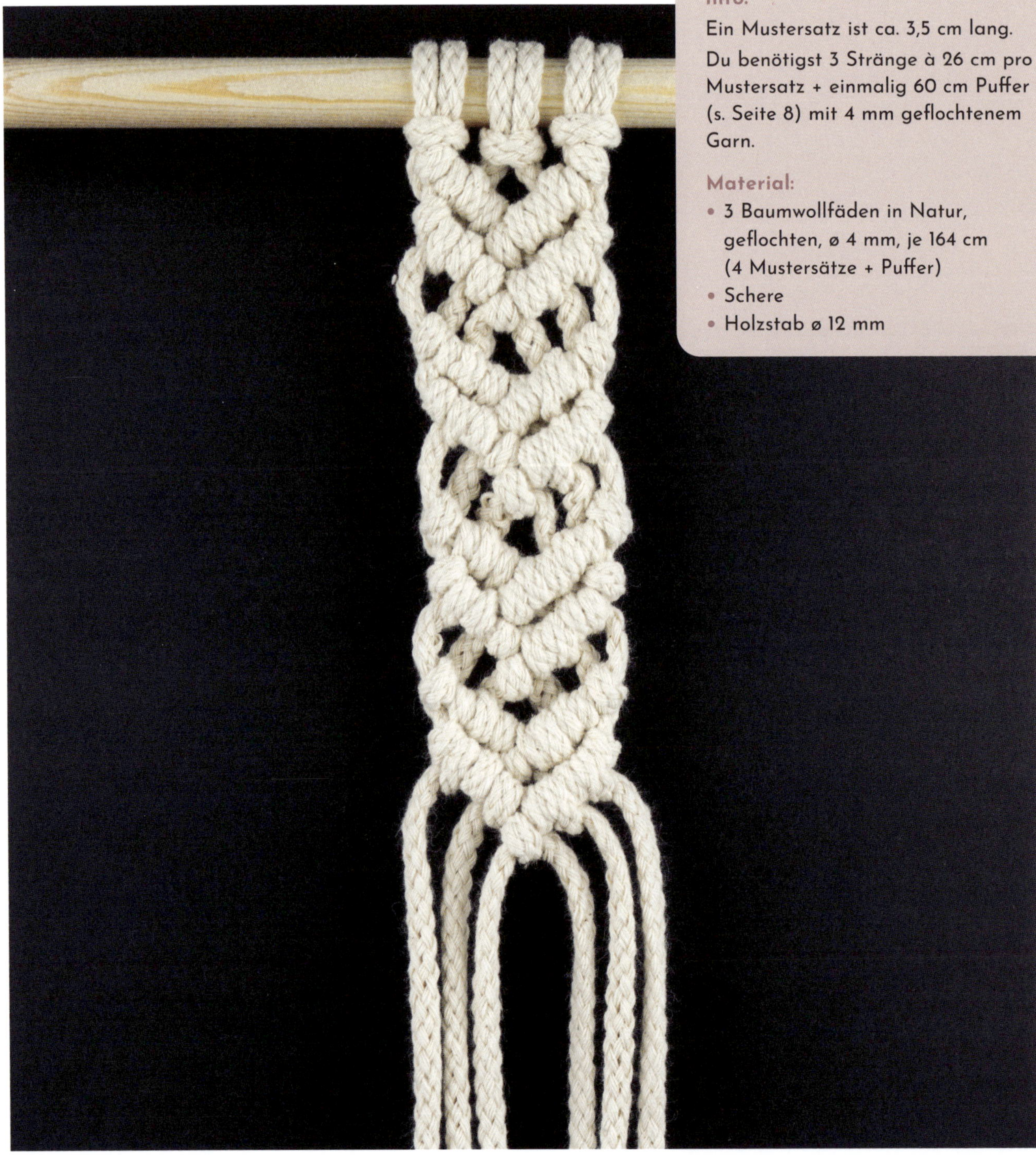

Info:

Ein Mustersatz ist ca. 3,5 cm lang.

Du benötigst 3 Stränge à 26 cm pro Mustersatz + einmalig 60 cm Puffer (s. Seite 8) mit 4 mm geflochtenem Garn.

Material:

- 3 Baumwollfäden in Natur, geflochten, ø 4 mm, je 164 cm (4 Mustersätze + Puffer)
- Schere
- Holzstab ø 12 mm

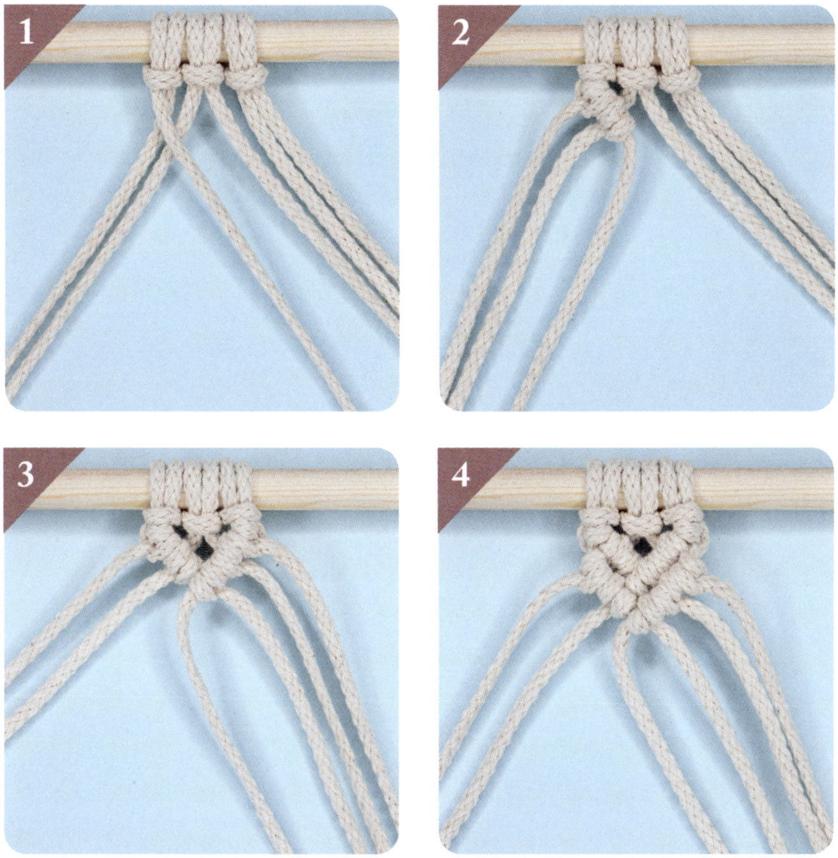

Anleitung:

Befestige die 3 Stränge mit dem Ankerknoten an deinem Holzstab.

1. Teile die Stränge in der Mitte auf, sodass sich auf jeder Seite 3 Stränge befinden. Lege den linken Strang der linken Stränge in einem 45-Grad-Winkel über die linken Stränge. Dieser dient als Führungsfaden. Um diesen wird geknüpft.
2. Knote 2 Rippenknoten von links nach rechts.
3. Teile die Stränge so auf, dass sich auf der linken Seite 2 Stränge und auf der rechten 4 Stränge befinden. Lege den rechten Strang der rechten Stränge in einem 45-Grad-Winkel über die rechten Stränge. Dieser dient als Führungsfaden. Um diesen wird geknüpft. Knote 3 Rippenknoten von rechts nach links.
4. Wiederhole die Schritte 1, 2 und 3. Lass 1 cm Abstand, wenn du das Muster wiederholen möchtest.

Knüpfe die Schritte 1–4 erneut, um das Muster zu wiederholen. Auf dem Vorschaubild wurde der Mustersatz 4-mal geknüpft.

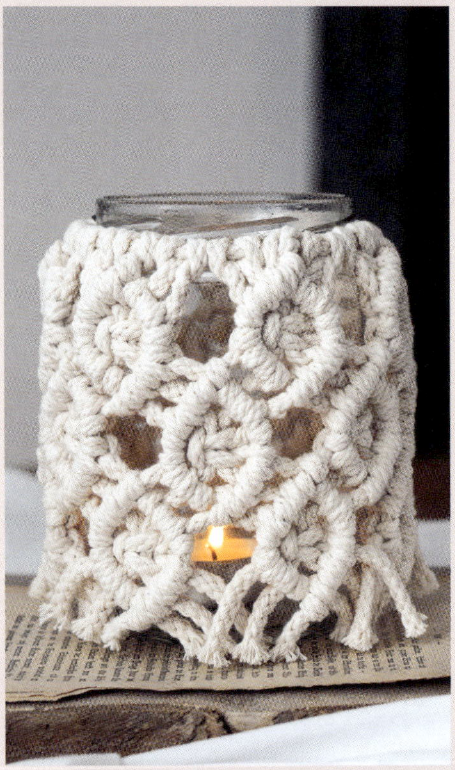

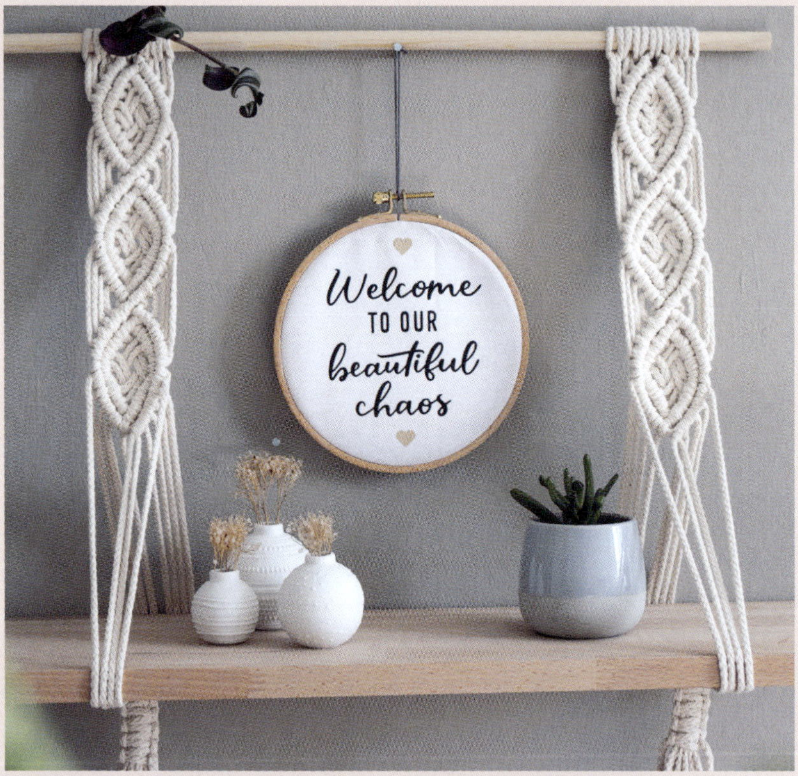
Welcome
TO OUR
beautiful
chaos

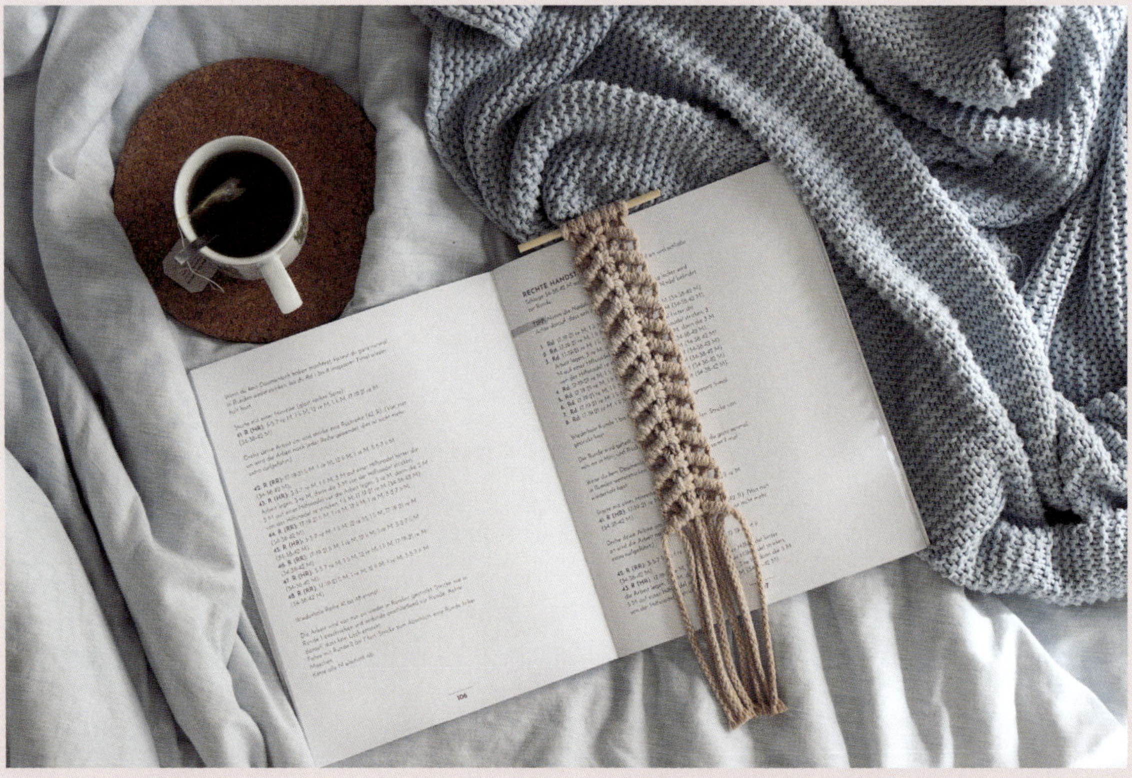

Projekte

Ich hoffe, du bist nach dem vielen Musterknüpfen genauso begeistert von Makramee wie ich. Auf den nächsten Seiten zeige ich dir 15 verschiedene Projekte. Du findest Accessoires, wie Handytasche und Gürtel. Wohnungsdeko, wie eine Blumenampel, ein praktisches Schweberegal bis hin zu einem großen Wandbehang. In jedem dieser Projekte kommt mindestens eines der Muster aus dem Musterteil vor. Lass dich von den verschiedenen Kombinationsmöglichkeiten ruhig zu eigenen Designs inspirieren. Falls du erst einmal meinen Anleitungen folgen möchtest, wünsche ich dir viel Spaß beim Knoten.

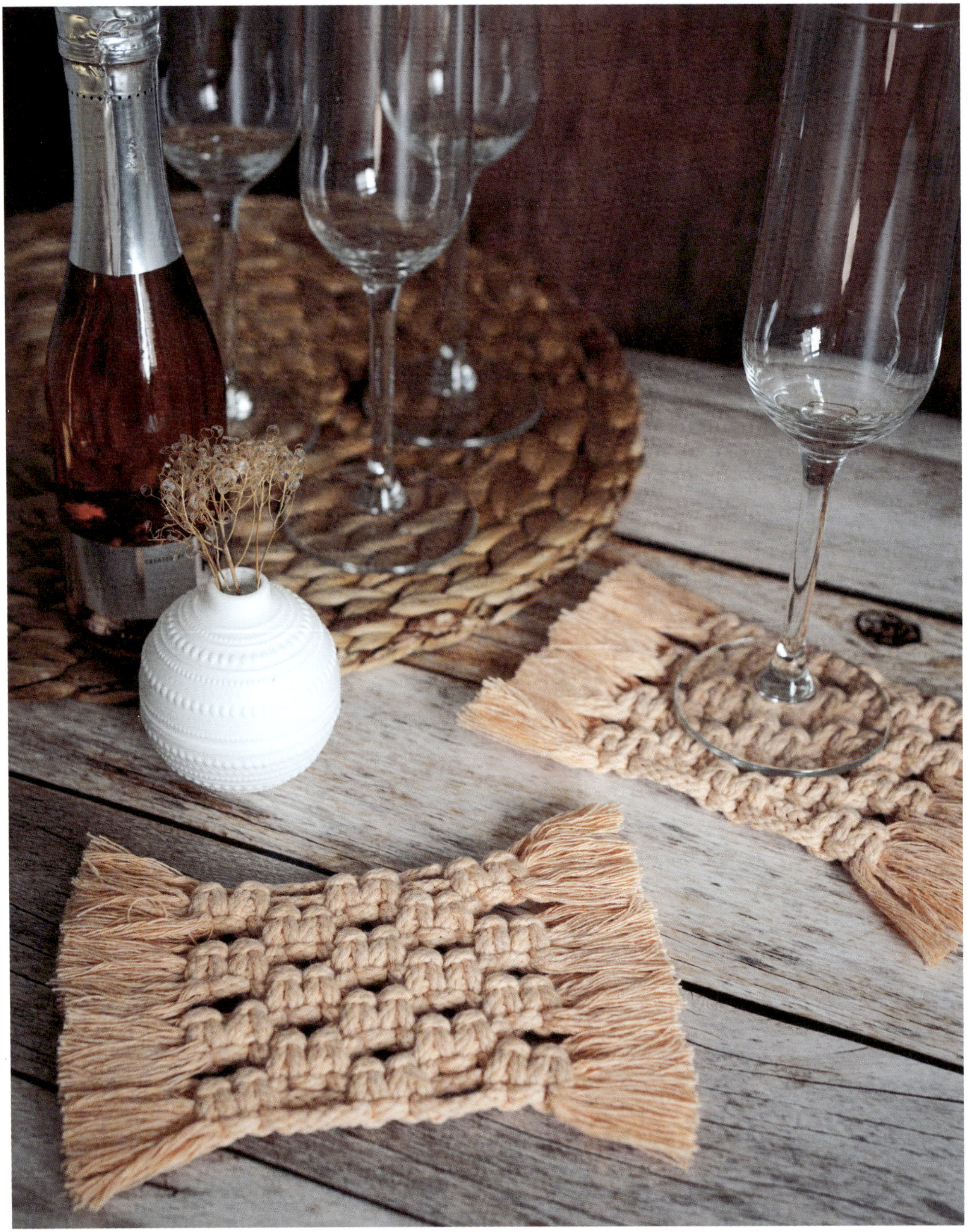

Glasuntersetzer

Glasuntersetzer sind nicht nur praktisch, mit dieser Anleitung sind sie auch stylisch. Am besten machen sie sich im Vierer- oder Sechser-Set.

Für die Untersetzer benötigst du das Muster Kleine Fischer von Seite 84.

Maße gesamt: 10 cm breit und 17 cm hoch

Material:

Gesamtverbrauch 4 mm, geflochtenes Garn in Apricot: 8,4 m

- 8 Baumwollfäden in Apricot, geflochten, ø 4 mm, je 105 cm
- Holzstab ø 12 mm (alternativ Pappkarton, 4 cm hoch)
- Tierhaarkamm
- Schere
- Haarspray

Anleitung

1. Befestige die 8 Stränge mit dem Ankerknoten an deinem Holzstab.
2. Knüpfe 2 Mustersätze des Musters Kleine Fischer untereinander, beschrieben auf Seite 84. Knüpfe abschließend Schritt 1 des Musters Kleine Fischer erneut.
3. Schiebe die Ankerknoten von deinem Holzstab/Pappkarton. Schneide die entstandenen Schlaufen auf.
4. Kämme die Enden auf beiden Seiten aus und kürze sie auf die gleiche Länge (ca. 4 cm).

TIPP: Besprühe die Fransen mit Haarspray, damit sie ihre Form behalten.

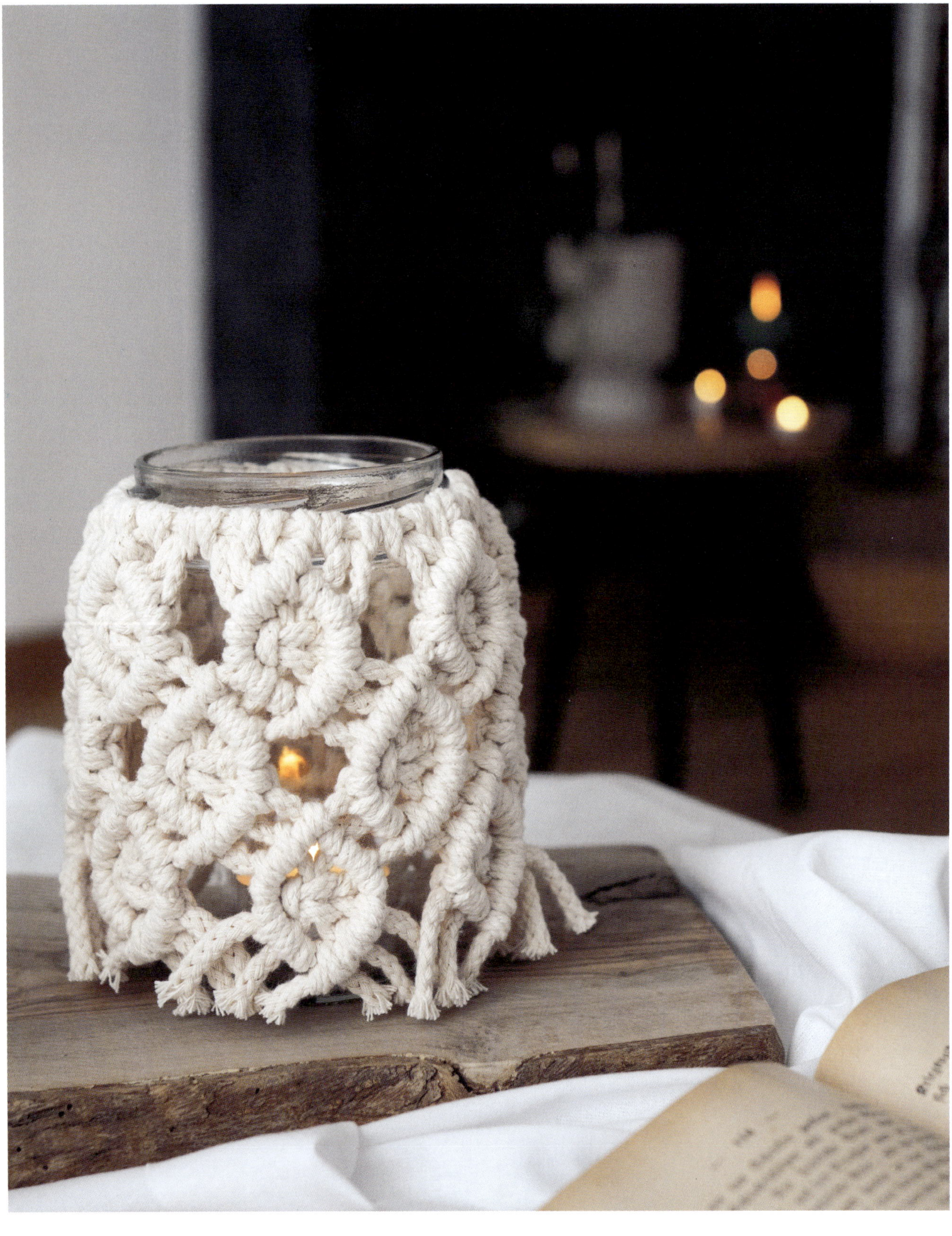

Windlicht

Für das Windlicht kannst du wunderbar alte Einmachgläser upcyclen. Falls dein Glas kleiner oder größer als im Beispiel angegeben ist, kannst du den Mustersatz dementsprechend weniger oder öfter knüpfen. Folglich ändert sich die Fadenanzahl und/oder Fadenlänge.

Für das Windlicht benötigst du das Muster Kleine Rauten von S. 87.

Maße gesamt mit Glas: 12 cm hoch und 8 cm Durchmesser

Material:

Gesamtverbrauch 4 mm, geflochtenes Garn in Natur: 24,5 m

- 20 Baumwollfäden in Natur, geflochten, ø 4 mm, je 115 cm
- 1 Baumwollfaden in Natur, geflochten, ø 4 mm, 150 cm
- Einmachglas, 12 cm hoch, ø 8 cm
- Schere
- Alternativ: Heißklebepistole

Anleitung

1. Lege den 150-cm-Strang um den Hals des Glases und knoten diesen fest. Achte darauf, dass die runterhängenden Fäden gleich lang sind. Achtung, den Knoten nicht zu fest ziehen, damit du in Schritt 2 die Fäden noch anbringen kannst.
2. Befestige 20 Stränge (115 cm) mit dem umgekehrten Ankerknoten an dem in Schritt 1 angebrachten Strang. Wenn du alle 20 Stränge angebracht hast, kannst du den Faden von Schritt 1 richtig fest knoten. Die beiden Stränge von Schritt 1 zählen ebenfalls zu deinen Arbeitsfäden.
3. Unterteile deine Stränge in 6er-Gruppen. Knüpfe 7 x 1 Mustersatz des Musters Kleine Rauten, beschrieben auf Seite 87. Knote einen extra Rippenknoten, um das Muster abzuschließen.
4. Knüpfe das Muster erneut, aber diesmal versetzt. Verwende dafür 3 Stränge der linken Raute und 3 Stränge der rechten Raute der Vorrunde. Knote einen extra Rippenknoten, um das Muster abzuschließen. Zwischen den Rauten 0,5 cm Abstand lassen.
5. Knüpfe das Muster erneut versetzt. Knote einen extra Rippenknoten, um das Muster abzuschließen. Zwischen den Rauten wieder 0,5 cm Abstand lassen.
6. Schneide alle Stränge an der Kante des Glasbodens ab oder klebe sie alternativ mit einer Heißklebepistole am Glasboden fest.

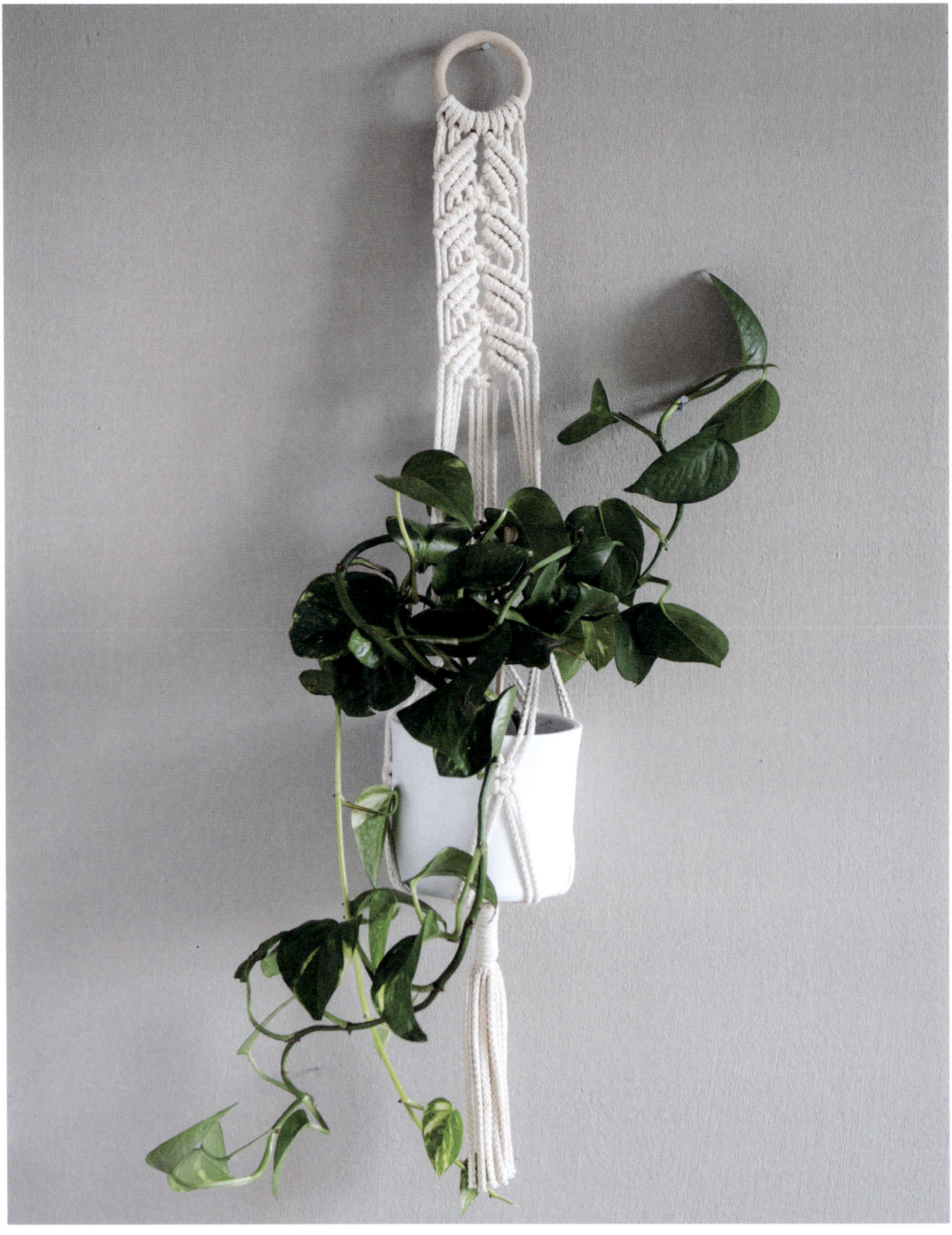

Blumenampel

Blumenampeln sind der Interior-Trend. Kein Wunder, denn die Hänger sind nicht nur sehr praktisch, sondern sehen auch stylisch aus. Die Topfpflanzen, die von der Decke hängen, sparen in kleinen Wohnungen oder auf Balkonen viel Platz und erlauben trotzdem ein mediterranes Flair.

Für die Blumenampel benötigst du das Muster Peak von S. 78.

INFO: Das Netz, in welches der Topf eingesetzt wird, ist dehnbar und kann Töpfe mit einem Durchmesser von bis zu 20 cm aufnehmen. Der Topf im Beispiel misst 13 cm im Durchmesser.

Maße gesamt: 80 cm lang

Material:

Gesamtverbrauch 4 mm, geflochtenes Garn in Natur: 20,2 m

- 6 Baumwollfäden in Natur, geflochten, ø 4 mm, je 320 cm
- 1 Baumwollfaden in Natur, geflochten, ø 4 mm, 100 cm
- Holzring ø 7 cm
- Pappkarton 15 cm hoch als Abstandhalter
- Pappkarton 10 cm hoch als Abstandhalter
- Schere

Anleitung

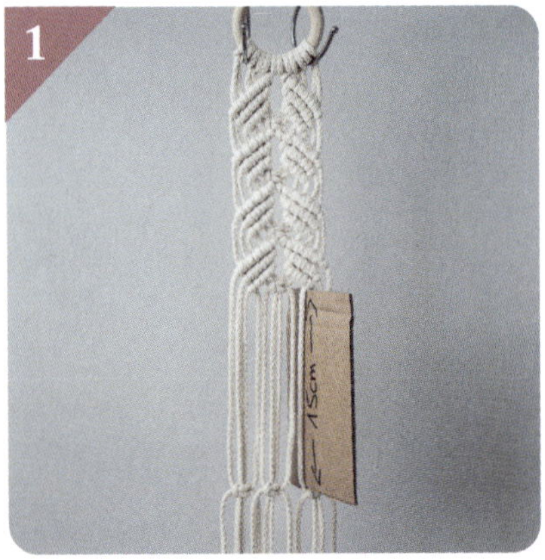
1

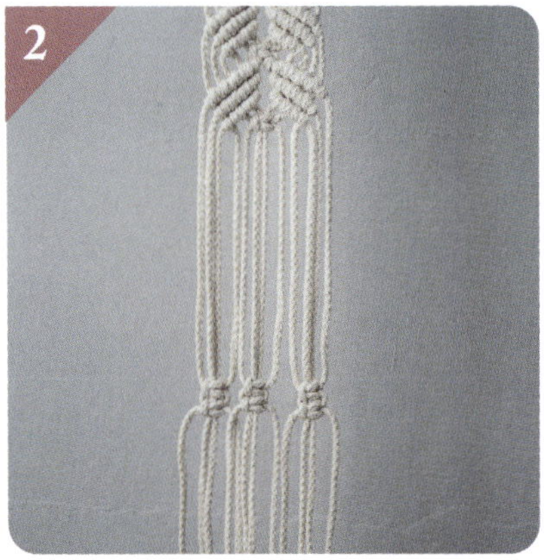
2

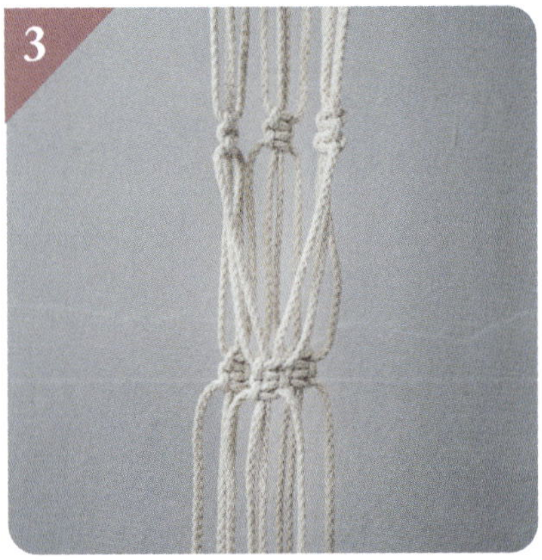
3

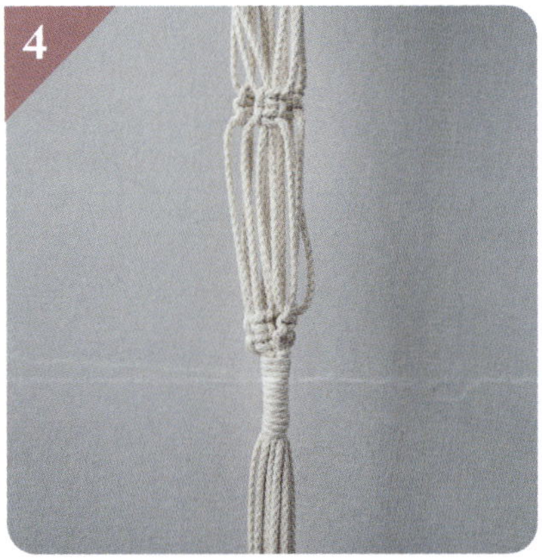
4

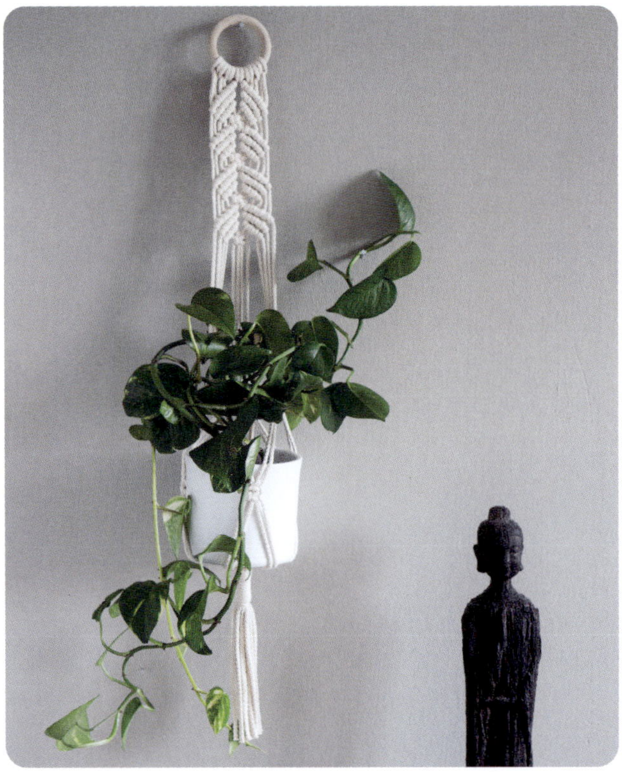

1. Befestige 6 Stränge (320 cm) mit dem umgekehrten Ankerknoten an deinem Holzring.
2. Knüpfe 4 Mustersätze des Musters Peak untereinander, beschrieben auf Seite 78.
3. Positioniere den Pappkarton (15 cm hoch) unter dem letzten Knoten. Dieser fungiert als Abstandhalter. Knote 3 Kreuzknoten nebeneinander. **(Bild 1)**
4. Knote jeweils 1 Kreuzknoten unter die 3 Kreuzknoten der vorherigen Reihe. **(Bild 2)**
5. Positioniere den Pappkarton (10 cm hoch) unter dem letzten Knoten. Dieser fungiert als Abstandhalter.
6. Knote 3 versetzte Kreuzknoten. Dafür werden die beiden links und rechts außen liegenden Stränge ebenfalls zu einem Kreuzknoten zusammengefügt.
7. Knote jeweils 1 Kreuzknoten unter die 3 Kreuzknoten der vorherigen Reihe. **(Bild 3)**
8. Wiederhole die Schritte 5–7 noch 1-mal.
9. Verbinde alle 12 Stränge mit deinem 100-cm-Strang mithilfe eines Wickelknotens. Dieser sollte mindestens 8 Umwicklungen haben, damit er deinen schweren Topf halten kann. **(Bild 4)**
10. Kürze alle Stränge auf die gleiche Länge.

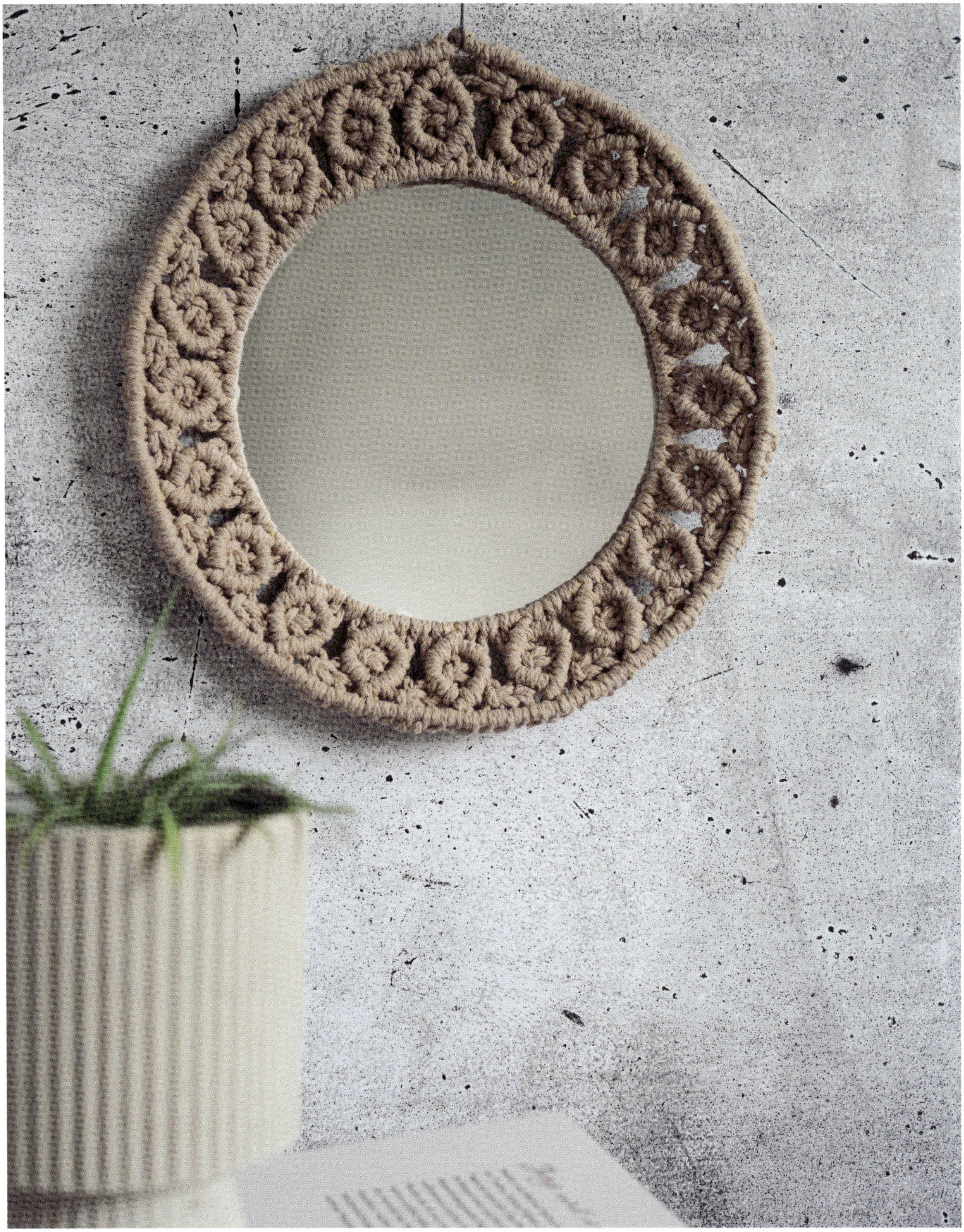

Für dein Zuhause

Spiegel

Ein absoluter Hingucker ist der geknüpfte Spiegel-Rahmen. Du kannst ihn auch als Schlüssel- oder Schmuckablage umfunktionieren. Der Rahmen macht sich aber auch ohne Spiegel als Wanddekoration ganz wunderbar.

Falls du einen größeren oder kleineren Metallring verwenden möchtest, kannst du das Muster ganz einfach anpassen. Knüpfe den Mustersatz dementsprechend häufiger/weniger. Bringe dafür jeweils 3 Stränge (60 cm) pro Mustersatz mehr/weniger am Metallring an.

Für den Spiegel benötigst du das Muster Kleine Rauten von Seite 87.

Maße gesamt: 30 cm Durchmesser

Material:

Gesamtverbrauch 4 mm, geflochtenes Garn in Beige: 37,4 m

- 60 Baumwollfäden in Beige, geflochten, ø 4 mm, je 60 cm
- 1 Baumwollfaden in Beige, geflochten, ø 4 mm, 140 cm
- Metallring ø 20 cm
- Spiegelplatte ø 21 cm
- Heißklebepistole oder Montagekleber
- Schere

Anleitung

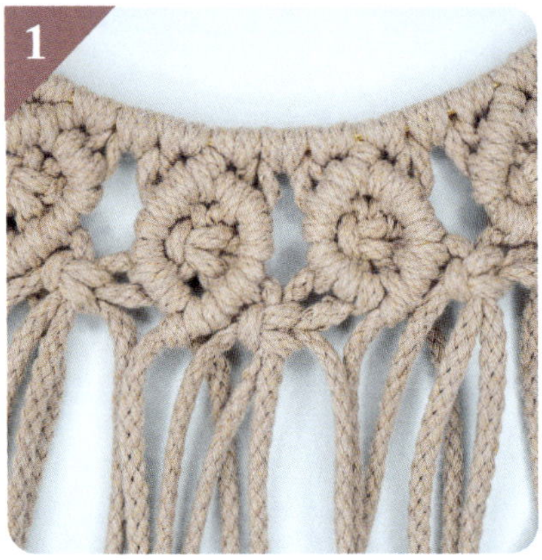
1

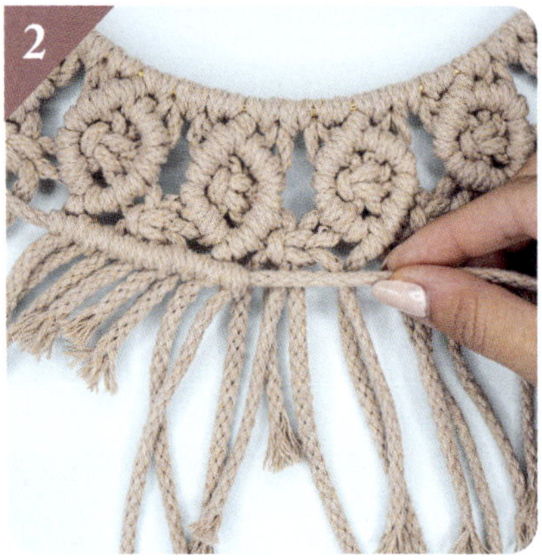
2

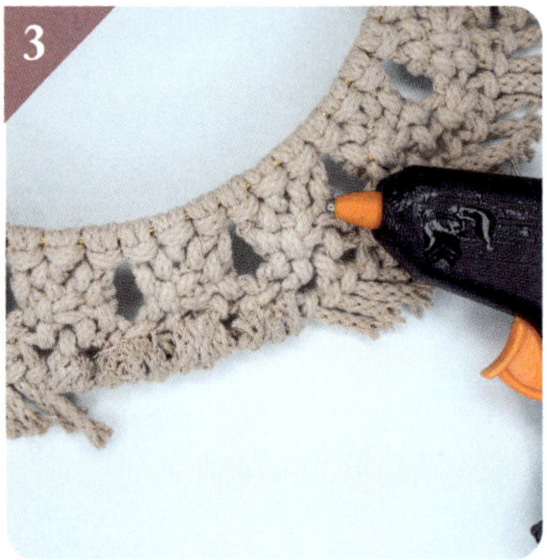
3

1. Befestige 60 Stränge (60 cm) mit dem umgekehrten Ankerknoten, an deinem Metallring.
2. Knüpfe rundherum insgesamt 20 Mustersätze des Musters Kleine Rauten nebeneinander, beschrieben auf Seite 87. Knote einen extra Rippenknoten, um die Rauten zu schließen.
3. Knüpfe in jeden Zwischenraum der Mustersätze 1 Kreuzknoten. Verwende dafür 2 Stränge eines Mustersatzes und 2 Stränge des danebenliegenden. Es sind insgesamt 20 Kreuzknoten. **(Bild 1)**
4. Lege den 140-cm-Strang über deine Arbeit am Ende der letzten Knoten entlang. Dieser fungiert als Führungsfaden. Um diesen wird geknüpft. Knüpfe 60 Rippenknoten rundherum. **(Bild 2)**
5. Kürze mit deiner Schere alle Strang-Enden auf eine Länge von 2 cm. Klebe sie auf der Rückseite mit der Heißklebepistole fest. Achte darauf, dass die Enden auf der Vorderseite nicht sichtbar sind. **(Bild 3)**
6. Klebe den Rahmen auf deine Spiegelplatte.

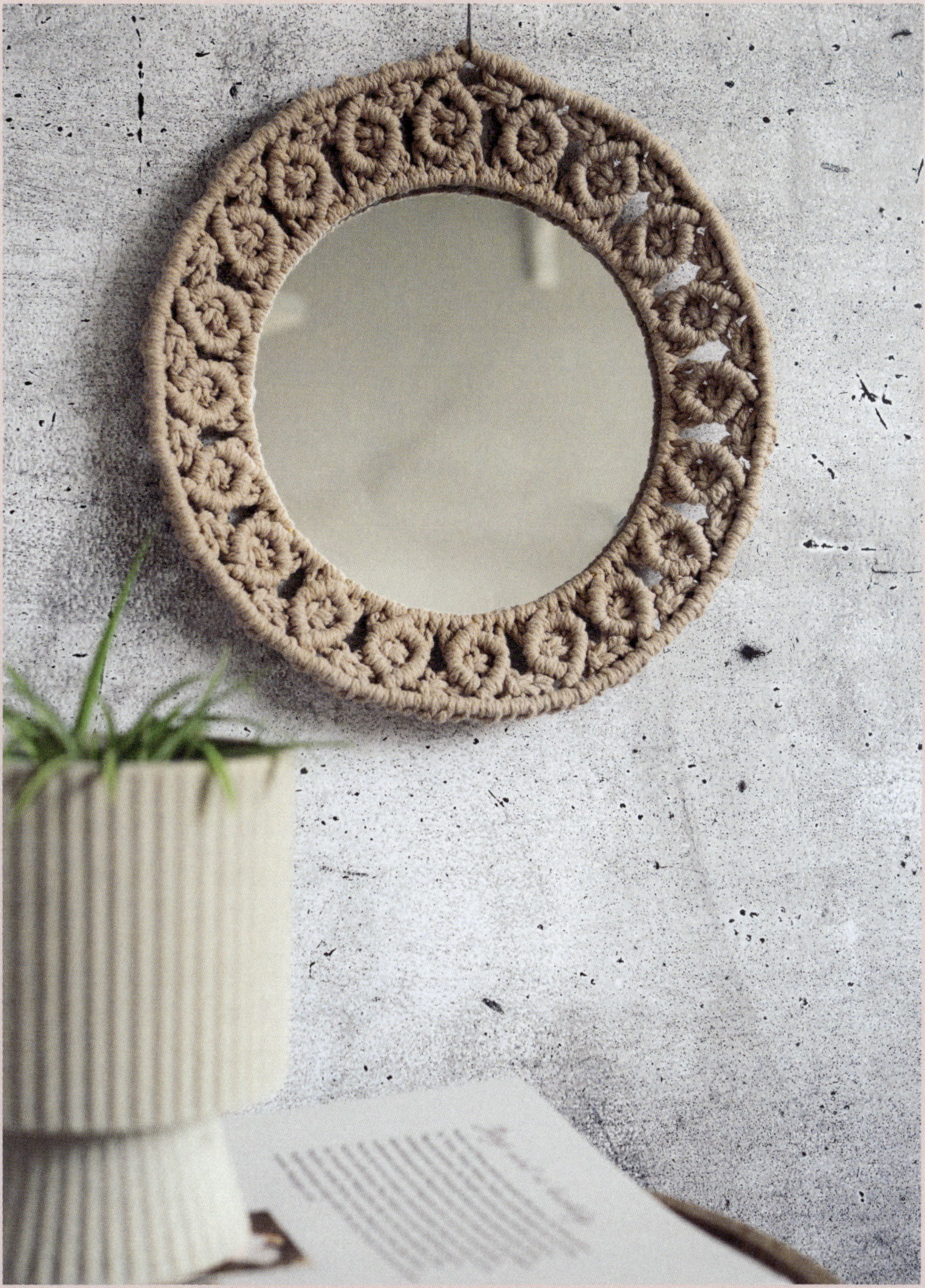

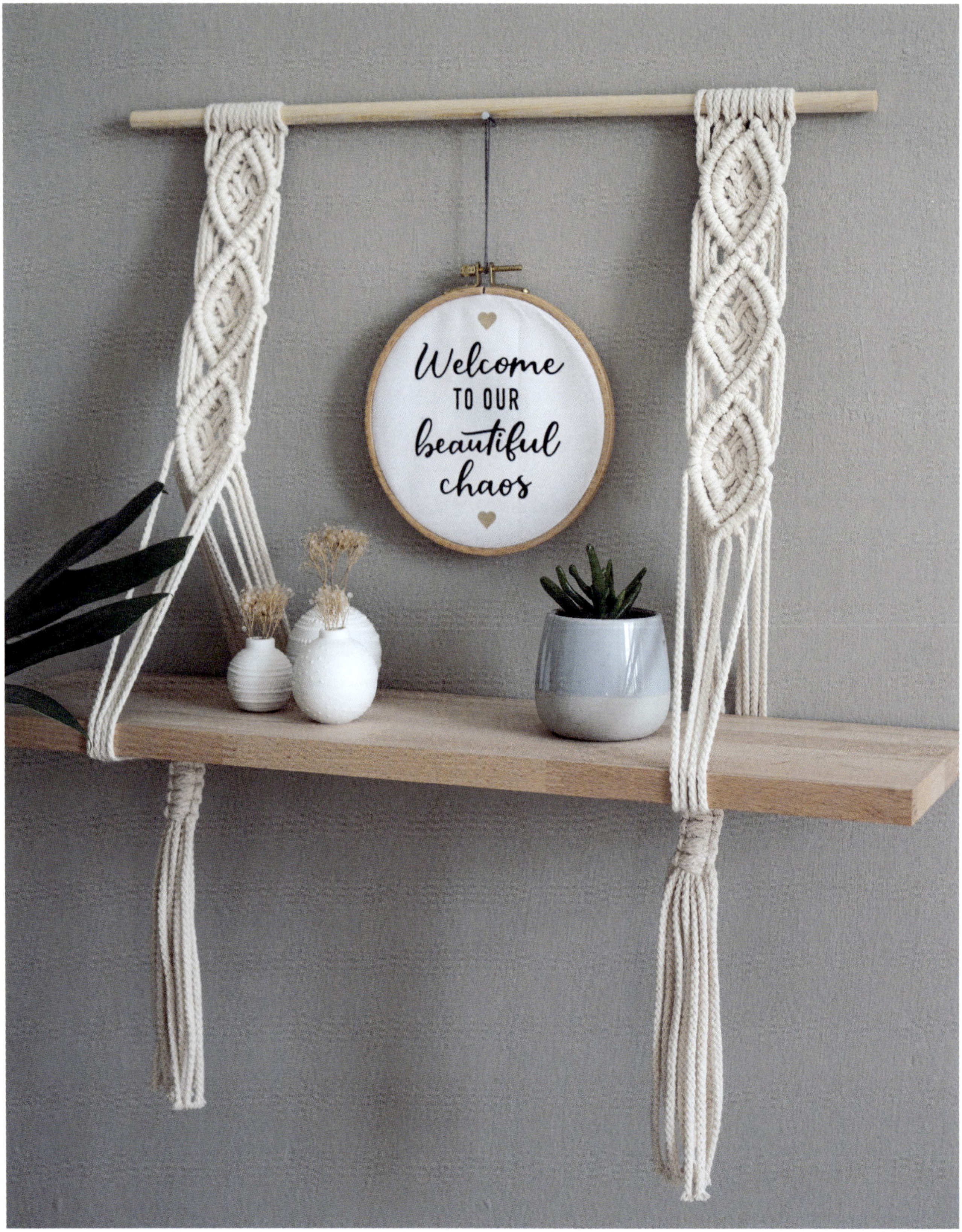
Welcome
TO OUR
beautiful
chaos

Schweberegal

Du möchtest deine Deko-Elemente stilecht präsentieren? Dann ist dieses Schweberegal genau das Richtige für dich. Es ist ein absoluter Blickfang und bietet zusätzlich viel Platz.

Du kannst anders als im Beispiel angegeben auch einen kürzeren/längeren Holzstab sowie ein kürzeres/längeres Brett verwenden. Somit wird das Regal allerdings schmäler/breiter.

Für das Schweberegal benötigst du das Muster Wittelsbacher von Seite 56.

Maße gesamt: 60 cm breit und 65 cm hoch

Material:

Gesamtverbrauch 4 mm, geflochtenes Garn in Natur: 36 m

- 12 Baumwollfäden in Natur, geflochten, ø 4 mm, je 300 cm
- Holzstab ø 12 mm, 50 cm
- Holzbrett, 19 cm breit, 60 cm lang
- Pappkarton 24 cm hoch als Abstandhalter
- Schere

Anleitung

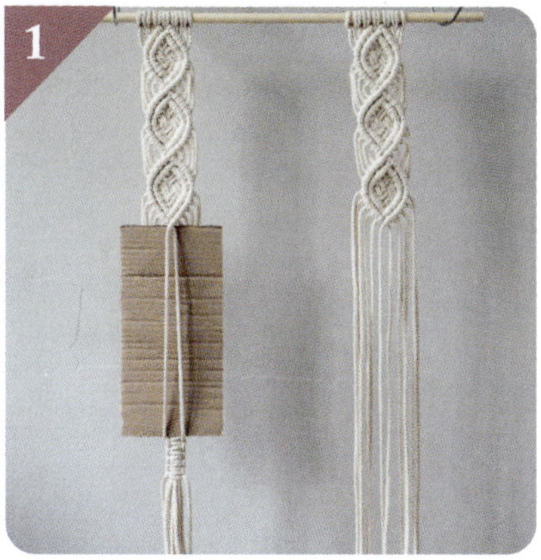
1

1. Befestige 6 Stränge (300 cm) auf der linken und 6 Stränge (300 cm) auf der rechten Seite mit dem umgekehrten Ankerknoten an deinem Holzstab.
2. Knüpfe auf beiden Seiten jeweils 3 Mustersätze des Musters Wittelsbacher untereinander. Beschrieben auf Seite 56.
3. Positioniere den Pappkarton unter den letzten Knoten. Dieser fungiert als Abstandhalter.
4. Knüpfe auf beiden Seiten 5 Kreuzknoten untereinander. Die beiden mittleren Stränge sind auf beiden Seiten wesentlich länger als die restlichen Stränge. Die fungieren dabei als Arbeitsfäden und die restlichen 10 Stränge liegen innen und fungieren als Trägerfäden. **(Bild 1)**
5. Kürze alle Stränge auf die gleiche Länge von ca. 18 cm.
6. Schiebe das Holzbrett durch den großen Abstand. Dabei liegen die jeweils äußeren Stränge und die beiden mittleren beidseitig vorne.

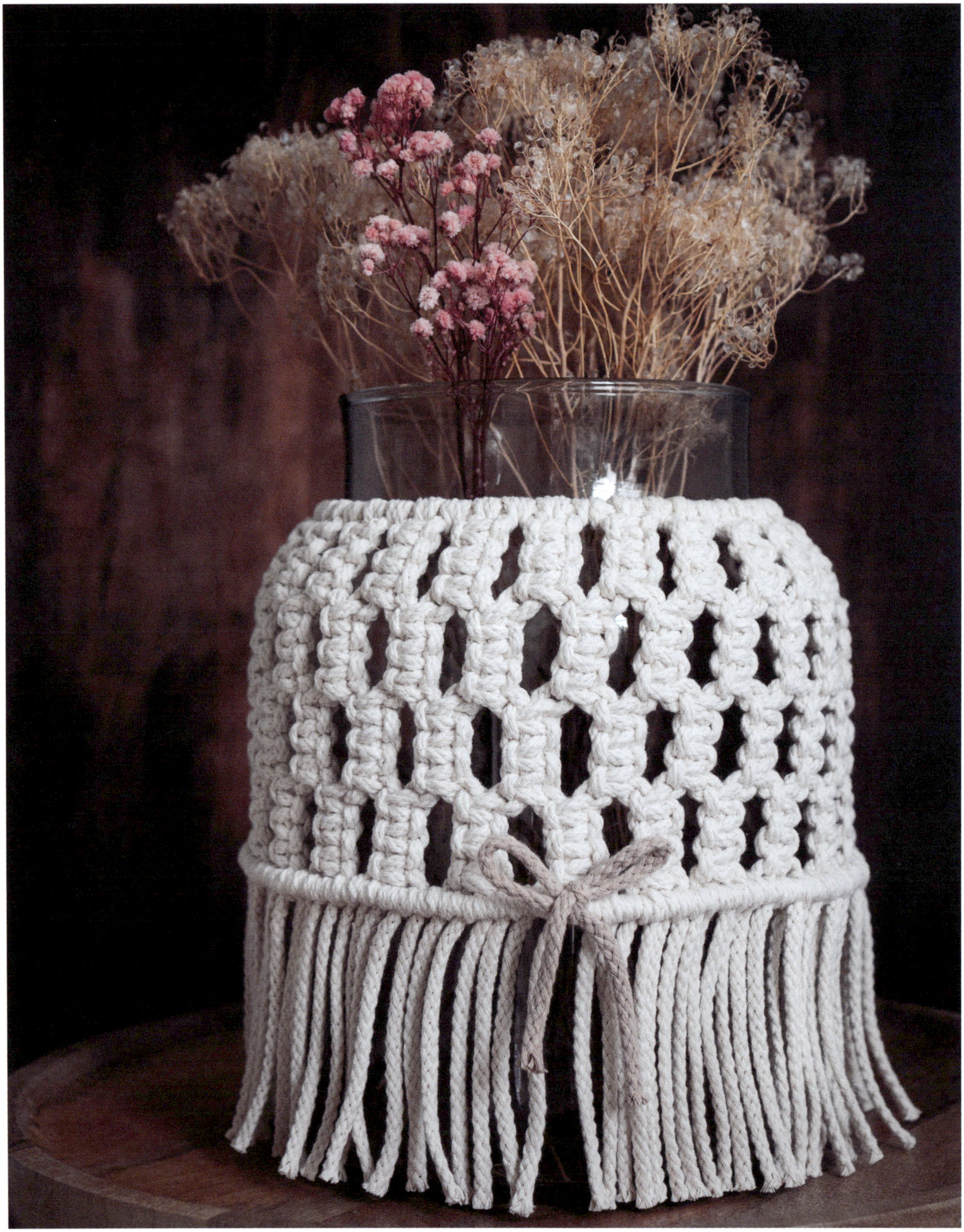

Große Vase

Mit einem einfachen Makramee-Muster wird deine schlichte Vase zum Hingucker. Falls dein Glas kleiner oder größer als im Beispiel angegeben ist, kannst du die Anzahl der zu knüpfenden Mustersätze dementsprechend reduzieren oder erhöhen. Folglich ändert sich die Fadenanzahl.

Für die Vase benötigst du das Muster Große Fischer von Seite 82.

Maße gesamt mit Glas: 26 cm hoch und 17 cm Durchmesser

Material:
Gesamtverbrauch 4 mm, geflochtenes Garn in Natur: 72,3 m
Gesamtverbrauch 4 mm, geflochtenes Garn in Beige: 1,1 m

- 47 Baumwollfäden in Natur, geflochten, ø 4 mm, je 150 cm
- 1 Baumwollfaden in Natur, geflochten, ø 4 mm, 180 cm
- 1 Baumwollfaden in Beige, geflochten, ø 4 mm, 110 cm
- Vase: 26 cm hoch, 17 cm ø an der breitesten Stelle
- Schere

Anleitung

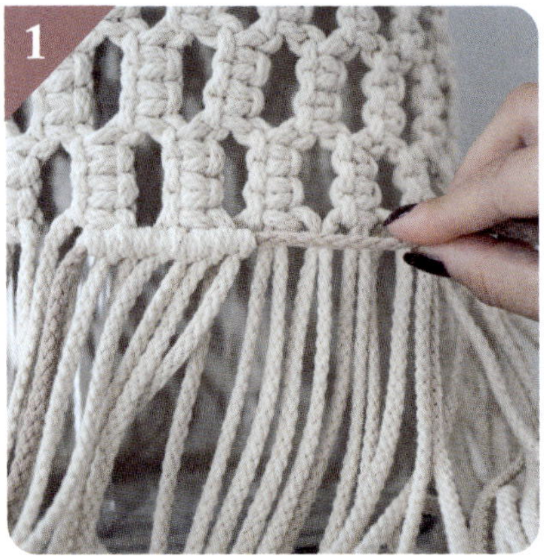

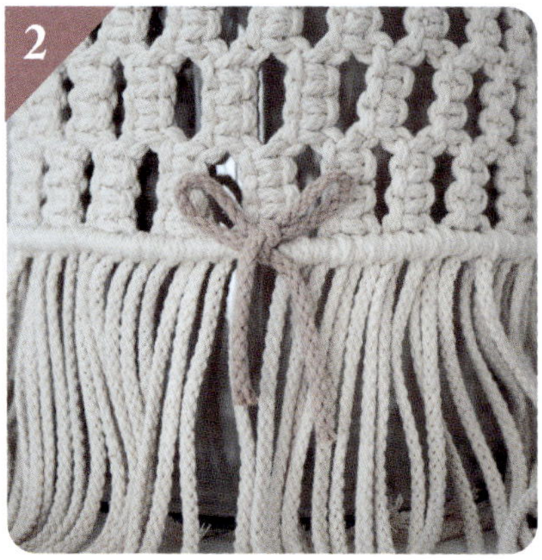

1. Lege den 180-cm-Strang um den Hals des Glases und knote diesen fest. Achte darauf, dass die runterhängenden Fäden gleich lang sind. Achtung, den Knoten nicht zu fest ziehen, damit du in Schritt 2 die Fäden noch anbringen kannst.
2. Befestige 47 Stränge (150 cm) mit dem umgekehrten Ankerknoten an dem in Schritt 1 angebrachten Strang. Wenn du alle 47 Stränge angebracht hast, kannst du den Faden von Schritt 1 richtig fest knoten. Die beiden Stränge von Schritt 1 zählen ebenfalls zu deinen Arbeitsfäden.
3. Knüpfe 6 x 2 Mustersätze des Musters Große Fischer untereinander, beschrieben auf Seite 82.
4. Lege den 110-cm-Strang in einem 90-Grad-Winkel direkt unter dein Muster. Dieser fungiert als Führungsfaden, um diesen wird geknüpft. Knote 96 Rippenknoten. Achte darauf, dass der Faden am Anfang, bevor du das Knüpfen beginnst, ca. 20 cm heraussteht. **(Bild 1)**
5. Knote mit dem Anfang und Ende deines beigefarbenen Fadens eine Schleife und schneide die Fäden zurecht. **(Bild 2)**
6. Kürze alle Stränge auf die gleiche Länge, sodass sie mit dem Vasenboden abschließen.

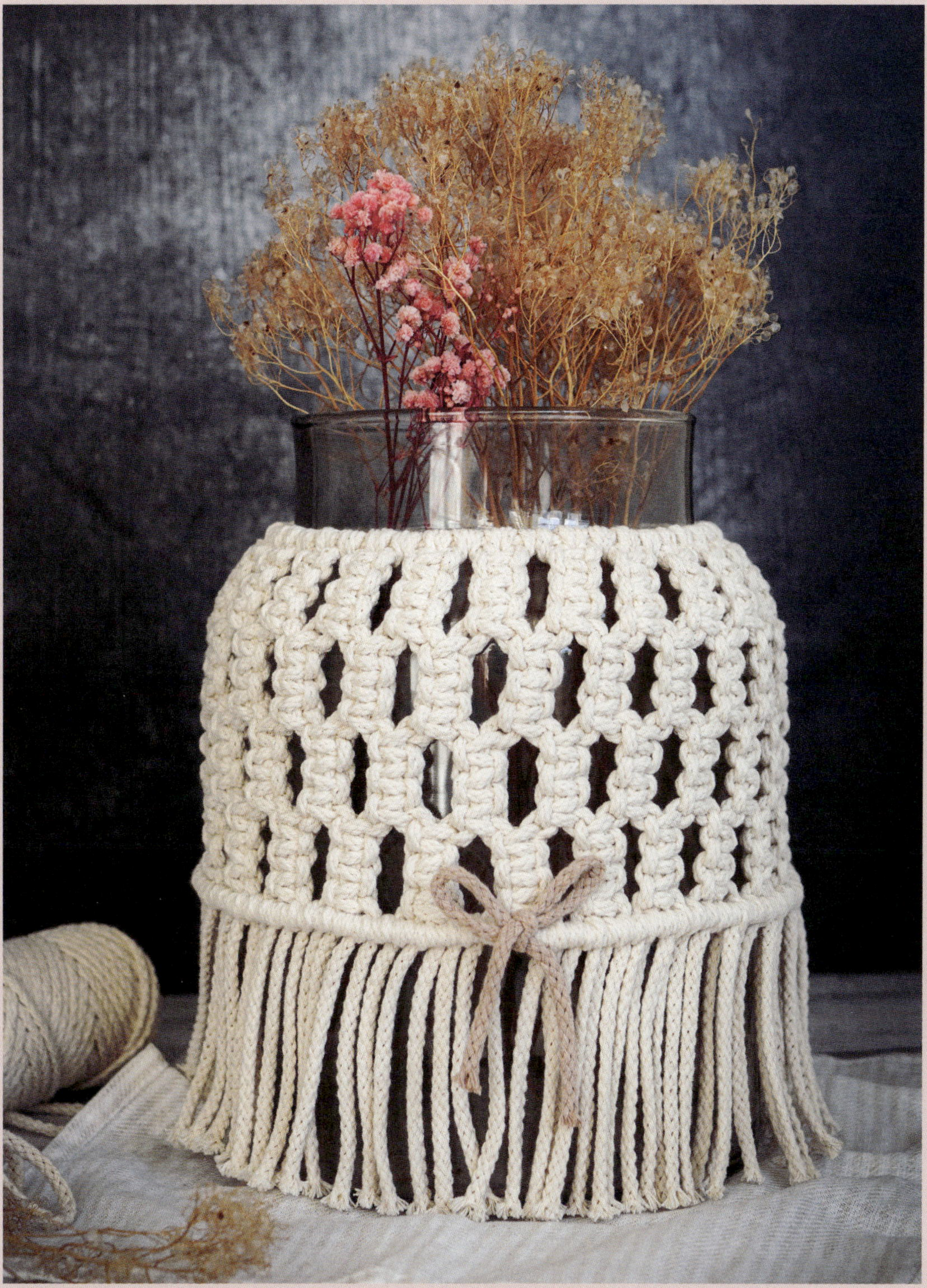

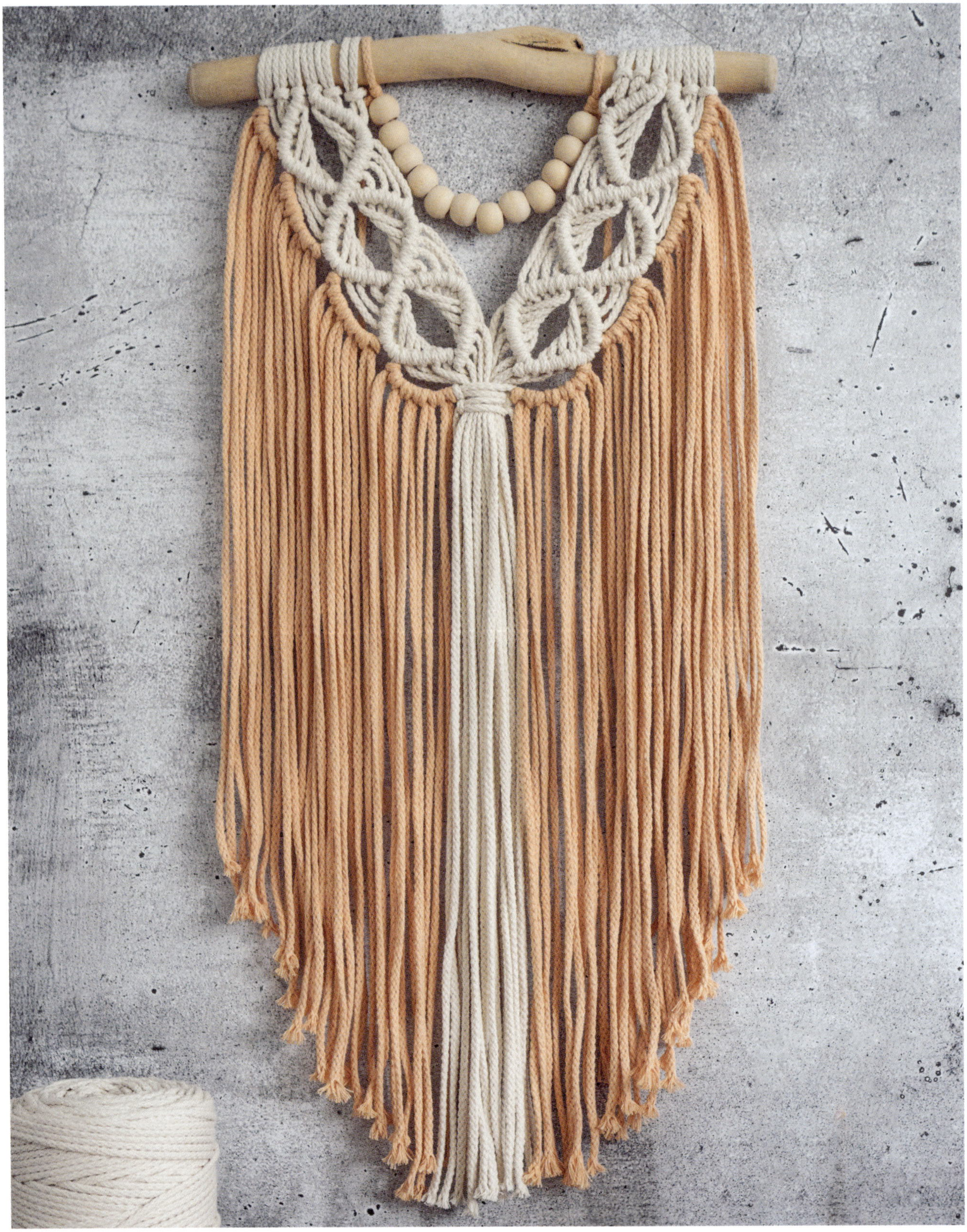

Für dein Zuhause

Kleiner Wandbehang

Natürlich darf in einem Buch über Makramee-Muster ein Wandbehang nicht fehlen. Falls du erst einmal üben möchtest oder nicht so viel Platz zur Verfügung hast, probiere es doch mal mit dieser kleineren Version eines Wandbehanges. Dein Ast sollte mindestens 35 cm lang sein. Der Ast auf dem Vorschaubild misst 38 cm. Du kannst das Muster selbstverständlich auch einfarbig knüpfen. Für den Wandbehang benötigst du das Muster Tree Hole von Seite 26.

Maße gesamt ohne Ast: 29 cm breit, 68 cm hoch

Material:
Gesamtverbrauch 4 mm, geflochtenes Garn in Natur: 30 m
Gesamtverbrauch 4 mm, geflochtenes Garn in Apricot: 39,6 m

Teil 1:
- 12 Baumwollfäden in Natur, geflochten, ø 4 mm, je 250 cm

Teil 2:
- 36 Baumwollfäden in Apricot, geflochten, ø 4 mm, je 105 cm

Teil 3:
- 1 Baumwollfaden in Apricot, geflochten, ø 4 mm, 180 cm

- 12 Holzkugeln ø 20 mm mit großem Loch
- Schere
- Ast/Stab

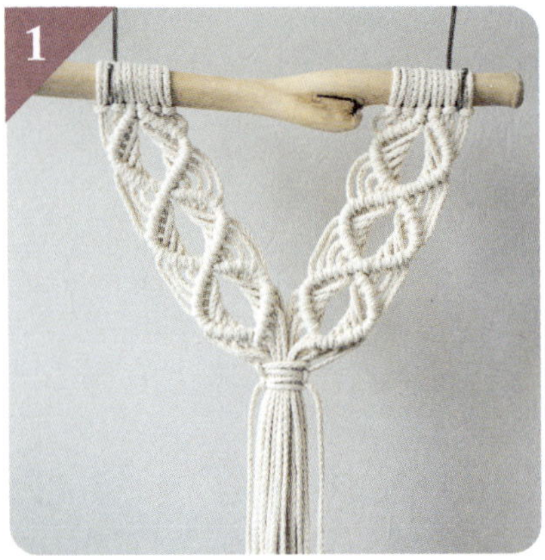

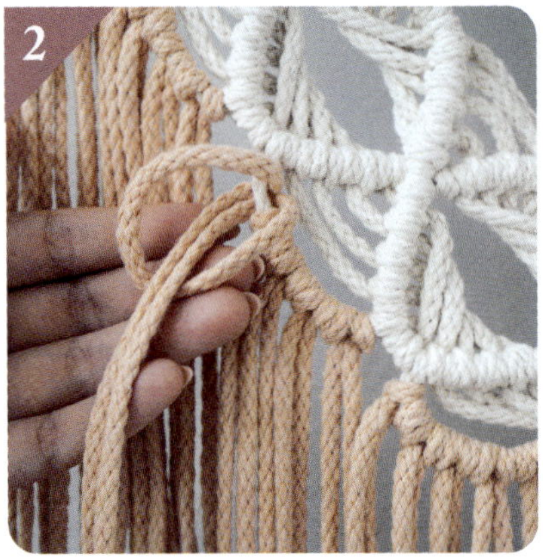

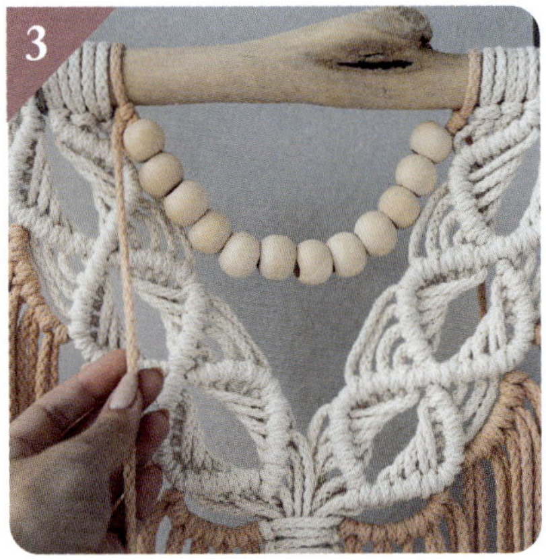

Anleitung

Teil 1

1. Befestige 12 naturfarbene Stränge (250 cm) mit einem Abstand von 16 cm am linken und rechten Rand deines Astes. Dabei befinden sich 6 Stränge auf der linken und 6 auf der rechten Seite.
2. Knüpfe 3 Mustersätze des Musters Tree Hole auf der linken und rechten Seite untereinander. Beschrieben auf Seite 26.
3. Führe die linke und rechte Seite in der Mitte zusammen. Verbinde die beiden mit 2 Kreuzknoten untereinander. Dabei fungieren die Stränge links und rechts außen als Arbeitsfäden, die restlichen 22 Stränge in der Mitte als Trägerfäden. (Bild 1)

Teil 2

4. Befestige in den äußeren Zwischenräumen 36 apricotfarbene Stränge (105 cm) mit dem umgekehrten Ankerknoten. 18 auf der linken und 18 auf der rechten Seite. Dabei werden im oberen Zwischenraum 3 Fäden und in den restlichen Zwischenräumen jeweils 5 Stränge angebracht. (Bild 2)
5. Kürze die mittleren, naturfarbenen Fäden auf die gleiche Länge.

Teil 3

6. Bringe den apricotfarbenen 180-cm-Strang mit einem Doppelknoten (alternativ Rippenknoten) auf der linken Seite direkt neben deinem Mustersatz an. Achte darauf, dass der Faden, der links runterhängt, dieselbe Länge wie deine Fransen hat.
7. Fädle 12 Holzperlen auf.
8. Knote den Strang auf der rechten Seite direkt neben deinem Mustersatz mit einem Doppelknoten (alternativ Rippenknoten) fest.
9. Führe die beiden runterhängenden Fäden auf die Rückseite. (Bild 3)
10. Kürze die Stränge auf die gleiche Länge, wie die Fransen haben.

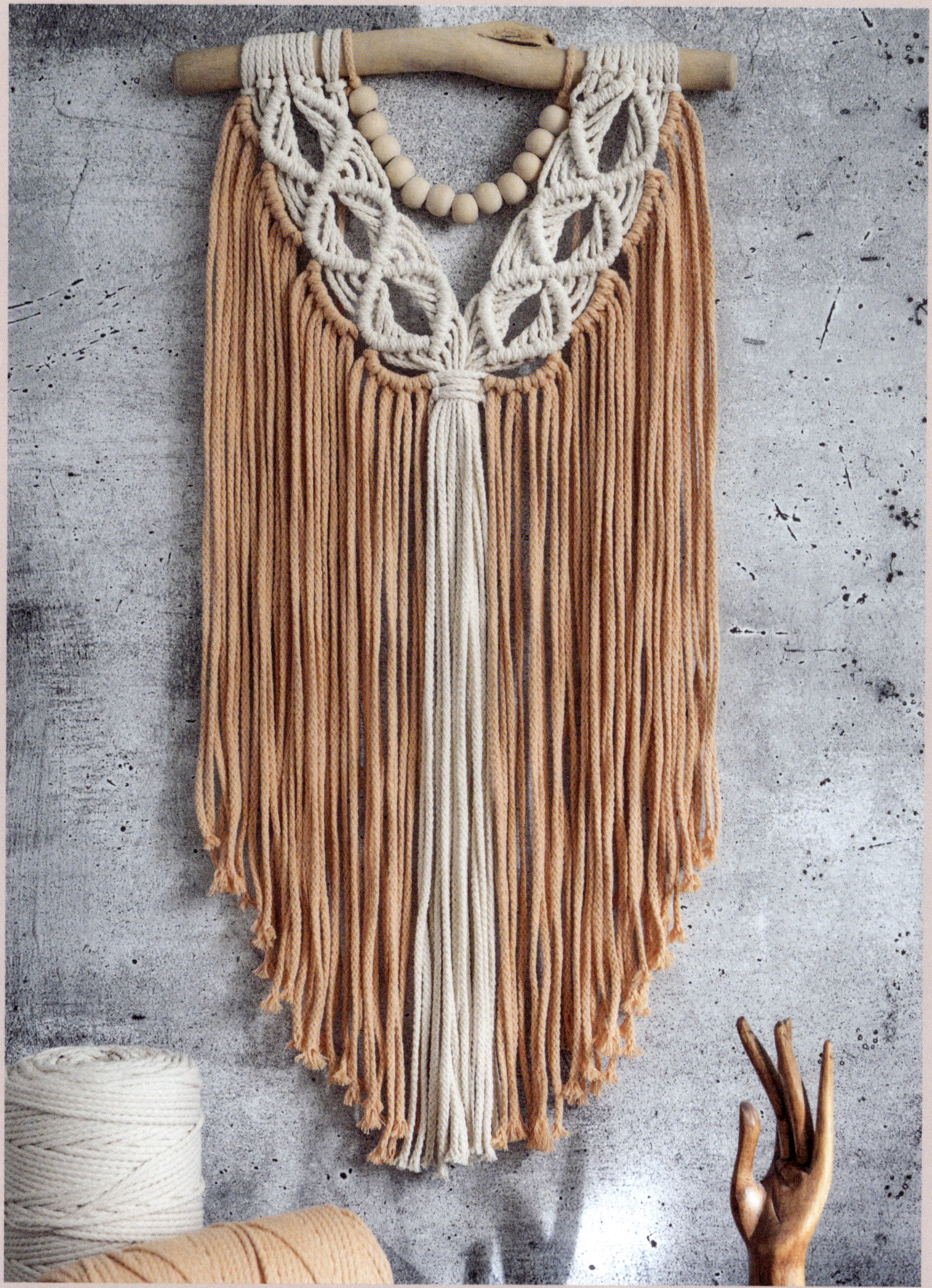

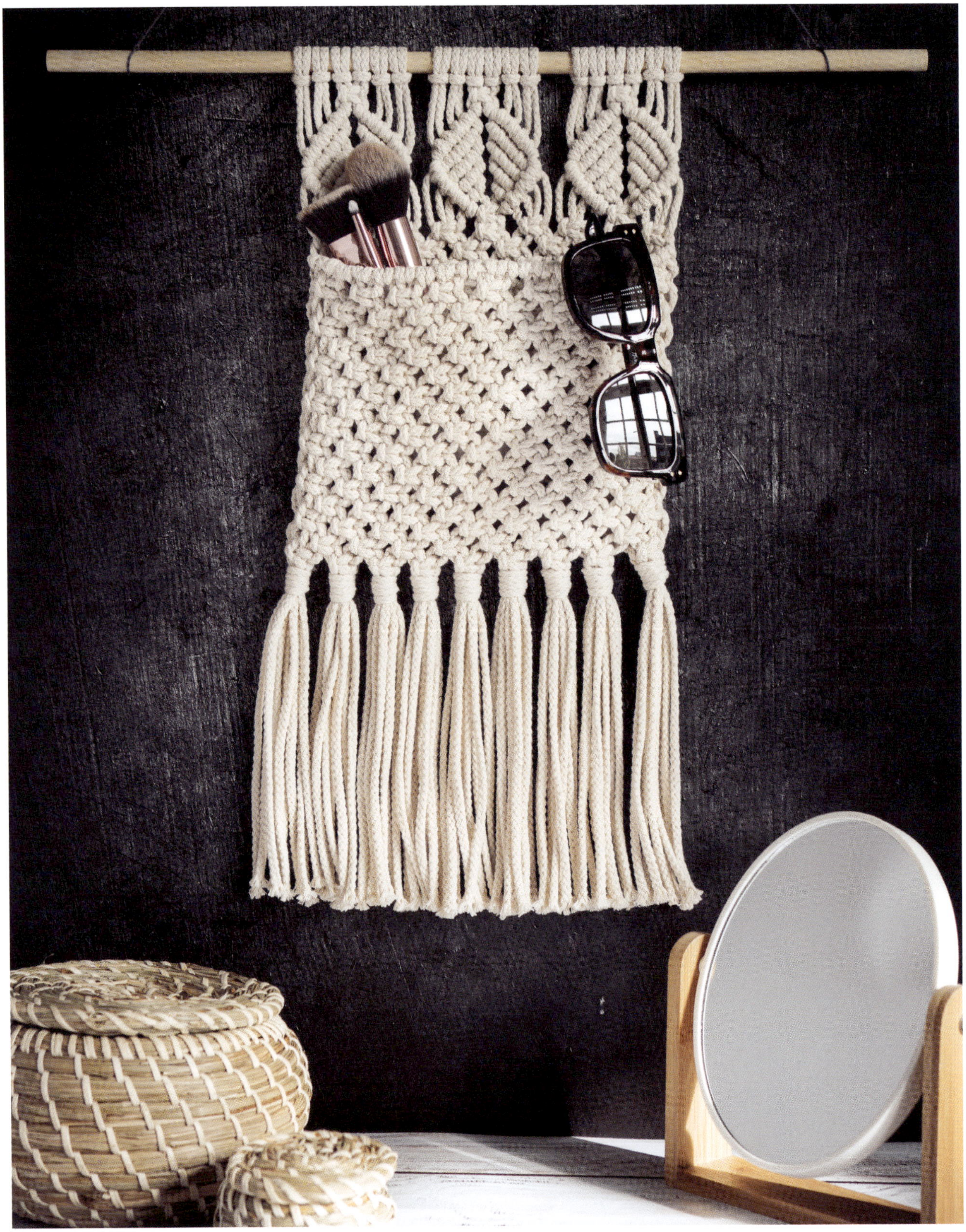

Wand-Organizer

Der Wand-Organizer macht nicht nur optisch einiges her, er bietet auch viel Stauraum für deinen alltäglichen Krimskrams.

Für den Organizer benötigst du das Muster Eukalyptus von Seite 68.

Maße gesamt: 23 cm breit, 50 cm hoch
Maße Tasche: 23 cm breit, 18 cm hoch

Material:

Gesamtverbrauch 4 mm, geflochtenes Garn in Natur: 84,9 m

- 18 Baumwollfäden in Natur, geflochten, ø 4 mm, je 260 cm
- 1 Baumwollfaden in Natur, geflochten, ø 4 mm, 120 cm
- 18 Baumwollfäden in Natur, geflochten, ø 4 mm, je 180 cm
- 9 Baumwollfäden in Natur, geflochten, ø 4 mm, je 50 cm
- Holzstab ø 12 mm, mindestens 30 cm
- Schere
- Stecknadeln
- Wollnadel
- Spannmatte

Anleitung

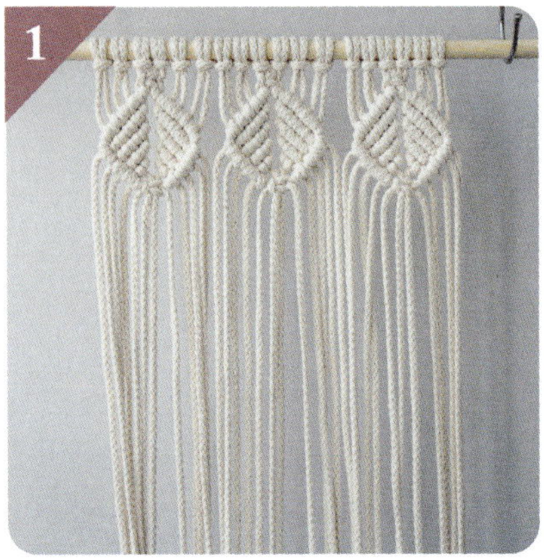

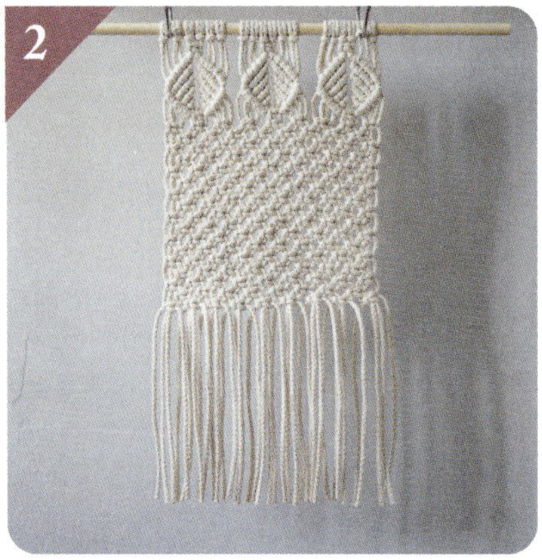

Rückseite:

1. Befestige 18 Stränge (260 cm) mit dem Ankerknoten an deinem Holzstab.
2. Knüpfe nebeneinander 3 x 1 Mustersatz vom Muster Eukalyptus, beschrieben auf Seite 68. Beende jeden Mustersatz mit einem Kreuzknoten. **(Bild 1)**
3. Knüpfe auf derselben Höhe 9 Kreuzknoten nebeneinander.
4. Knüpfe 8 versetzte Kreuzknoten nebeneinander. Dafür werden die 2 linken und rechten Stränge ausgelassen.
5. Wiederhole die Schritte 3 und 4, bis du insgesamt 16 Reihen geknotet hast. Schließe das Kreuzknoten-Muster mit Schritt 3 ab. Somit hast du insgesamt 17 Reihen. Kürze alle Stränge auf die gleiche Länge (ca. 20 cm). **(Bild 2)**

Vorderseite:

6. Lege den 120-cm-Strang auf eine Spannmatte und stecke die Mitte mit Stecknadeln fest. Achte darauf, dass die runterhängenden Fäden gleich lang sind.
7. Bringe 18 Stränge (180 cm) mit dem umgekehrten Ankerknoten an. **(Bild 3)**
8. Knüpfe 9 Kreuzknoten nebeneinander. Die 2 Fäden von Schritt 6 werden vorerst zur Seite gelegt.
9. Knüpfe 8 versetzte Kreuzknoten nebeneinander. Dafür werden die 2 linken und rechten Stränge ausgelassen.
10. Wiederhole die Schritte 3 und 4, bis du insgesamt 14 Reihen geknotet hast. Schließe das Kreuzknoten-Muster mit Schritt 8 ab. Somit hast du insgesamt 15 Reihen. Kürze alle Stränge auf die gleiche Länge (ca. 20 cm).

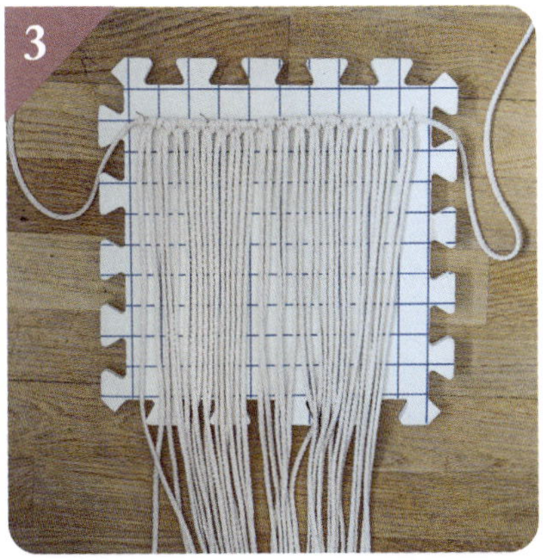

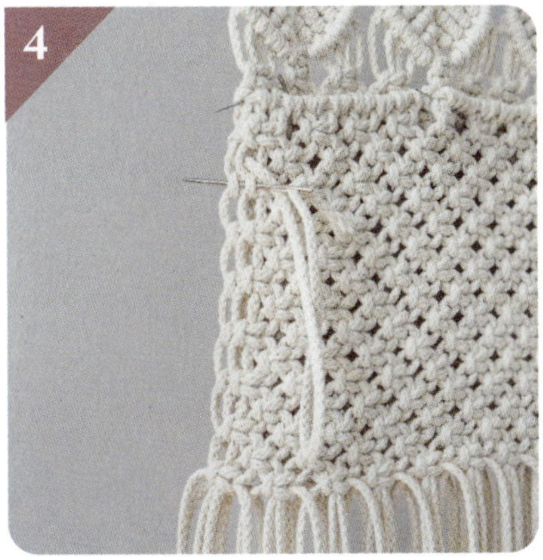

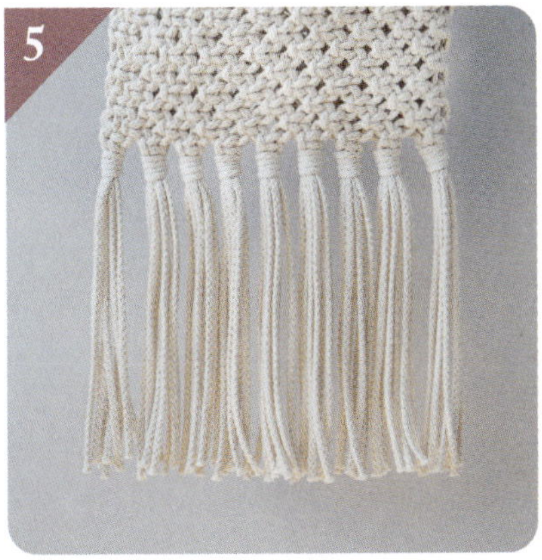

Abschluss:

11. Stecke die Vorderseite mit Stecknadeln an der Rückseite fest. Achte darauf, dass die unteren Kanten miteinander abschließen.

12. Nimm die 2 Fäden aus Schritt 6 zur Hand. Nähe damit jeweils die beiden Seiten links und rechts von oben nach unten zu. **(Bild 4)**

13. Um die untere Kante zu schließen, werden jeweils ein Kreuzknoten der Vorder- und der Rückseite mit einem Wickelknoten verbunden. Verwende hierfür die 9 Stränge (50 cm). **(Bild 5)**

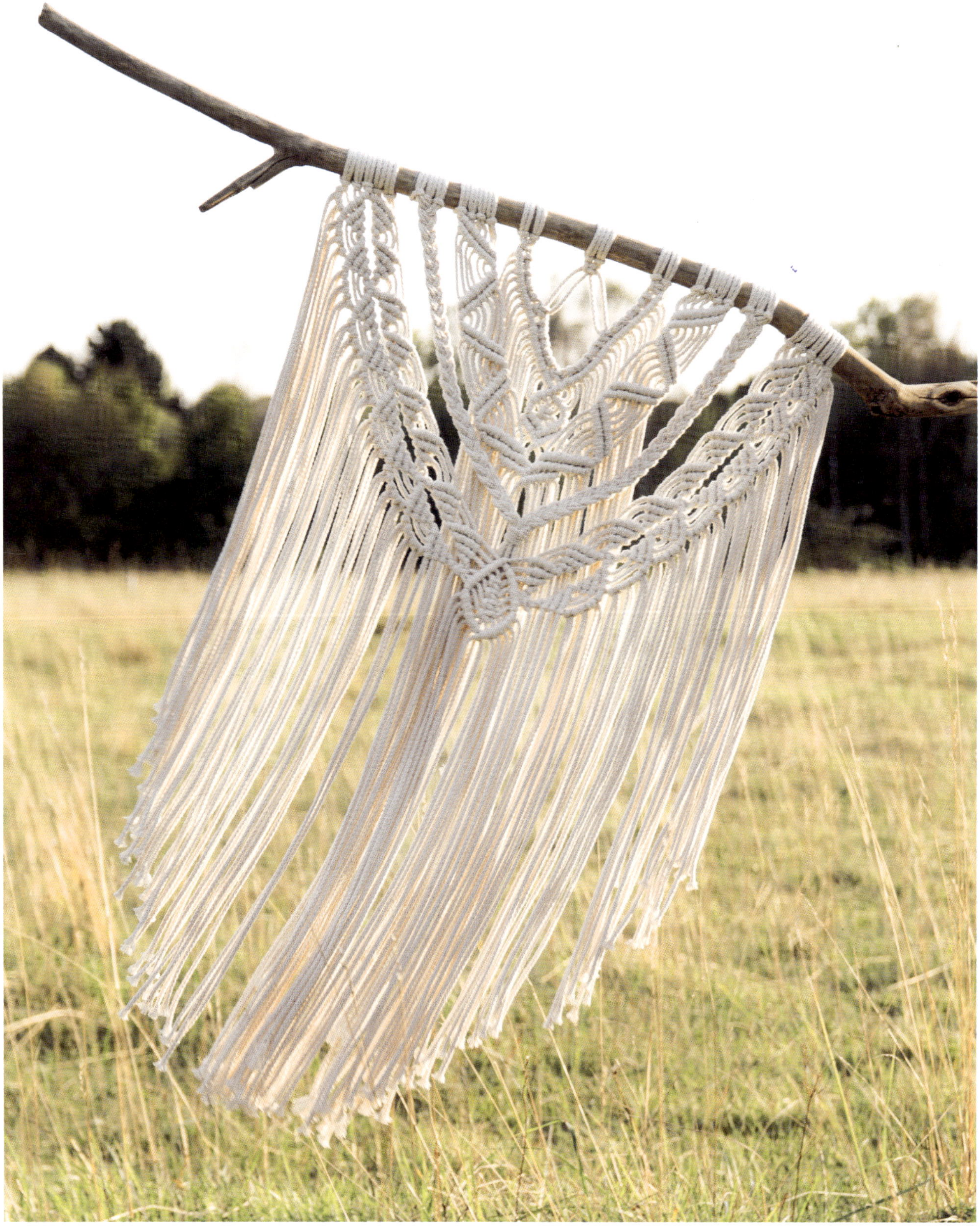

Großer Wandbehang

Dein Ast sollte mindestens 70 cm lang sein. Der Ast auf dem Vorschaubild misst 110 cm. Das Muster wird Schritt für Schritt von innen nach außen geknotet.

Für den Wandbehang benötigst du folgende Muster: Amethyst von S. 107, Doppelte Stufen von S. 102, Zopf von S. 118, Tanne von S. 114 und Blatt von Seite 37.

Maße gesamt ohne Ast: 53 cm breit, 93 cm hoch

Material:
Gesamtverbrauch 4 mm, geflochtenes Garn in Natur: 146,25 m

Teil 1:
6 Baumwollfäden in Natur, geflochten, ø 4 mm, je 200 cm
12 Baumwollfäden in Natur, geflochten, ø 4 mm, je 170 cm

Teil 2:
- 8 Baumwollfäden in Natur, geflochten, ø 4 mm, je 320 cm

Teil 3:
- 6 Baumwollfäden in Natur, geflochten, ø 4 mm, je 150 cm
- 1 Baumwollfaden in Natur, geflochten, ø 4 mm, je 50 cm

Teil 4:
- 5 Baumwollfäden in Natur, geflochten, ø 4 mm, je 425 cm

Teil 5:
- 46 Baumwollfäden in Natur, geflochten, ø 4 mm, je 125 cm

- Schere
- Ast/Stab

Anleitung

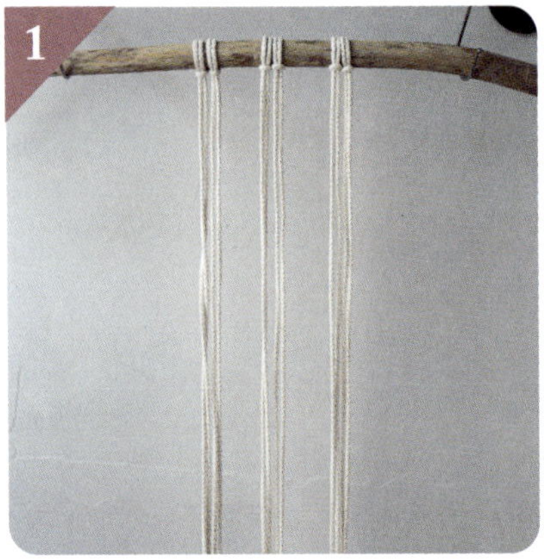
1

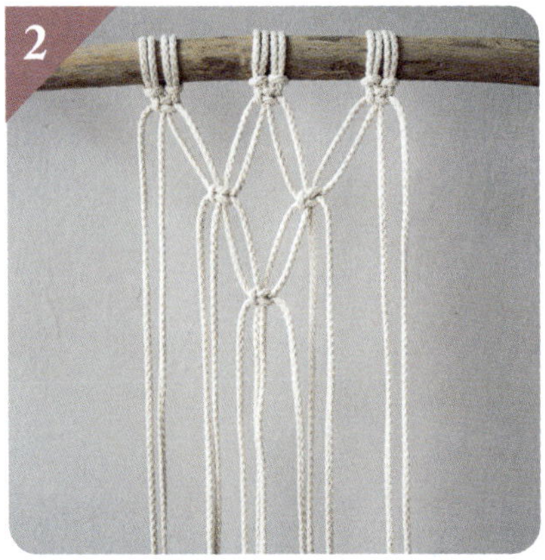
2

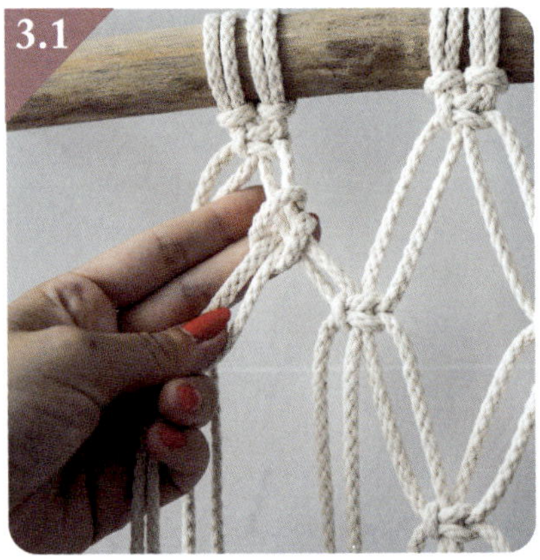
3.1

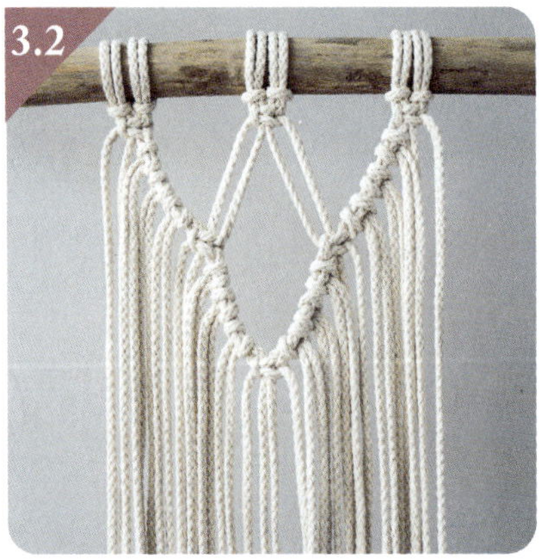
3.2

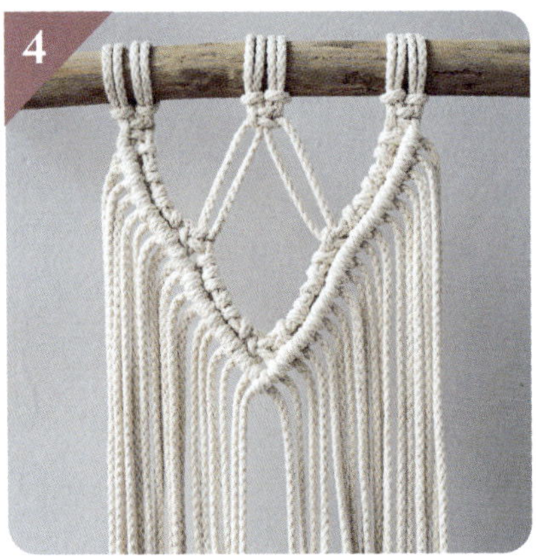
4

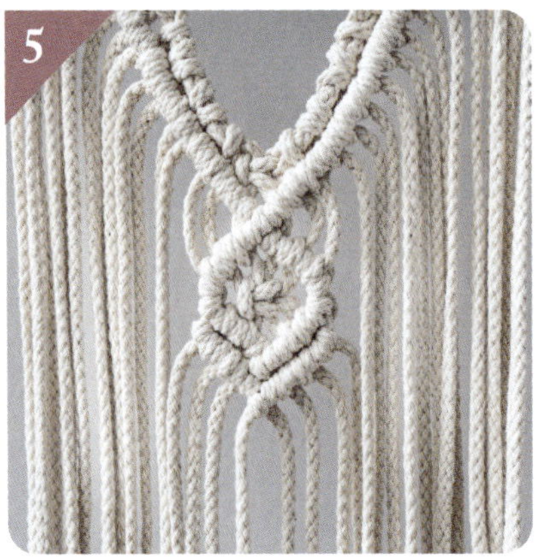
5

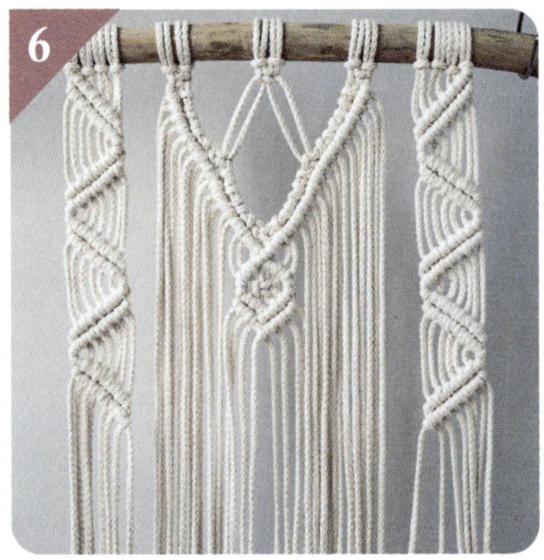
6

Teil 1

1. Befestige 6 Stränge (200 cm) mit dem Ankerknoten in 2-er-Gruppen mit einem Abstand von jeweils 5 cm an deinem Ast. Achte darauf, dass sich die mittlere 2-er-Gruppe in der Mitte deines Astes befindet. **(Bild 1)**
2. Knote in der ersten Reihe 3 Kreuzknoten. Knote nach 5 cm Abstand in der zweiten Reihe mit den mittleren 8 Strängen 2 versetzte Kreuzknoten. Knote nach 5 cm Abstand in der dritten Reihe 1 Kreuzknoten mit den mittleren 4 Strängen. **(Bild 2)**
3. Befestige 12 Stränge (170 cm) wie folgt: Nimm die jeweils 2 außen liegenden Stränge der Kreuzknoten aus Schritt zwei zusammen und befestige um diese in jeden Zwischenraum je 3 Stränge. Also 6 auf der linken und 6 auf der rechten Seite. **(Bild 3.1 + 3.2)**
4. Teile die Stränge in der Mitte auf, sodass sich auf jeder Seite 18 Stränge befinden. Lege den linken Strang der linken Stränge in einem 45-Grad-Winkel über die restlichen linken Stränge. Dieser dient als Führungsfaden. Um diesen wird geknüpft. Knote 17 Rippenknoten von links nach rechts.
5. Teile die Stränge anschließend so auf, dass sich auf der linken Seite 17 Stränge und auf der rechten 19 Stränge befinden. Lege den rechten Strang der rechten Stränge in einem 45-Grad-Winkel über die rechten Stränge. Dieser dient als Führungsfaden. Um diesen wird geknüpft. Knote 18 Rippenknoten von rechts nach links. **(Bild 4)**
6. Knüpfe mit den mittleren 8 Strängen 1 Mustersatz vom Muster Amethyst, beschrieben auf Seite 107. **(Bild 5)**

Teil 2

7. Befestige 8 Stränge (320 cm) mit einem Abstand von 3 cm zu Teil 1 links und rechts. Dabei befinden sich 4 Stränge auf der linken und 4 auf der rechten Seite.
8. Starte mit den 8 Strängen auf der linken Seite. Knüpfe 3 Mustersätze des Musters Doppelte Stufen, beschrieben auf Seite 102. Knüpfe anschließend 3 Mustersätze des Musters Doppelte Stufen spiegelverkehrt auf der rechten Seite. **(Bild 6)**

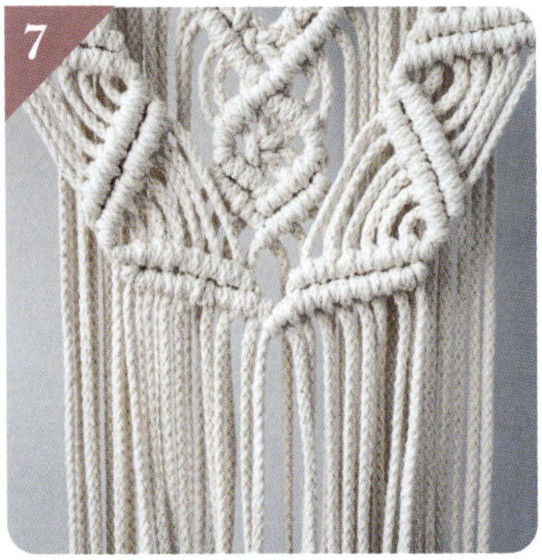
7

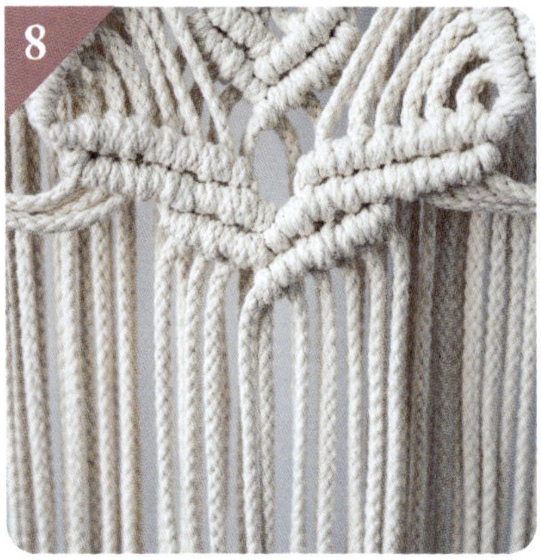
8

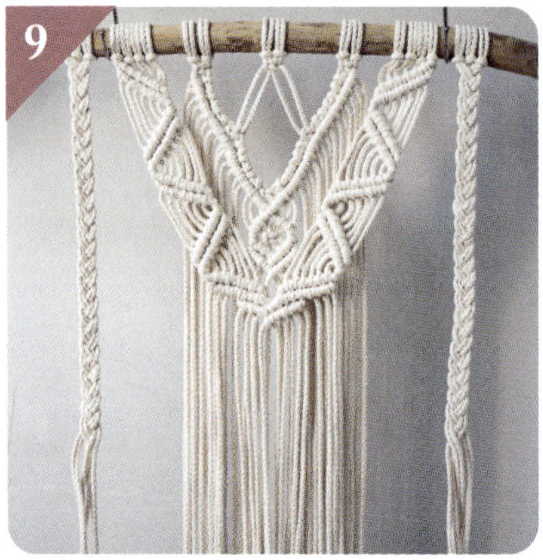
9

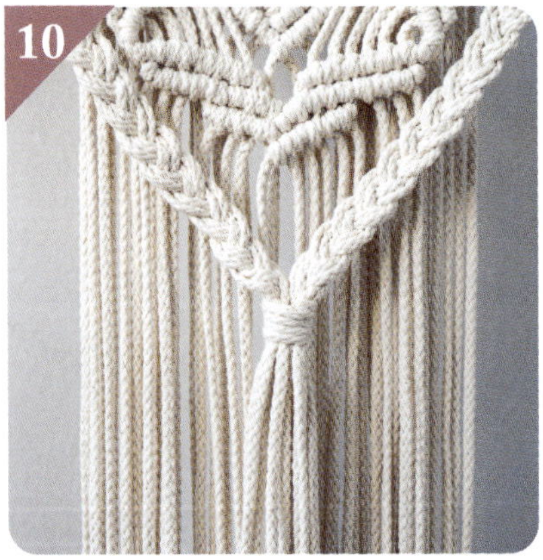
10

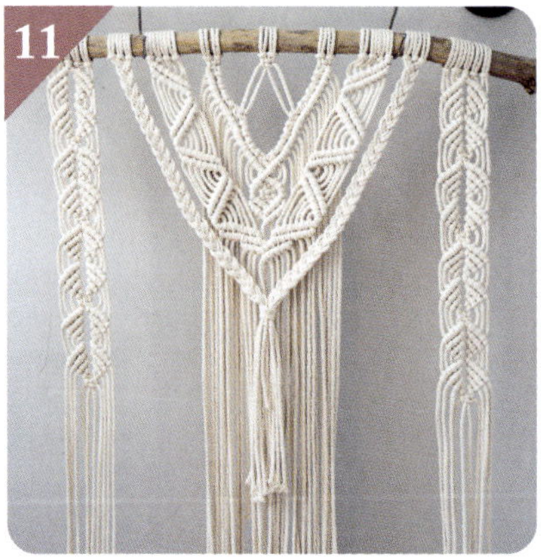
11

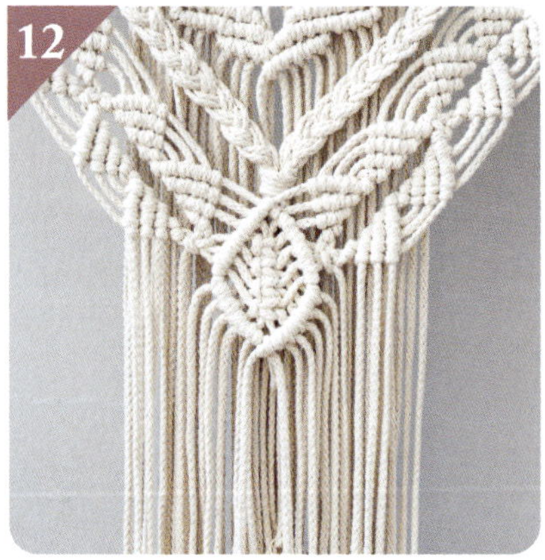
12

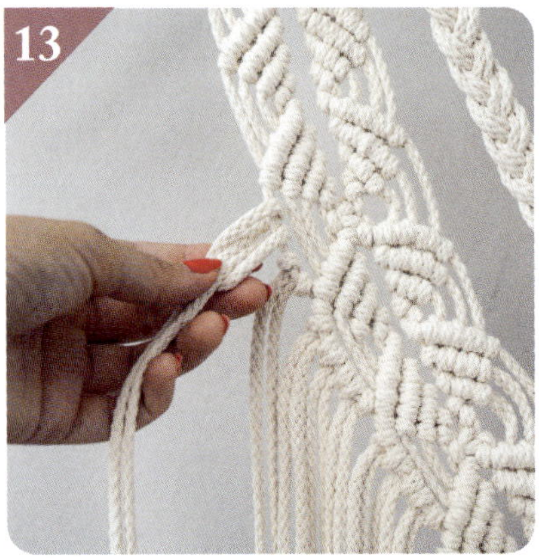
13

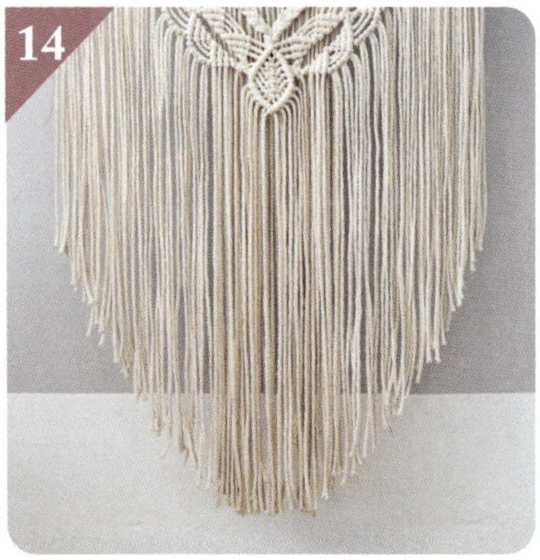
14

9. Führe die linke und rechte Seite in der Mitte zusammen. Knüpfe 1 weiteren Rippenknoten, um die Muster zu verbinden. Dafür wird der eben verwendete Führungsfaden ein weiteres Mal verwendet. **(Bild 7)**
10. Lege die 3 äußeren Fäden links und rechts zur Seite. Teile die Stränge in der Mitte auf, sodass sich auf jeder Seite 5 Stränge befinden. Lege den linken Strang der linken Stränge in einem 90-Grad-Winkel über die linken Stränge. Dieser dient als Führungsfaden. Um diesen wird geknüpft. Knote 4 Rippenknoten von links nach rechts.
11. Teile die Stränge anschließend so auf, dass sich auf der linken Seite 4 Stränge und auf der rechten 6 Stränge befinden. Lege den rechten Strang der rechten Stränge in einem 90-Grad-Winkel über die rechten Stränge. Dieser dient als Führungsfaden. Um diesen wird geknüpft. Knote 5 Rippenknoten von rechts nach links. **(Bild 8)**

Teil 3

12. Befestige 6 Stränge (150 cm) mit einem Abstand von 2 cm zu Teil 2 links und rechts. Dabei befinden sich 3 Stränge auf der linken und 3 auf der rechten Seite.
13. Knüpfe 24 Mustersätze des Musters Zopf, beschrieben auf Seite 118. **(Bild 9)**
14. Führe die linke und rechte Seite in der Mitte zusammen. Verbinde die beiden Zöpfe mit dem 50-cm-Strang mit einem Wickelknoten. **(Bild 10)**

Teil 4

15. Befestige 10 Stränge (425 cm) mit einem Abstand von 3 cm zu Teil 3 links und rechts. Dabei befinden sich 5 Stränge auf der linken und 5 auf der rechten Seite.
16. Knüpfe 4 Mustersätze des Musters Tanne, beschrieben auf Seite 114. **(Bild 11)**
17. Führe die linke und rechte Seite in der Mitte zusammen. Knüpfe mit den mittleren 12 Strängen 1 Mustersatz des Musters Blatt, beschrieben auf Seite 37. Knote am Ende von Schritt 10 der Blatt-Muster-Anleitung noch einen extra Rippenknoten. **(Bild 12)**

Teil 5

18. Befestige in den äußeren Zwischenräumen 46 Stränge (115 cm) mit dem umgekehrten Ankerknoten. 23 auf der linken und 23 auf der rechten Seite. **(Bild 13)**
19. Kürze die mittleren Fäden auf die gleiche Länge. **(Bild 14)**

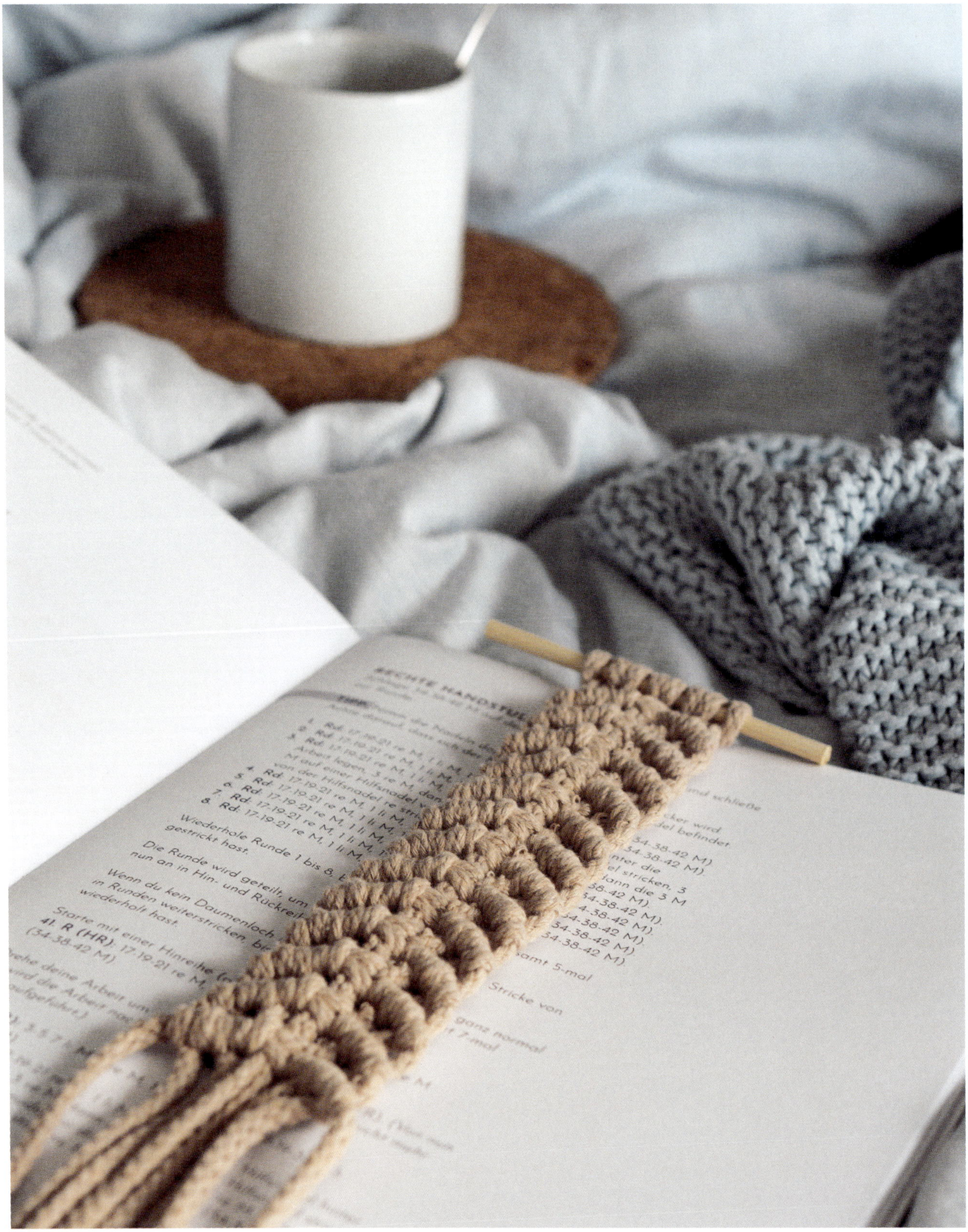

Lesezeichen

Du bist eine echte Leseratte, aber vergisst immer, auf welcher Seite du warst? Dann knüpfe dir ein wunderschönes Lesezeichen in kürzester Zeit selbst.

Für das Lesezeichen benötigst du das Muster Fischgräten von S. 29.

Maße gesamt ohne Stab: 4,5 cm breit, 32 cm hoch

Material:
Gesamtverbrauch 4 mm, geflochtenes Garn in Beige: 8 m
- 4 Baumwollfäden in Beige, geflochten, ø 4 mm, je 200 cm
- Schere
- Holzstab, 10 cm, ø 5 mm

Anleitung

1. Befestige die 4 Stränge mit dem umgekehrten Ankerknoten an deinem Holzstab.
2. Knüpfe 13 Mustersätze vom Muster Fischgräten untereinander. Beschrieben auf Seite 29.
3. Kürze alle Stränge auf die gleiche Länge von ca. 10 bis 13 cm.

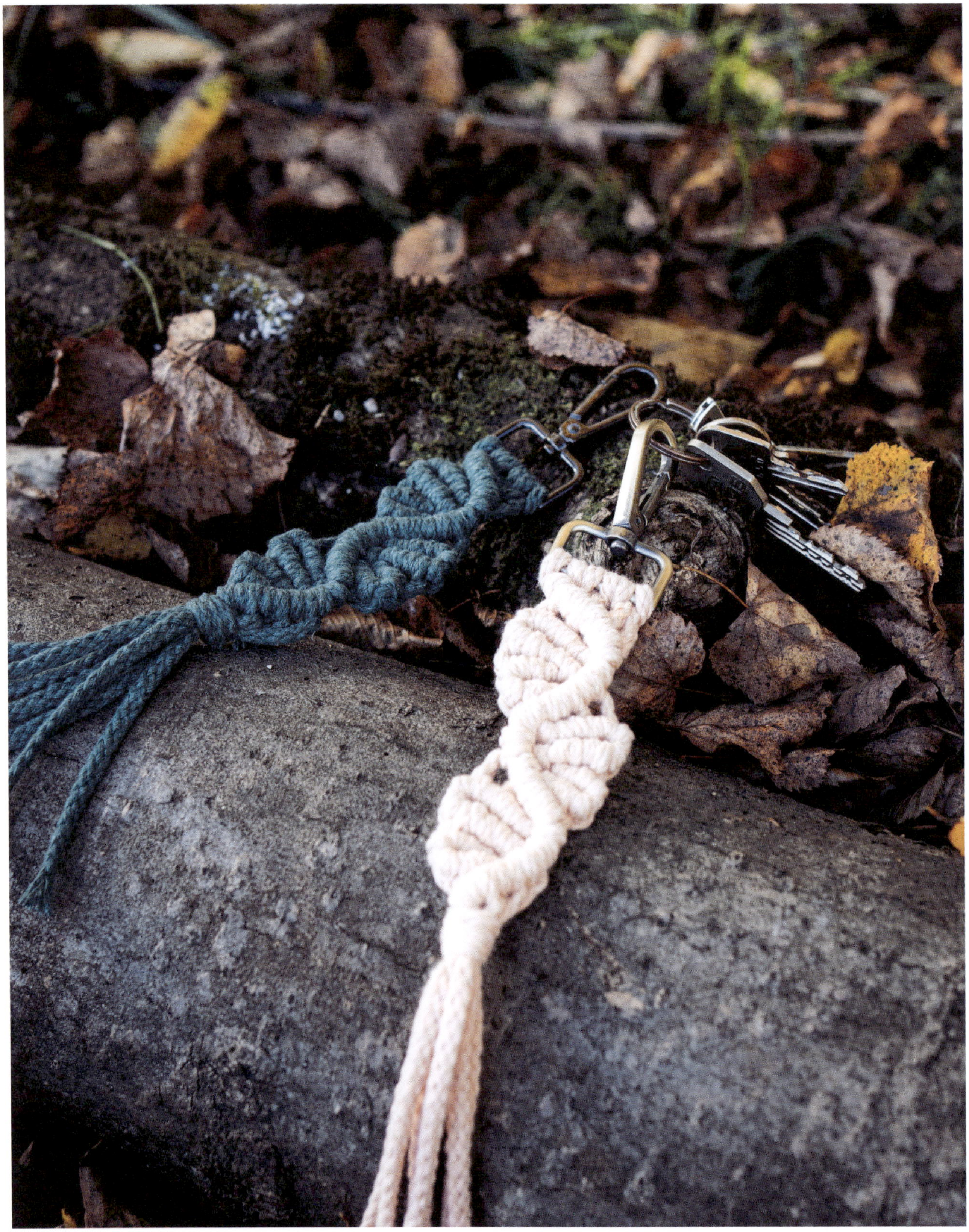

Schlüsselanhänger Koralle

Du suchst in deiner großen Tasche ständig deinem Schlüssel? Mit diesem Makramee-Schlüsselanhänger passiert dir das bestimmt nicht mehr.

Für den Schlüsselanhänger benötigst du das Muster Koralle von Seite 120.

Maße gesamt: 4 cm breit, 23 cm hoch

Material:

Gesamtverbrauch 4 mm, geflochtenes Garn in Koralle: 5,4 m

- 3 Baumwollfäden in Koralle, geflochten, ø 4 mm, je 180 cm
- 1 Baumwollfaden in Koralle, geflochten, ø 4 mm, 50 cm (diesen Faden musst du nicht vorab abschneiden, dieser wird als Restfaden nach Schritt 3 übrig bleiben.)
- Schere
- Karabiner, 3 cm

Anleitung

1. Befestige die 3 Stränge (180 cm) mit dem umgekehrten Ankerknoten am Karabiner.
2. Knüpfe 1 Mustersatz vom Muster Koralle, beschrieben auf Seite 120. Knüpfe anschließend die Schritte 1–7 des Musters Koralle.
3. Kürze alle Stränge auf dieselbe Länge von 15 cm. Somit hast du den 50-cm-Strang übrig.
4. Verbinde die Stränge mit deinem 50-cm-Strang mit einem Wickelknoten.
5. Kürze alle Stränge auf die gleiche Länge.

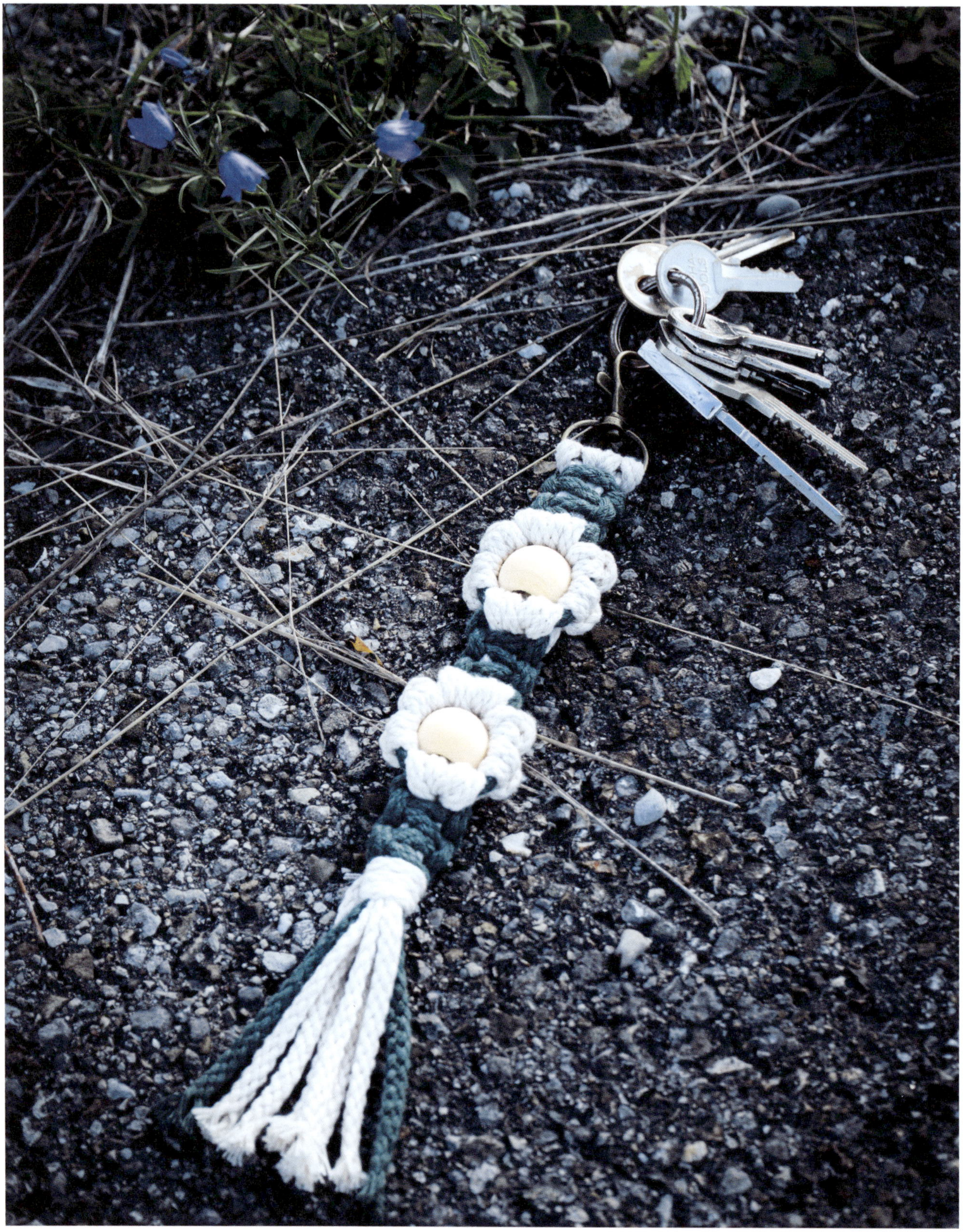

Blumen Schlüsselanhänger

Du möchtest den Frühling immer bei dir tragen? Dann ist dieser verspielte Makramee-Schlüsselanhänger dein perfekter Begleiter.

Für den Schlüsselanhänger benötigst du das Muster Blüten von S. 40.

Maße gesamt: 3,5 cm breit, 23 cm hoch

Material:

Gesamtverbrauch 4 mm, geflochtenes Garn in Natur: 3,3 m

Gesamtverbrauch 4 mm, geflochtenes Garn in Tannengrün: 1,3 m

- 2 Baumwollfäden in Natur, geflochten, ø 4 mm, je 140 cm
- 1 Baumwollfaden in Natur, geflochten, ø 4 mm, 50 cm
- 1 Baumwollfaden in Tannengrün, geflochten, ø 4 mm, 130 cm
- Schere
- 2 Holzkugeln ø 20 mm mit großem Loch (pro Blüte 1 Kugel)
- Karabiner ø 2 cm

Anleitung

1. Befestige 2 Stränge (140 cm) mit dem umgekehrten Ankerknoten am Karabiner.
2. Nimm das farbige Garn (130 cm) zur Hand und knüpfe 1 Mustersatz des Musters Blüten untereinander. Beschrieben auf Seite 40.
3. Knüpfe mit Tannengrün 2 Kreuzknoten untereinander.
4. Führe alle Stränge zusammen. Verbinde sie mit dem 50-cm-Strang durch einen Wickelknoten mit 3 Umwicklungen.
5. Kürze alle Stränge auf die gleiche Länge.

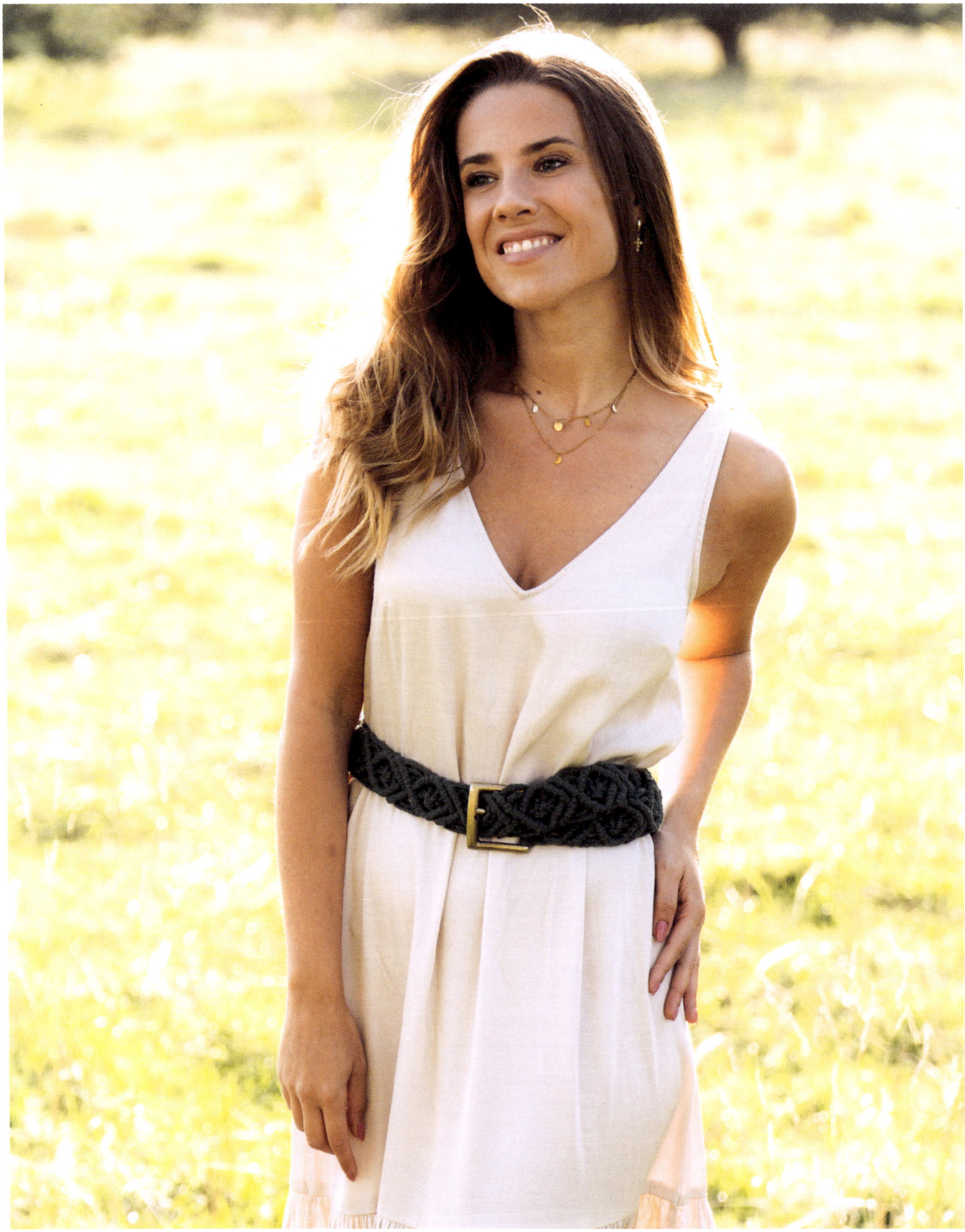

Gürtel

Du hast einen alten Gürtel zu Hause, der schon brüchig oder längst aus der Mode ist? Dann schenke der Schnalle ein neues Leben und mache ein Lieblingsteil daraus. Im Beispiel ist der Gürtel 95 cm lang, du kannst ihn aber ganz einfach länger oder kürzer knoten. Füge dafür pro 6 cm Gürtellänge 44 cm an Länge zum Materialverbrauch hinzu oder ziehe diese ab.

Für den Gürtel benötigst du das Muster Amethyst von Seite 107.

Maße mit Schnalle: 95 cm

Material:

Gesamtverbrauch 4 mm, geflochtenes Garn in Tannengrün: 25,6 m

- 4 Baumwollfäden in Tannengrün, geflochten, ø 4 mm, je 735 cm
- Gürtelschnalle, 5 cm x 5 cm
- Schere
- Nähnadel und -faden in Tannengrün, alternativ: Heißklebepistole

Anleitung

1. Bringe 4 Stränge (735 cm) mit dem umgekehrten Ankerknoten an deiner Gürtelschnalle an.
2. Knüpfe 18 Mustersätze des Musters Amethyst untereinander. Beschrieben auf Seite 107.
3. Schneide die Stränge auf ca. 4 cm ab und nähe sie mit Nähnadel und -faden auf der Rückseite gut fest. Alternativ kannst du sie auch mit einer Heißklebepistole festkleben, dann solltest du den Gürtel allerdings nicht waschen. Der Kleber würde sich sonst lösen.

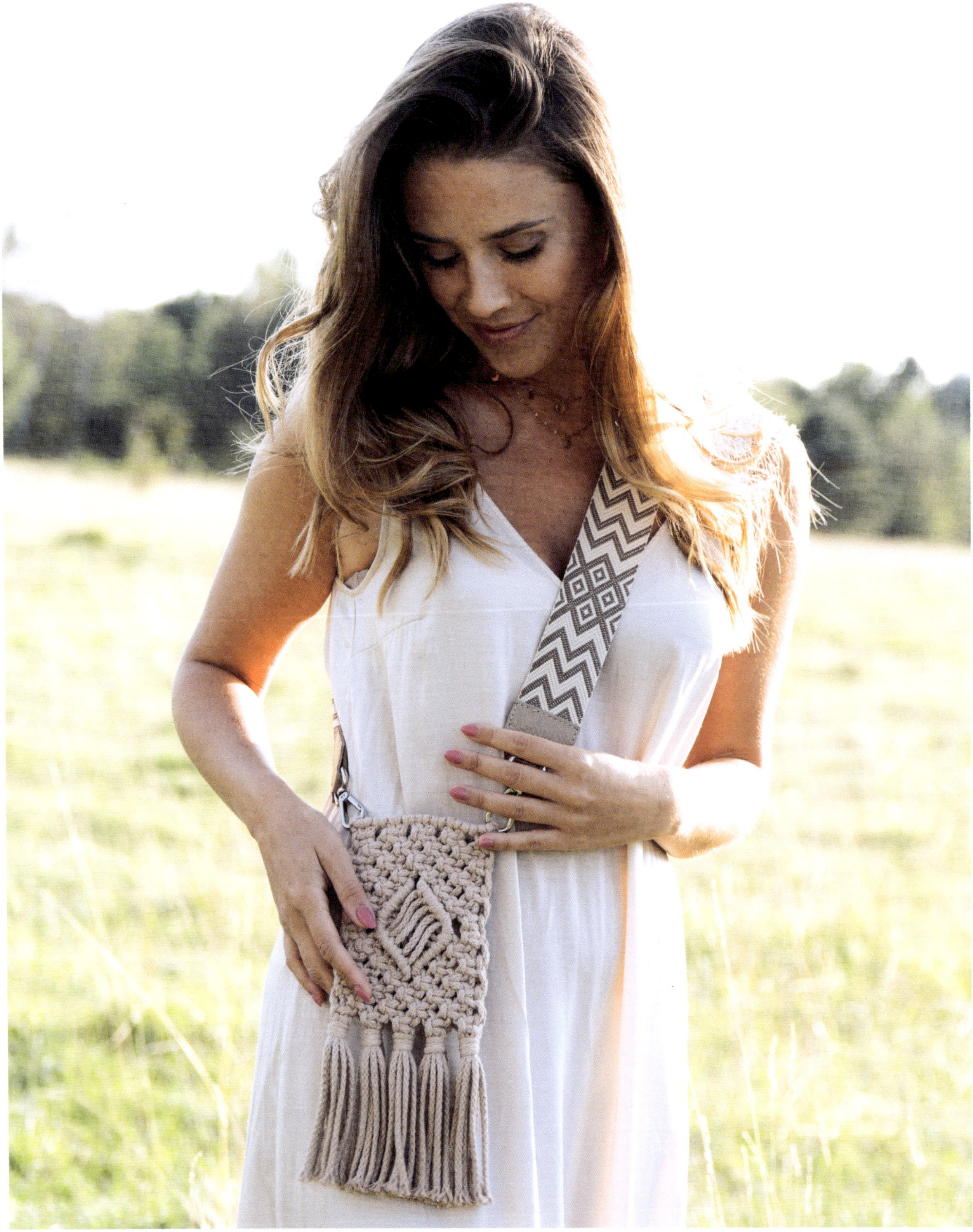

Handytasche

Die Makramee-Handytasche bringt dein Smartphone nicht nur geschützt von A nach B, sondern ist zusätzlich das perfekte Style-Accessoire zu deinem Outfit.

Die Vorderseite wird genau wie die Rückseite geknüpft und anschließend zusammengenäht.

Für die Handytasche benötigst du das Muster Karogeflecht von S. 134.

Maße gesamt: 12 cm breit, 27 cm hoch
Maße Innentasche: 12 cm breit, 15 cm hoch

Material:
Gesamtverbrauch 4 mm, geflochtenes Garn in Beige: 34,7 m

- 20 Baumwollfäden in Beige, geflochten, ø 4 mm, je 150 cm
- 2 Baumwollfäden in Beige, geflochten, ø 4 mm, je 110 cm
- 5 Baumwollfäden in Natur, geflochten, ø 4 mm, je 50 cm
- Schere
- Stecknadeln
- Wollnadel
- Washitape, alternativ Spannmatte
- Taschengurt

Anleitung

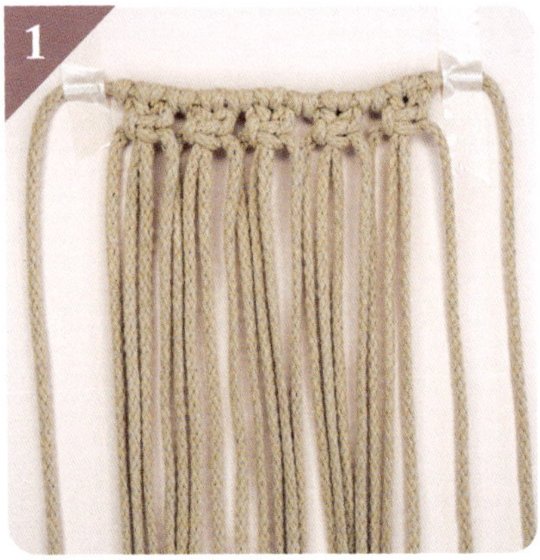

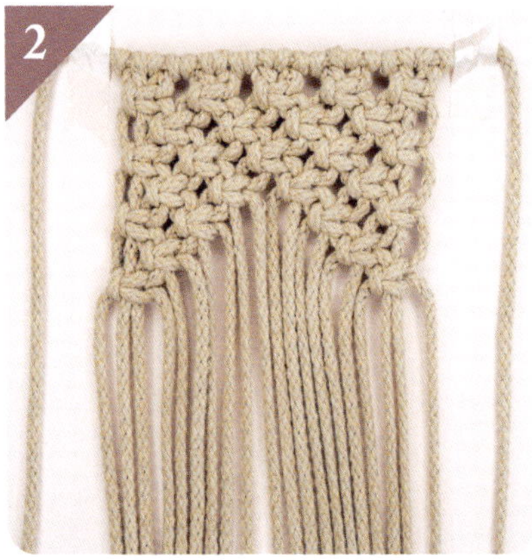

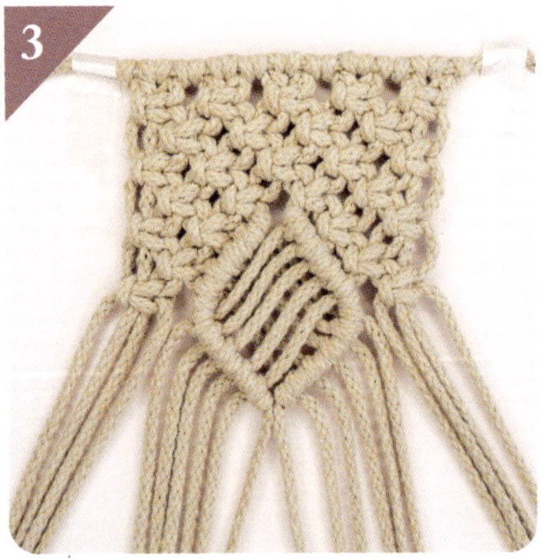

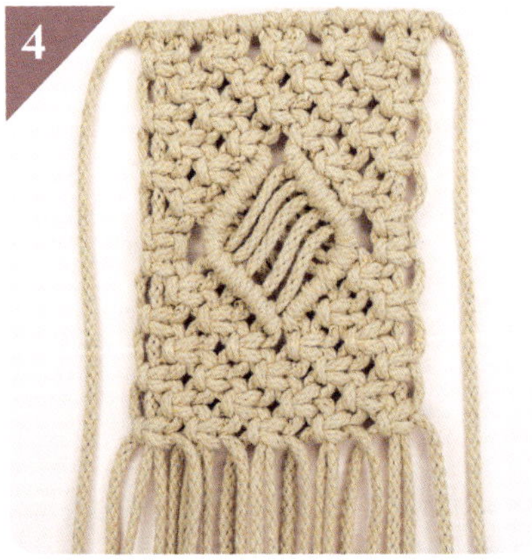

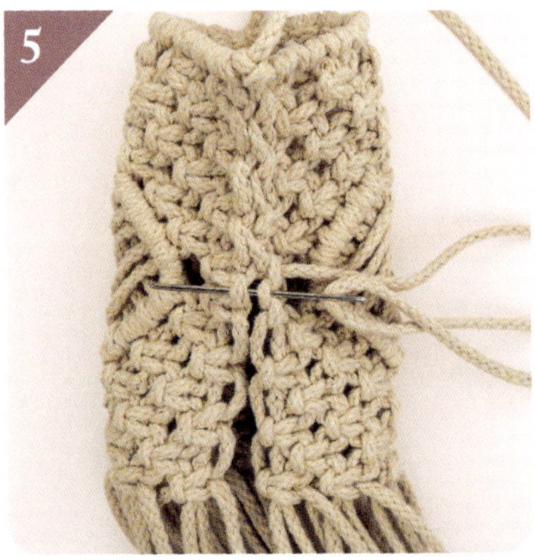

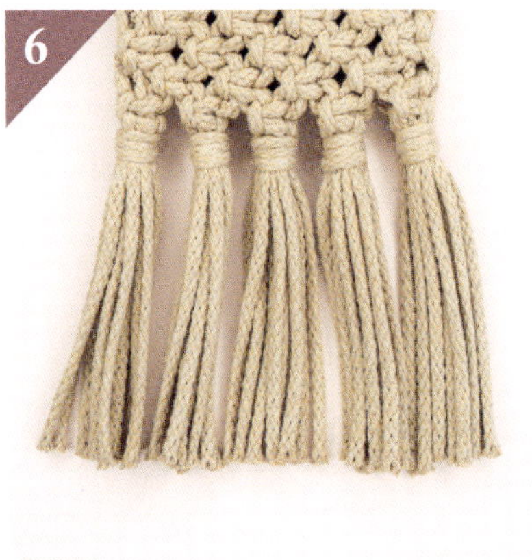

1. Lege einen 110-cm-Strang auf deine Arbeitsfläche und klebe ihn mit Washitape fest. Achte darauf, dass die runterhängenden Fäden gleich lang sind. Lass zwischen den Klebestreifen ca. 20 cm Platz. Tipp: Alternativ kannst du auch auf einer Spannmatte arbeiten.
2. Bringe 10 Stränge (150 cm) mit dem umgekehrten Ankerknoten an.
3. Knüpfe 5 Kreuzknoten nebeneinander. Die 2 Fäden von Schritt 1 werden zur Seite gelegt, sie werden nicht mit geknüpft. **(Bild 1)**
4. Knüpfe 4 versetzte Kreuzknoten. Dafür die 2 Fäden links und rechts auslassen.
5. Wiederhole die Schritte 3 und 4.
6. Knote mit den Strängen (von links nach rechts) 1–4, 5–8, 13–16 und 17–20 jeweils einen Kreuzknoten. Also 4 Kreuzknoten insgesamt.
7. Knote mit den Strängen (von links nach rechts) 3–6 und 15–18 jeweils einen Kreuzknoten. Also 2 Kreuzknoten insgesamt.
8. Knote mit den Strängen (von links nach rechts) 1–4 und 17–20 jeweils einen Kreuzknoten. Also 2 Kreuzknoten insgesamt. **(Bild 2)**
9. Knüpfe mit den mittleren 12 Strängen 1 Mustersatz vom Muster Karogeflecht, beschrieben auf Seite 107. Knote bei Schritt 7 vom Karogeflecht-Muster einen Rippenknoten weniger, damit das Muster unten offen bleibt. **(Bild 3)**
10. Wiederhole Schritt 8, anschließend die Schritte 7, 6, 4, 3, 4 und zuletzt Schritt 3 noch je 1-mal. **(Bild 4)**

INFO: Falls du ein besonders großes Handy besitzt, kannst du die Schritte 3 und 4 noch weitere Male wiederholen, bis es gut in die Handytasche passt.

11. Stecke die Vorderseite mit Stecknadeln an der Rückenseite fest. Achte darauf, dass die oberen und unteren Kanten miteinander abschließen. Außerdem sollte der Rippenknoten vom Muster Karogeflecht sich jeweils auf der Außenseite befinden.
12. Nimm die 4 Fäden aus Schritt 1 zur Hand. Nähe damit jeweils die beiden Seiten links und rechts von oben nach unten zu. **(Bild 5)**
13. Um die untere Kante zu schließen, werden jeweils ein Kreuzknoten der Vorder- und der Rückseite mit einem Wickelknoten verbunden. Verwende hierfür die 5 Stränge (50 cm). Kürze alle Stränge auf die gleiche Länge. **(Bild 6)**

TIPP: Wenn du keinen Taschengurt zur Hand hast, kannst du selbstverständlich auch einen Makramee-Träger knüpfen. Dafür benötigst du nur 2 Karabiner und dein Wunschmuster. Rechne aus, wie lang dein Träger sein soll, und befestige die Stränge an einem Karabiner. Knüpfe dein Muster und befestige die offenen Enden am zweiten Karabiner.

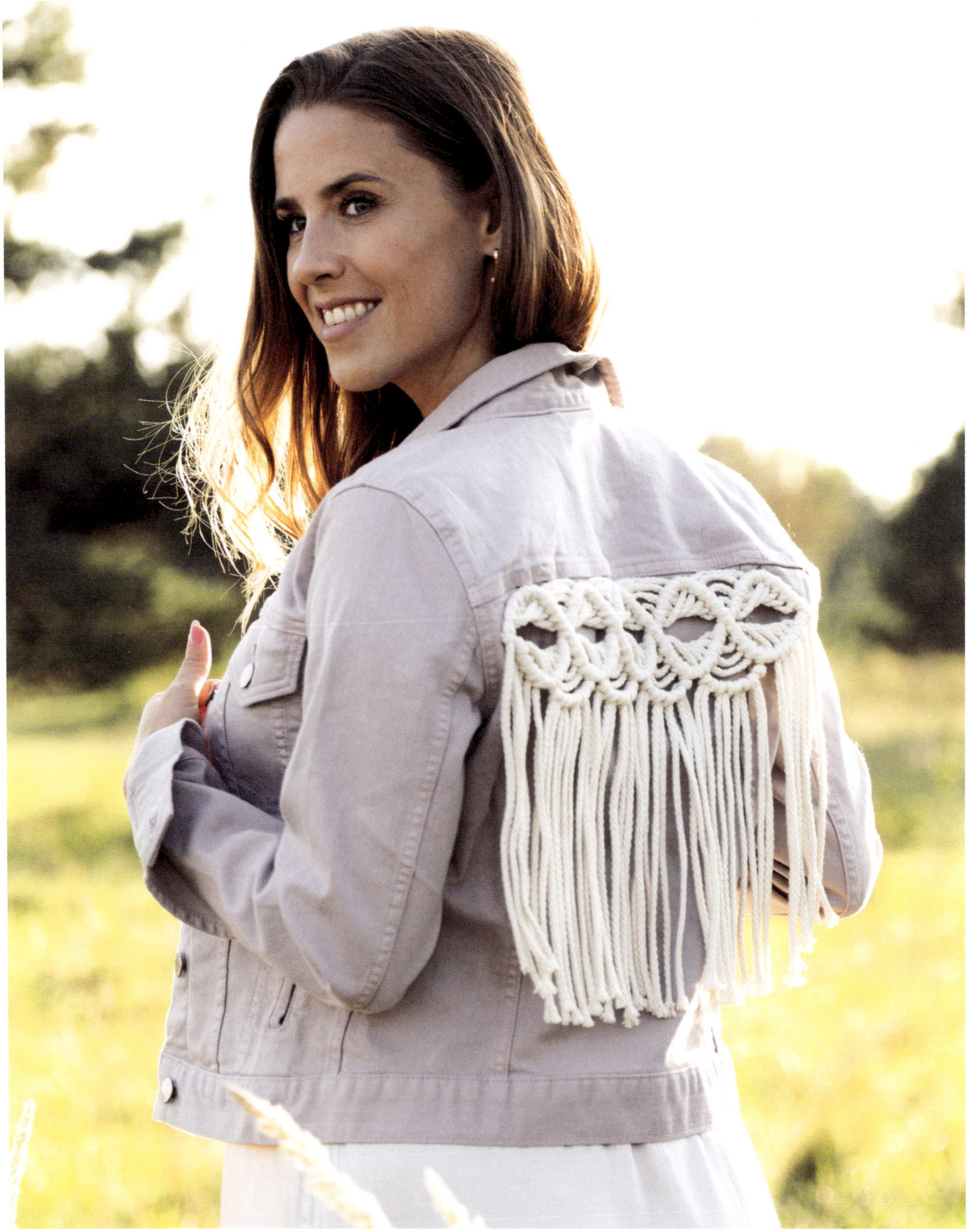

Jeansjacke

Du hast noch eine alte, langweile Jeansjacke im Schrank? Dann pimpe sie mit einer hübschen Makramee-Applikation. Der Rücken der Jeansjacke auf dem Bild ist 33 cm breit. Falls deine Jacke kleiner oder größer als im Beispiel angegeben ist, kannst du den Mustersatz dementsprechend weniger oder öfter knüpfen. Folglich ändern sich die Fadenlängen. Ziehe dafür pro Mustersatz 42 cm ab oder addiere 42 cm hinzu.

Für die Jeansjacke benötigst du das Muster Tree Hole von Seite 26.

Maße Muster: 30 cm breit, 26 cm lang

Material:

Gesamtverbrauch 4 mm, geflochtenes Garn in Natur: 22,2 m

- 6 Baumwollfäden in Natur, geflochten, ø 4 mm, je 280 cm
- 12 Baumwollfäden in Natur, geflochten, ø 4 mm, je 45 cm
- Jeansjacke, 33 cm breiter Rücken
- Schere
- Pappkarton, 10 cm hoch und mindestens 20 cm breit
- Wollnadel
- Nähnadel und -faden in Natur
- Jeansjacke (alternativ: Altes Hemd)

Anleitung

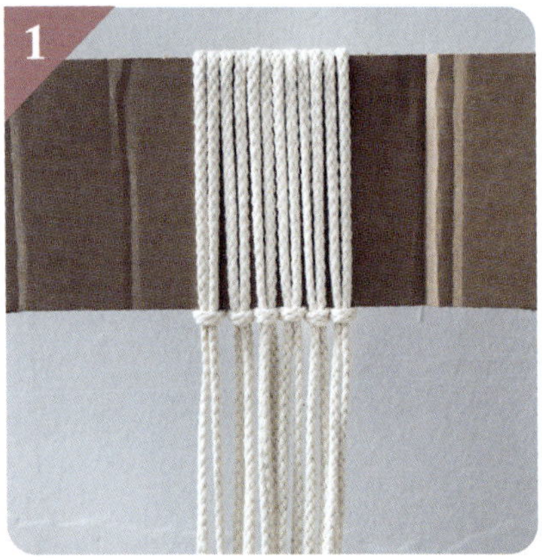
1

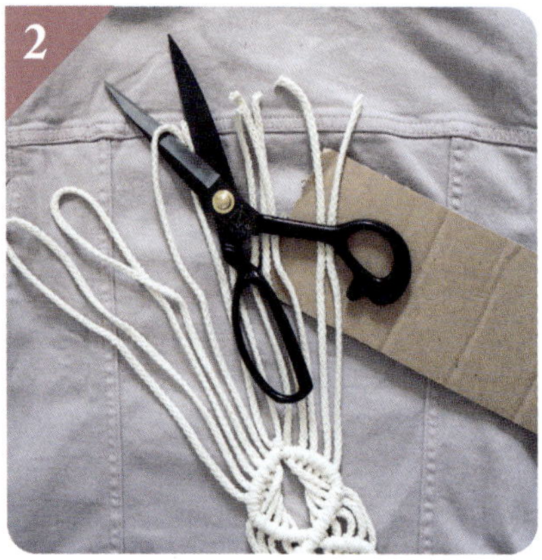
2

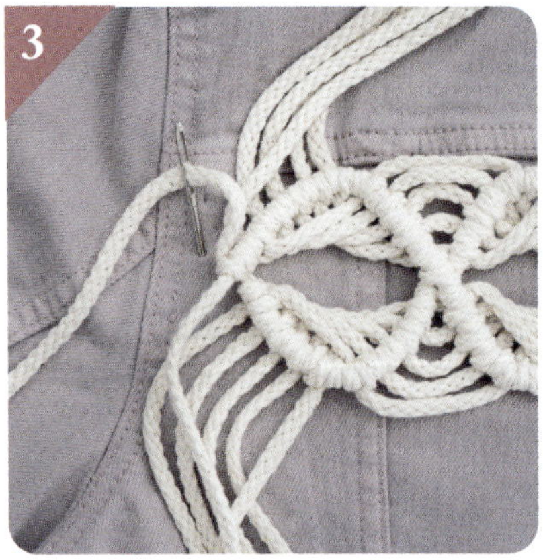
3

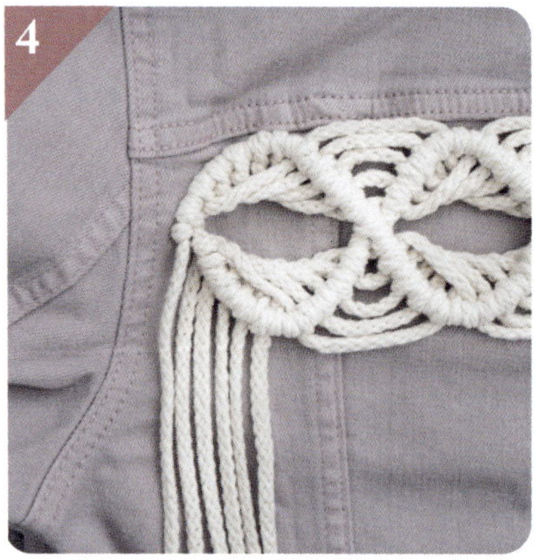
4

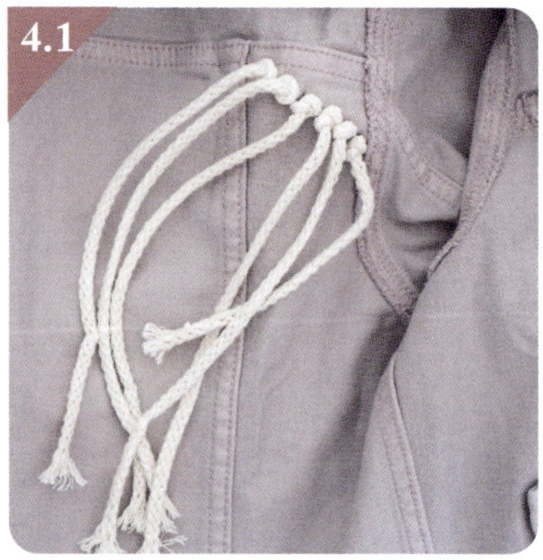
4.1

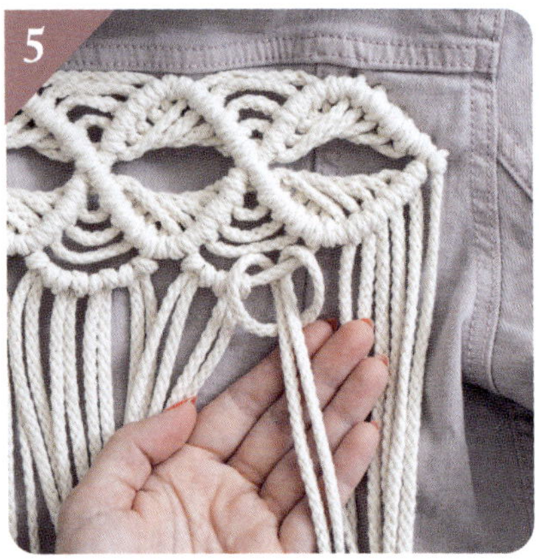
5

1. Bringe 6 Stränge (280 cm) mit dem Ankerknoten an deinem Pappkarton an. **(Bild 1)**
2. Knüpfe 5 Mustersätze vom Muster Tree Hole untereinander. Beschrieben auf Seite 26.
3. Schiebe deine Arbeit vom Pappkarton herunter und schneide die Schlaufen auf. **(Bild 2)**
4. Bringe am Anfang deines Musters einen weiteren Rippenknoten an, um die Raute zu schließen.
5. Lege dein Muster horizontal auf deine Jeansjacke und stecke es mit Stecknadeln in der gewünschten Höhe fest.
6. Stich die oben liegenden 5 Fäden mithilfe einer Wollnadel durch den Stoff auf die Innenseite deiner Jacke. **(Bild 3)**
7. Verknote diese anschließend auf der Innenseite. **(Bild 4 + 4.1)**
8. Nähe die obere Kante mit Nähnadel und -faden fest.
9. Bringe 12 Stränge (45 cm) an der unteren Kante mit dem umgekehrten Ankerknoten an.
10. Kürze die Fransen auf die gleiche Länge.

TIPP: Du kannst die störenden Fäden im Inneren der Jacke mit Bügelvließ verstecken.

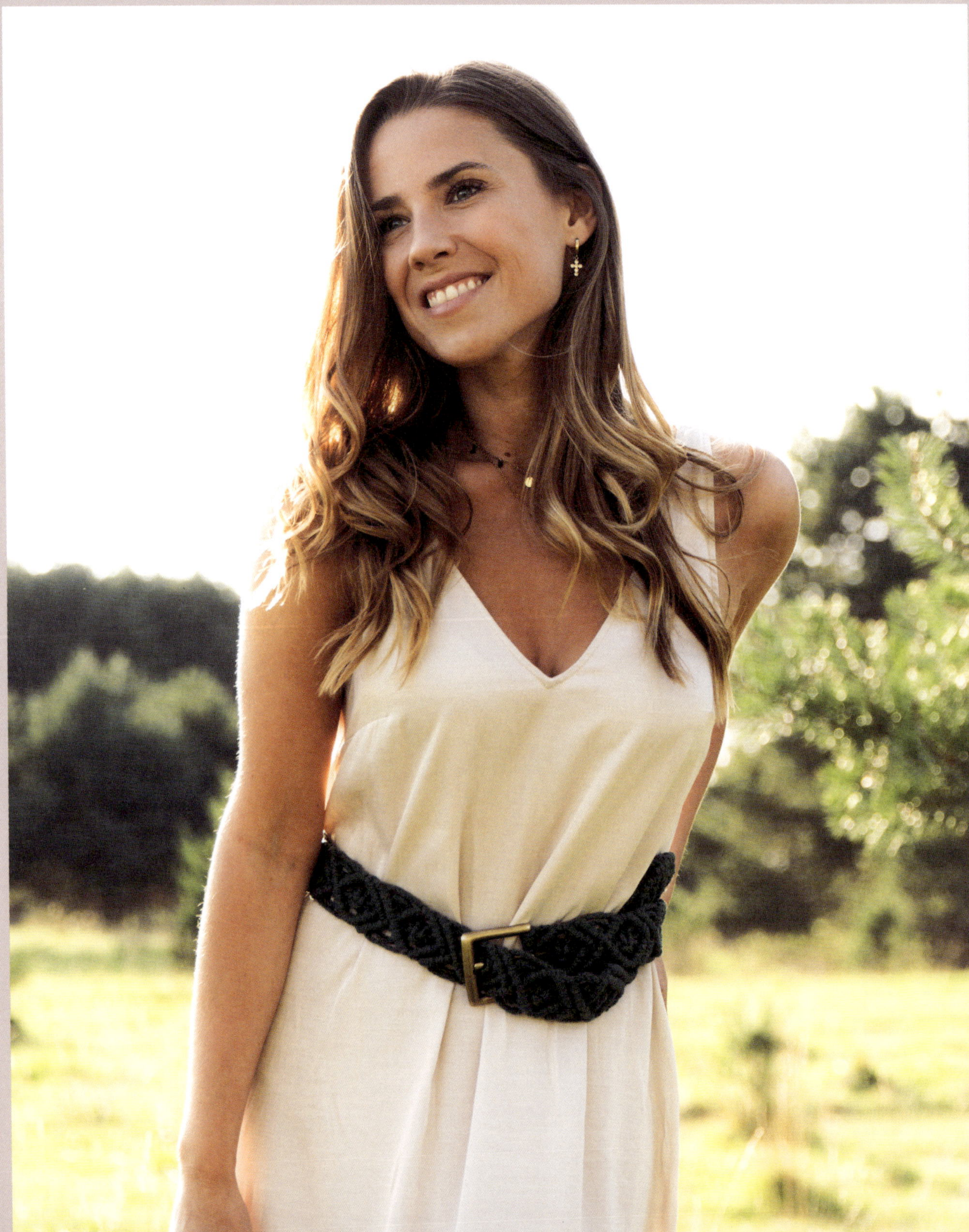

DANKE

Ein großes Dankeschön geht an Steffi Klapetek vom Stiebner Verlag, die nun schon meine zweite Idee, in Form eines Buches, Wirklichkeit werden lässt. Danke für die harmonische Zusammenarbeit.

Außerdem danke ich meinen wundervollen Testerinnen, die jedes Muster und Projekt auf Herz und Nieren geprüft haben. Danke für eure Geduld, eure Kreativität und eure Unterstützung. Ohne euch wäre dieses Buch nicht das, was es ist. Danke an: Marina Berger, Anne Wolf, Katja Kirisits, Christina Suntrup und Anna Schmidt. Ihr seid mit Abstand das beste Team, welches ich mir wünschen kann.

Herzlichen Dank auch an Susanne Tretter von Pferdeseile (Firma Seilwerk Paus Dittus GmbH). Danke, dass du mir deine traumhaften Garne stets zur Verfügung stellst und mich nun schon seit so langer Zeit unterstützt. Ich freue mich sehr, dass wir uns kennengelernt haben.

Und natürlich möchte ich meinem Lebenspartner André Resch danken. Dies ist mittlerweile mein drittes Buch und somit deine dritte Widmung. Wer hätte jemals gedacht, dass ich diese tolle Möglichkeit haben werde. Danke, dass du immer für mich da bist und mich aufbaust, wenn ich nicht weiterweiß. Ich liebe dich.

Das größte Dankeschön geht an meine lieben Leser:innen. Vielen Dank, dass ihr meine Arbeit und Liebe zur Handarbeit wertschätzt. Schön, dass ihr meinem Buch ein Zuhause gegeben habt.

In Gedenken an Klaus Lemke. Meinen Lehrer und Freund, der mir gezeigt hat, dass ich alles erreichen kann, was ich möchte.

© Muster und Anleitungen: Judith Paus
Fotografie: Judith Paus, André Resch (S. 4, 180, 182, 186, 190)
Covergestaltung und Layout: Danai Afrati
Lektorat und Produktmanagement: Stefanie Klapetek
Schlusslektorat: Susann Harring
Gedruckt bei: Balto print, Litauen
Bibliografische Information der Deutschen Nationalbibliothek:
Die Deutsche Nationalbibliothek verzeichnet diese Publikation in der Deutschen Nationalbibliografie; detaillierte bibliografische Daten sind im Internet über http://dnb.dnb.de abrufbar.

ISBN 978-3-8307-2137-6

2. durchgesehene Auflage 2024

Wir produzieren unsere Bücher mit großer Sorgfalt und Genauigkeit. Trotzdem lässt es sich nicht ausschließen, dass uns in Einzelfällen Fehler passieren. Auf unserer Webseite finden Sie bei dem jeweiligen Titel eventuelle Hinweise und Korrekturen. Sollten Sie in diesem Buch einen Fehler finden, so bitten wir um einen Hinweis an verlag@stiebner.com. Für solche Hinweise sind wir sehr dankbar, denn sie helfen uns, besser zu werden.

www.stiebner.com